Director de la colección: Jenaro Talens

Carlos Aguilar

SEGUNDA EDICIÓN AMPLIADA

Cátedra
Signo e Imagen / Cineastas

Diseño de la colección: Manuel Bonsoms

1.ª edición: 2009
2.ª edición ampliada: 2010

Diseño de cubierta: aderal

Ilustración de cubierta: Fotograma de *Gran Torino*,
de Clint Eastwood, 2008.

Reservados todos los derechos. El contenido de esta obra está protegido
por la Ley, que establece penas de prisión y/o multas, además de las
correspondientes indemnizaciones por daños y perjuicios, para
quienes reprodujeren, plagiaren, distribuyeren o comunicaren
públicamente, en todo o en parte, una obra literaria, artística
o científica, o su transformación, interpretación o ejecución
artística fijada en cualquier tipo de soporte o comunicada
a través de cualquier medio, sin la preceptiva autorización.

© Carlos Aguilar Gutiérrez, 2009
© Ediciones Cátedra (Grupo Anaya, S. A.), 2009, 2010
Juan Ignacio Luca de Tena, 15. 28027 Madrid
Depósito legal: M. 11.454-2010
I.S.B.N.: 978-84-376-2576-8
Printed in Spain
Impreso en Closas-Orcoyen, S. L.
Paracuellos de Jarama (Madrid)

*Para Pablo Fernández, Imanol Murguiondo
y Javier G. Romero, tres amigos del Norte
que pertenecen al Oeste.*

Agradecimientos

Daniel Aguilar, Alicia Fernández, Gonzalo López, Juanma Martínez de Aguirre, David G. Panadero, Toni Ulled, Pere Vall y la revista *Fotogramas*.

Clint Eastwood:
El triunfo del fracaso

> No soy un gran intelectual. Simplemente, si leo una historia y me gusta, digo: vamos a intentarlo (Clint Eastwood, en *Cahiers du Cinéma*, núm. 368, 1985).

Reflejar la vida y la obra de Clint Eastwood implica adentrarse en una personalidad singular como pocas en la historia del cine norteamericano, y, por extensión, requiere reflexionar sobre la cualidad y el decurso del Séptimo Arte en Occidente durante los últimos cincuenta años.

Productor dispuesto a gastar lo que sea necesario, sin complacerse empero en la riqueza de medios y/o escupir a la cara del espectador cuán elevada fue la inversión (como a menudo hacen, por ejemplo, y bien groseramente, los según parece intocables Francis Ford Coppola y Martin Scorsese, escogiendo entre productores-directores de prestigio). Realizador magnífico mas sin conciencia de estilo, impertérrito en su táctica narrativa, impermeable a que pueda resultar desfasado. Actor de extraordinario magnetismo y carisma, que domina a la perfección sus registros y posibilidades. Músico, cantante en la juventud y compositor en la senectud, con abierta sensibilidad por el *jazz* y el *blues,* de la cultura «negra», y el *folk & country,* de la «blanca», asimismo con una faceta de productor discográfico. Todo ello, en resumidas cuentas, en lo referente al arte.

Ciudadano con desembozado interés en la política, que se define «liberal en unos aspectos y conservador en otros» (si bien en su día supuso un gran soporte de Richard Nixon, y después tampoco ocultó sus simpatías, ni votos, por Ronald Reagan), y que durante dos años fue el controvertido alcalde de la ciudad californiana donde habita, Carmel. Riquísimo hombre de negocios local, propietario del club de golf privado Tehama y del lujoso hotel-restaurante Mission Ranch, entre otras actividades empresariales. Deportista empedernido desde la infancia, con predilección por el *jogging* y la natación. Amante de los animales, bebedor moderado, enemigo del tabaco y de cualquier tipo de droga, aficionado a la comida vegetal. Apasionado de los coches, las motos y los aviones. Obseso de su seguridad personal, hasta el punto de mantener un séquito propio. Mujeriego inveterado, que acumula un copioso número de amantes, esposas y amoríos a sus espaldas... En lo que concierne a la vida, no menos sintéticamente.

Resumiendo, un cineasta-hombre centrado en sí mismo, en todos los aspectos y niveles, egocéntrico en la acepción estricta del concepto. Un *show business man* estadounidense hasta la médula y con una trayectoria *bigger than life* casi novelesca, que ha sabido sobrevivir a una pluralidad de tesituras, y que se ha afirmado decenio tras decenio mediante tanta energía personal como talento profesional. Tanto es así que hoy por hoy Clint Eastwood significa uno de los profesionales más relevantes y conocidos de la historia del Séptimo Arte, que jamás ha decaído seriamente y cuya trascendencia desborda el propio medio fílmico.

Cuatro factores, diversos pero lógica y evidentemente conciliables e interrelacionados, caracterizan, incluso singularizan, la abultada obra de Clint Eastwood. Los dos primeros emergen ya en sus comienzos, y de modo bien patente, reciamente definido; consisten en la independencia artístico-industrial y en el desprecio del intelectualismo y de la pretenciosidad (pero también de la modestia). En cambio, los dos siguientes emergen de modo progresivo, natural, suave. El uno estriba en un polifacetismo poco común. El otro tampoco abunda, y sin embargo debiera manifestarse en todo artista con un mínimo de sensibilidad y lucidez, que sepa vivir extrayendo conclusiones. Se trata de una síntesis de maduración humana y evolución estética, derivada tanto de la experiencia personal cuanto de la reflexión sobre el trabajo propio, así como del desprecio, casi completo, de las modas y/o coyunturas.

La independencia artístico-industrial la establece Eastwood mediante la golosa suma ganada en Europa por haber protagonizado la soberbia e innovadora trilogía *western* compuesta por *Por un puñado de dólares (Per un pugno di dollari,* Sergio Leone, 1964), *La muerte tenía un precio (Per qualche dollaro in più,* Sergio Leone, 1965) y *El bueno, el feo y el malo (Il buono, il brutto, il cattivo,* Sergio Leone, 1966); de nuevo en esos Estados Unidos cuya producción ya no abandonará más, registra su productora en 1968, Malpaso («Sé lo que significa en español, pero no soy supersticioso», declaró en su día, con el laconismo que le caracteriza dentro y fuera de la pantalla). Por supuesto, en este sentido todavía no representaba ninguna excepción en Hollywood, donde ya desde la época del mudo diversas estrellas habían contado con su propia firma de producción (incluyendo escritores que les retocaban los diálogos a la medida de su personalidad y posibilidades), de modo más o menos manifiesto y con ánimo de controlar en la medida de lo posible sus proyectos y/o imagen pública y profesional. Varias de estas estrellas abordaron asimismo la realización, desde Charles Chaplin y Douglas Fairbanks a John Wayne y Burt Lancaster; otras (pongamos por caso, Humphrey Bogart, Robert Mitchum, William Holden o Gregory Peck) la delegaron discreta y sistemáticamente en directores de confianza. Ahora bien, Eastwood difiere de todos ellos, debido a su continuidad a lo largo de los decenios aunando realizaciones e interpretaciones características según el viejo principio de la regularidad y la repetición. Continuidad que implica, con el sobresaliente hincapié que aportan una trayectoria excepcionalmente larga y la potenciación supuesta por la cualidad estelar, un purísimo discurso en primera persona, discurso tan flagrante y específico que apenas conoce parangón, salvo, curiosamente, dentro del marco más o menos humorístico (el antedicho Chaplin, Buster Keaton, Woody Allen, Jerry Lewis, Jacques Tati, Maurizio Nichetti, Nanni Moretti, nuestro Fernando Fernán-Gómez).

Por otra parte, Clint Eastwood, desde su inicio y hasta la fecha, ha compaginado las propuestas mayoritarias y las minoritarias en mayor medida de lo corriente en la nómina de actores-directores-productores; además, lo ha hecho con un sentido del respeto, propio y ajeno, firme pero ajeno a la radicalidad. Es decir, salvo raras excepciones, las producciones Malpaso de abierta intención comercial han desplegado una dignidad mínima, de manera que también fueran aceptables, o al menos tolerables, por un público con cierto gusto cinéfilo, mientras que las minoritarias buscaban su audiencia, todo lo selecta que se quiera pero nada hipotética, en vez de suponer los típicos caprichos autocomplacientes de la clásica estrella megalómana sobrada de dinero. Por ende, la trayectoria de Malpaso, sin ser uniforme, resulta coherente, en el sentido de que, en virtud de su autonomía y de una actividad ininterrumpida a lo largo de nada menos que cuarenta años, ha equilibrado las concesiones y los riesgos con prudencia empresarial a la par que mediante una entereza artística reconocible; pero, sobre todo, sin traicionar jamás un principio bási-

Rodaje de *Escalofrío en la noche* (1971). Con Don Siegel.

co, no por flexible menos privativo: el cine según Clint Eastwood.

En efecto, Eastwood, cultivando el cine de género en sus vertientes más americanas, y americanistas, aunque algunas veces ha estilizado el concepto rozando la abstracción y otras lo ha alterado hasta difuminarlo, progresivamente se ha revelado un autor en el sentido que encierra el término para la crítica europea; a saber, un cineasta que propuesta tras propuesta cultiva y desarrolla su propio universo ético-artístico, puramente personal, palpable pese a las mayores o menores influencias o precedentes que reconozca. Esta, si se quiere, paradoja del artesano-autor, con todos los matices que quieran razonarse en función de cada película, pero ajeno por norma a cualquier prurito intelectual o elitista, convierte al Eastwood director en un heredero no por sofisticado menos natural de ciertos maestros del Séptimo Arte que empezaron en el cine mudo, de pioneros con la envergadura de John Ford y Howard Hawks; del mismo modo, lo hermana con otros cineastas americanos más instintivos que reflexivos y de la siguiente generación, tipo Budd Boetticher o Samuel Fuller. Asimismo, su estilo interpretativo, que se depura a ojos vista en idéntica progresión que el narrativo, supone una eminente prolongación del que revelaron actores de Hollywood hoy legendarios, en cabeza John Wayne, Henry Fonda y Robert Mitchum. Por todo lo cual, y dado que además carece de cualesquiera parangones o epígonos, durante estos quince últimos años de espectacular revalorización de su obra, definir a Eastwood como el último baluarte del clasicismo cinematográfico se ha convertido a escala mundial en un lugar común, empero justificado como pocos. Huelga añadir que en esta etapa postrera de su filmografía, el crepúsculo de ciertas maneras de valorar la sociedad o de unos hombres que ya no reconocen como propio lo que advierten alrededor supone un tema frecuente: el último cineasta clásico se identifica con el atardecer de sus personajes, y su indiferencia hacia intentar otras formas de hacer cine equivale, poética y metafóricamente, al desprecio de sus personajes por contemporizar con un mundo dentro del cual ya no les interesa vivir.

Tanto delante como detrás de la cámara Clint Eastwood opera pero no alardea, y ésta constituye otra de las sustanciosas analogías conceptuales que perfilan su propuesta. Es decir, el retoricismo aplicado a la narración fílmica o la interpretación en cuanto espectacular despliegue histriónico suponen, respectivamente, la purísima antítesis del Eastwood director y actor. Así, cuenta las tramas de un modo llano y directo, en líneas generales fiel al tradicional axioma de «una idea por plano y la cámara a la altura de los ojos», sin precipitaciones de ningún tipo y con un equilibrio cabal entre los niveles del lenguaje cinematográfico (narrativo, descriptivo, psicológico), de manera que las historias que propone y los personajes que elige lleguen al espectador mediante una pureza esencial, por la vía de las emociones antes que por la de las ideas, sin que la técnica entorpezca o magnifique. Empero, esto no implica que, como autor, sistemáticamente evite la tortuosidad, en la construcción de las tramas, o la complejidad, en el *dramatis personae;* antes bien, su cine a menudo admite ingredientes turbios y hasta sórdidos, en función del contexto y el asunto, al igual que en otras ocasiones despliega rasgos humorísticos e incluso de farsa. Sin embargo, el procedimiento y el estilo fílmicos nunca se alteran excesivamente por ello, y por definición triunfa la perspectiva frontal, la limpidez expositiva. Tampoco debe colegirse de lo anterior que, en cuanto actor, debido a su apuesta por una sobriedad extrema, por el *underplaying,* no se haya atrevido a cambiar de registro, o no se haya arriesgado en caracterizaciones inesperadas; por el contrario, progresivamente ha ido matizando su imagen proverbial en direcciones y sentidos diversos, basándose siempre en la captación de sus posibilidades y condiciones, sin confundir el sentido del riesgo con el peligro de resultar ridículo.

Esta simbiosis actor-director, además, encierra otra interrelación relevante. Consiste en que la serena sutileza de la puesta en escena rige al milímetro la naturaleza estética del relato, guarda el ritmo y el tono adecuados, e impone con aplomo su propia cualidad, mientras que el extraordinario carisma estelar enaltece, de un modo marcadamente físico, unos personajes que sobre el papel, en general, carecen de especial relieve, por no añadir que a veces son de una rematada vulgaridad; sin embargo, resultan fascinantes porque los encarna él.

Seguramente entraña una paradoja, por añadidura harto elocuente: discreción tras la cámara, fascinación ante ella; eficacia siempre, exhibicionismo nunca. De ahí que las historias resulten, apenas se profundice, harto más sustanciosas de lo que aparentan, en idéntica medida que el actor, prestancia aparte, es mucho mejor de lo que parece.

Es significativo que Eastwood atribuya el carácter soterrado de su puesta en escena justo a la categoría estelar que arrastra:

El jinete pálido (1985). Con Sydney Penny.

El hecho de haber sido una estrella durante muchos años tiene una gran ventaja para mí como director: no sentir la necesidad de estar ante la cámara, de que el público me aprecie. La otra noche estaba viendo una película en la televisión, que tenía muchos planos estupendos. Pero me distraían continuamente de la historia. Me preguntaba por qué el director buscaba distraerme. Evidentemente, era un joven que quería hacerse notar a toda costa, demostrar lo bueno que era. Obviamente, no había sido actor, no era famoso. Le faltaba ese mítico cuarto de hora de celebridad, su lugar en el sol. Y por eso no podía concentrarse en contar la historia, sólo en hacerse notar[1].

Esta afirmación asimismo reivindica, por supuesto mediante la llaneza *western* que cabía esperar, una vía cinemato-

---

[1] Reproducido de Luciano Barisone y Giulio D'Agnolo (eds.), *Clint Eastwood*, Venecia/Milán, La Biennale di Venezia/Il Castoro, 2000.

gráfica en vertiginosa decadencia desde mediados de los años ochenta, más en concreto tras el significativo triunfo de la sobrevalorada *Blade Runner (Blade Runner,* Ridley Scott, 1982), que no es sino la que convierte el cine de Eastwood en una positiva, soberbia anacronía en el Hollywood de los últimos decenios: la valoración del entramado dramático, de un relato sólidamente construido y desarrollado, de unos personajes bien perfilados y de un contenido de cierta densidad; en otras palabras, del clasicismo, en lugar de un esteticismo efectista e inane, volátil y discontinuo, por lo común tan huero que no sedimenta más allá de una fascinación pasajera, y eso en el mejor de los casos.

Empero, a efectos internos, la faceta interpretativa de Eastwood no finaliza en el antidivismo de la realización, puesto que un rasgo básico de su puesta en escena estriba precisamente en el respeto por los intérpretes, en el cabal trabajo con los actores. Trátense de jóvenes o veteranos, de desconocidos o estrellas, por sistema están dirigidos de forma precisa a la par que libre; en consecuencia, diríase que sacrifican por cuenta propia antes que por orientación ajena todo divismo o extravagancia en aras de la estricta verosimilitud, salvo ciertas excepciones justificadas por la impronta pintoresca del personaje. Justo en esta particularidad es donde se aprecia singularmente que dirige un actor, e inteligente; en este conocimiento de causa, en esta sensibilidad para valorar al intérprete en cuanto antropomórfico vehículo expresivo, que le hace vencer la tentación de mediatizarlo como un espectáculo en sí mismo. Obsérvese, al respecto, la destreza de Eastwood tanto para potenciar gente poco expresiva e incluso mediocre (Sondra Locke, Kevin Costner, Charlie Sheen, Kevin Bacon) cuanto en atemperar divos con tendencia a la autosuficiencia y la sobreactuación (Gene Hackman, Meryl Streep, Donald Sutherland, Sean Penn). Por añadidura, el modo de rodar de Eastwood, a base de planos perfectamente compuestos, de una cierta duración y en pantalla ancha, supone una auténtica delicia para todo actor que se precie de serlo, pues se siente estimado en su justa y profesional medida, cuenta con el tiempo y el espacio adecuados para desenvolverse, para hablar y escuchar, para matizar en un sentido u otro, sin que ninguna imposición técnica o rítmica lo entorpezcan, ni, menos aún, se vea impelido a posar sin más.

También resulta enormemente personal, y harto atractivo, su sentido de la fotografía y el color. Responsabilidad fija de sus contados operadores de confianza (fundamental y consecutivamente Bruce Surtees, Jack N. Green y Tom Stern), procura justificar las fuentes y campos de luz, a fin de compaginar un realismo crudo, para los exteriores, con el tenebrismo pictórico, en los interiores, aunando a menudo ambas opciones, por disímiles que sean en principio, de cara a plasmar un especial tono de fantasmagoría para ciertas escenas nocturnas de violencia o tensión. La base lumínica estriba en una elaborada selección cromática, consistente en reducir mucho la galería de colores y en privilegiar las gamas del ocre, el gris y el ámbar. Tales determinaciones, que alcanzan extremos casi experimentales en *Cartas desde Iwo Jima (Letters from Iwo Jima*, 2006), conllevan que con frecuencia la filmografía de Eastwood sugiera subliminalmente una especie de tétrico «blanco y negro coloreado», una suerte de antinatural tonalidad sepia, cuya noble y sugestiva sobriedad, por supuesto, no guarda ninguna relación con efectistas propuestas populacheras del talante de *Sin City* (Robert Rodríguez, 2005) o *300* (Zack Snyder, 2006). El hincapié progresivo en esta elección estético-expresiva, por cierto, ratifica el pesimismo que va tiñendo la obra de Eastwood desde que el autor entra en su otoño vital, a mediados de los años ochenta, justo cuando el cine empieza a perder su especificidad, en todos los sentidos y sectores, y al hilo de la sensibilidad crepuscular ya referida.

La relación de Clint Eastwood con la música es hermosa, múltiple e íntima. Hasta el punto de que difícilmente puede apreciarse a fondo su obra sin una cierta, y desprejuiciada, melomanía.

Por supuesto, en este sentido, no está solo entre los cineastas norteamericanos de su generación; considérese, principalmente, a John Cassavetes, Woody Allen y Robert Altman. Sin embargo, Eastwood los aventaja a todos ellos con

Impacto súbito (1983).

diferencia, debido a la excepcional riqueza de niveles y significados que encierra el elemento musical dentro de su cine, por un lado, y, por otro, al propio papel sobresaliente que la música ha desempeñado, y desempeña, en la vida del autor.

«Empecé tocando la bugla, el único instrumento que tenía a mano. Después toqué la corneta en la escuela, y más tarde, a los diecisiete años, el piano de modo semiprofesional, en un local de Oakland»[2], comenta resumiendo sus primeras experiencias musicales. Primero se enamoró de la música negra y pocos años después añadió la blanca a su pasión. En apariencia y en teoría son de todo punto irreconciliables, no en vano, por lo menos en Estados Unidos, la primera, sobre

---

[2] *Positif*, núms. 329-330, 1988.

todo el *jazz*, está vinculada a un gusto cultivado y exquisito, mientras que la segunda, resumida en el *country*, normalmente se asocia a las capas sociales menos sofisticadas y más retrógradas de la nación, a los *hillbillies* y *rednecks*, tal como reflejaba, bien descarnadamente, *Granujas a todo ritmo (The Blues Brothers*, John Landis, 1981). Sin embargo, curiosamente, Eastwood reconoce amarlas por igual. Empero, ello no entorpece que su cine las diferencie conceptualmente con rotundidad y buen juicio, en función del tipo de película; salta a la vista, no sólo al oído, que el *country* difícilmente puede insertarse en ningún *thriller*, y que el *jazz* resultaría intolerable en una comedia ubicada en la «América profunda». Por lo demás, es sintomático que los dos primeros éxitos de Eastwood en la pantalla, pequeña en un caso y grande en el otro, estén acentuados, y casi simbolizados, musicalmente; en primer lugar, la serie televisiva *Rawhide*, pues motivó que el actor extendiera su quehacer a la canción, mediante la edición de varios discos, más o menos exitosos en el mercado nacional; acto seguido, el personaje que asume tres veces consecutivas para Sergio Leone, pues aparece en unas películas donde las geniales composiciones de Ennio Morricone vibran con las imágenes mediante una intensidad que jamás había revelado el *western*, por lo cual arrasaron, por doquier y de un modo insólito, en el mercado de las bandas sonoras[3].

Ahora bien, desde que debuta como director-actor-productor, Eastwood aplica el factor musical en nada menos que tres niveles, y de aquí procede su categoría superlativa al respecto. Por un lado, lo hace en el aspecto puramente argumental, en virtud de la frecuente elección de personajes cuyo vínculo con el sector fluctúa desde la pura, pero nada irrelevante, afición, en unos casos, hasta el entregado ejercicio profesional, en otros. Brinda ejemplos extremos del segundo en dos producciones del mismo año, la película biográfica *Bird*

---

[3] No es de extrañar pues, antes al contrario, que Eastwood quisiera entregar personalmente el Oscar honorífico, que honra la totalidad de una carrera, a Ennio Morricone; el evento tuvo lugar en el edición de los premios correspondiente al año 2007.

Los puentes de Madison (1995). Con Meryl Streep.

(Clint Eastwood, 1988), sobre el legendario saxofonista Charlie Parker, y el documental *Thelonius Monk: Straight No Chaser* (Charlotte Zwerin, 1988). Por otra parte, se capta en la meticulosa elaboración de las bandas sonoras, que conviene escuchar enteras con independencia del visionado de cada película para apreciarlas en su globalidad, tanto cuando optan por el tétrico lado «negro» (dos de sus compositores predilectos han sido Lalo Schiffrin y Lennie Niehaus, previamente acreditados en el mundo del *jazz*, y otras glorias del sector, verbigracia Art Pepper y Jon Faddis, participaron como ejecutantes) como al preferir el solar «blanco» (Snuff Garrett y Steve Dorff, reconocidos expertos en *country*, le han asesorado sistemáticamente). Por último, la musicalidad, la penetrante musicalidad americana, con frecuencia late en la propia impronta de las películas, en su ritmo, tono, entraña y textura. Sobre todo, en su vertiente «negra», durante sus últimas etapas: diríase que Eastwood narra con alma de *jazz*, siente el *blues* al dirigir. En palabras de Richard B. Woodward:

La languidez de las últimas películas de Eastwood, siempre más emotivamente sobrio a medida que envejece, es justo la de un gran solista de *jazz* provisto de tal control sobre su instrumento que está seguro de que el público le seguirá hasta donde llegue su interpretación. Y Eastwood sabe que las historias que le quedan por contar no pueden contarse con prisa[4].

Por si estos tres niveles, fundidos impecablemente, no bastaran, Eastwood se aventuró a dar un paso más, el definitivo: la ejecución y la composición. Puesto que, inicios televisivos aparte, a lo largo de su filmografía tanto ha cantado *country* (aunque bastante mal) cuanto ha tocado el piano (muy aceptablemente), así como, en los últimos años, ha compuesto (con digna y subterránea eficacia), primero temas puntuales y después bandas sonoras completas; esta última faceta, por cierto, supone un vínculo añadido con un cineasta espléndido que le admira como pocos, John Carpenter. Asimismo, Eastwood en 1966 creó junto al citado Snuff Garrett la casa discográfica Viva Records, que duró cerca de veinte años y estuvo especializada en *country* (pero también editó bandas sonoras de películas del propio Eastwood), y después, en 1995, su sello personal, lógicamente denominado Malpaso Records. Por último, su hijo primogénito Kyle (durante la adolescencia muy aceptable coprotagonista en *El aventurero de medianoche*, dicho sea de paso) desde los inicios de los años noventa supone un *jazzman*, compositor y contrabajista, respetado en el medio más allá de su apellido Eastwood (aunque tampoco le ha estorbado precisamente).

«¿Ha habido algún otro cineasta tan poco neurótico, tan rotundo y que haya ido mejorando a un ritmo tan constante?», se preguntaba David Thomson pocos años atrás[5]. Y no sin fundamento, pese a lo excesivamente apasionada y contundente que suene la apreciación a primera vista.

---

[4] L. Barisone y G. D'Agnolo (eds.), *Clint Eastwood, op. cit.*
[5] Extraído de Keesey Douglas, *Clint Eastwood*, Colonia, Taschen, 2006.

Kevin Bacon y Sean Penn en *Mystic River* (2003).

En efecto, debe recalcarse que, desde sus primeros esfuerzos como responsable del producto, en los primeros años setenta del pasado siglo, hasta sus propuestas a comienzos del nuevo milenio, convertido ya en una leyenda de nuestro tiempo, Clint Eastwood ha revelado un proceso de superación y maduración artístico-ideológica tan evidente como encomiable. Un proceso que, por añadidura, guarda perfecta coherencia y plena interconexión: sus primeras películas, de una manera u otra, esconden el germen de las últimas, y las últimas, por más de un concepto, remiten a las primeras. Así, su estilo y su temario, su personalidad artística y las ideas que vierte a su través, se van depurando y matizando, respectivamente. Mas no lo hacen en la implacable línea recta que pudiera determinar la cronología, sino a lo largo del peculiar, sinuoso y ya comentado zigzag de proyectos minoritarios y mayoritarios, valga la simplificación, en un decurso que nunca ha resultado monocorde ni previsible, y que, por el contrario, abunda en sorpresas de toda laya, en proyectos con los que el cinéfilo en absoluto podía contar, en, con palabras de

Quim Casas, «recovecos, falsas pistas, anticipos, giros, cuestionamientos y confirmaciones»[6]. Dificultad añadida a la hora de establecer una valoración de conjunto, los planteamientos en menor o mayor medida comerciales no son, por definición, respectivos sinónimos de mejores y peores aciertos artísticos, puesto que ni todas las películas minoritarias de Eastwood están logradas, aunque resultan cuando menos respetables, ni sus películas mayoritarias son sistemáticamente burdas o rutinarias, aunque las haya tan malas como *El sargento de hierro (Heartbreak Ridge,* 1986).

En lo concerniente al estilo fílmico, Eastwood comienza acusando, y reconociendo, la influencia de Sergio Leone, de modo flagrante pero no sistemático, y de Don Siegel, en un grado menos obvio pero acaso durante más tiempo y en más películas; no por nada son los dos cineastas que le enseñaron a resultar impactante en pantalla, sobre todo el primero. Después va definiendo progresiva y firmemente su propio estilo, aprendiendo de la experiencia y sin estancarse jamás, hasta que llega el momento en que la huella de Leone y Siegel ya apenas se percibe; es entonces cuando, no por azar, surgen las obras mayores de Eastwood, los hitos de su filmografía. Resulta tentador, por ende irresistible, establecer un símil musical: el cine de Eastwood constituye una composición; la melodía estriba en todo lo que aprende de Leone y Siegel, las armonías descansan en las múltiples matizaciones que irá incorporando.

Esta evolución surge gracias a dos determinaciones fundamentales; por una parte, sustituir la dramaturgia egocéntrica de sus comienzos, a menudo eficaz en términos espectaculares y mitológicos pero no siempre bienvenida ni verosímil, por una perspectiva de cierta pluralidad; por otro lado, modificar el uso y el significado de la violencia característicos de su obra. Así, un cineasta que durante la juventud alcanzó el ce-

---

[6] Quim Casas, *Clint Eastwood: Avatares del último cineasta clásico,* Madrid, Jaguar, 2003.

nit de la popularidad gracias a la explotación de la violencia, desde la vejez la cuestiona y hasta impugna, de tal modo que la inversión del sentido en este factor, si en otros cineastas acaso revelaría hipocresía, en Eastwood significa madurez.

Es irrefutable que la obra de Clint Eastwood entraña, tanto literal como alegóricamente, una vasta y elocuente, incluso descarnada, radiografía de la idiosincrasia de los Estados Unidos; sus sueños e ideales, sus arquetipos y peculiaridades, sus paradojas y contradicciones, sus filias y fobias, sus luces y tinieblas, su privativa visión de la existencia..., en resumen, y valga la simplificación, su peculiar mixtura de ingenuidad, ideológica, y firmeza, vital. Desde este ángulo, la abultada aportación de Eastwood al Séptimo Arte encierra un enorme, inapreciable valor histórico-sociológico.

Por añadidura, la perspectiva de Eastwood es la de un hombre curtido reciamente durante la Depresión y la posguerra, un *self made man* que trabaja sin descanso desde niño, educado en una escala de valores que preconiza el esfuerzo propio, el espíritu del pionerismo, la coronación de unas metas determinadas, la no por compleja menos concreta especificidad nacional. Naturalmente, de aquí deriva el tan controvertido ideario de Eastwood, que tantos críticos e interesados estudian y debaten desde siempre, sobre todo allende sus fronteras, sin considerar en la justa medida, como premisa, que en Estados Unidos los principios político-sociales que rigen en Europa distan de ser válidos, por cuanto no son homologables: republicanos y demócratas no equivalen a derechistas e izquierdistas, antes bien encarnan unas concepciones mentales y sociales diferentes, unos parámetros de vida y pensamiento sin parangón, ni cabal comprensión, fuera de América. De ahí que, como ejemplo idóneo, el propio Eastwood no saliera de la perplejidad cuando su emblemático *Harry el sucio (Dirty Harry,* Don Siegel, 1971) en su día fuera tildado de «fascista» por la práctica totalidad de la crítica europea; lo que a ojos de ésta suponía una intolerable legitimación espectacular de un policía de métodos antidemocráticos, para sus autores, en particular, y para la mentalidad americana, en general, no re-

Million Dollar Baby (2004).

presentaba sino el caso de un héroe incomprendido por los unos y los otros, en cuanto enfrascado en defender al ciudadano honesto y combatir a los criminales, que desprecia las trabas inherentes a una legalidad ineficaz, literalmente injusta.

Yendo más allá, podría estimarse este personaje como una óptima alegoría, a pequeña escala tipológica, del propio ideario de Eastwood, a gran escala filmográfica. Puesto que, a lo largo de su vasta y coherente obra, el ya prolífico cineasta californiano delata una emoción respecto a Estados Unidos por completo biunívoca, literalmente desgarrada entre la admiración estético-patriótica y el espíritu crítico, escindida entre lo que siente y lo que piensa. Expresado en términos poéticos, es como si Eastwood, película tras película y con mayor o menor nitidez según el caso, suspirara: «América es una nación discutible, pero es la mía. Por lo tanto, es la única, es lo que hay. Y si constituye un barco que se hunde, porque creció con los maderos podridos, yo resistiré orgulloso haciendo lo que pueda en su favor».

Así, por norma, los temas y personajes que Eastwood ha esgrimido se atienen generalmente a la mentalidad y cultura americanas, y por lo común emergen en dos géneros tan identificados con Estados Unidos como el *western* y su prolongación cronológica, el *thriller;* incorporando empero una pluralidad de atributos personales, con mayor o menor relieve en función de la etapa y el contexto. Algunos referidos en párrafos anteriores son de índole, por así decirlo, supraestructural, principalmente «la reflexión acerca de la violencia como base del orden social, de la convivencia y de la vida en una comunidad»[7], reflexión efectuada mediante distintos grados de realismo o de enfoque, así como el crepúsculo, sea personal o general, y a menudo aunados, identificados. Otros de estos atributos, en cambio, laten más bien en la infraestructura; entre ellos sobresalen, consustanciales, la masculinidad y el individualismo.

---

[7] Luis Miguel García Mainar, *Clint Eastwood: de actor a autor,* Barcelona, Paidós, 2006.

> Creo que en la cabeza de cada hombre existe el sueño de comportarse como un individuo libre, pero cada vez es más difícil conseguirlo. Para algunas personas represento una individualidad en peligro de extinción en nuestra sociedad. Noto que existe un clamor que pide individualidad. Noto que por culpa del intelecto los humanos nos hemos atascado en tal sinsentido que hemos hecho de la vida algo mucho más complicado de lo que debiera ser,

afirmaba Eastwood, catorce años ha[8]. Explicando así la personal unión de hombría, en el carácter, e independencia, en la relación con la sociedad, que marca su tipología a lo largo de los años, las décadas; por supuesto, con una serie de matices, tampoco demasiados, según las etapas, los cuales fluctúan desde la inicial y flagrante chulería, en deuda con el extraordinario Robert Mitchum, hasta los acercamientos otoñales a una desmitificación irónica... pero también relativa y, en todos los sentidos, dentro de un orden (a la postre, su personaje triunfa de alguna manera, o, cuando menos, nunca es derrotado). Obviamente, ambos rasgos en la imagen cinematográfica de Eastwood fueron creación de Sergio Leone; sin embargo, no es menos cierto que coinciden de todo punto con la personalidad real de Eastwood, y rematan otra de las indicadas analogías que definen tan especial caso en la historia del cine: la masculinidad de sus personajes casa con la inveterada condición de mujeriego del autor, y la individualidad de aquéllos no es sino la independencia profesional que estableció Eastwood apenas pudo permitírsela.

Todas estas propiedades, potenciadas por el susodicho carisma estelar, configuraron un arquetipo único, que brindaba una potente, en todos los sentidos, personalización del llamado «antihéroe», un tipo de personaje característico del cine de género de los años sesenta-setenta, cuya óptima acogida comercial fructificó en la producción internacional sin distinción de fronteras e idiomas. En el caso de Eastwood, que por

---

[8] *Directed by Clint Eastwood: Eighteen Films Analyzed*, Jefferson, MacFarland & Co., 1996.

supuesto fue fácil y raudamente tachado de «machista» por sectores izquierdistas y feministas, se trata de hombres con intelecto escueto y un pasado oscuro y espeso, que de alguna manera purgan cuando sucede la historia; hombres que hablan poco e inspiran respeto hasta entre quienes les desprecian; que tienden a la acción antes que a la reflexión y se aferran a sus principios o raíces de modo afirmativo, con la convicción, orgullosa e instintiva convicción, de que fuera de ello nada se sostiene. Viriles por gusto y naturaleza, seductores natos, honestos a su manera, quizá no siempre ganan, pero raramente pierden. Y, pertenezcan a la época y el contexto que pertenezcan, nunca representan el menor peligro para quien sea noble y recto, todo lo contrario. Tal como resume Pedro Sangro Colón:

> Individualistas, torpes, antisociales, enajenados, viciosos, crueles, egoístas, pasivos, violentos, obtusos, anacrónicos y autodestructivos. Y sin embargo todos ellos son merecedores de la categoría heroica, puesto que comparten la protección y el servicio hacia los demás como brújula moral de comportamiento, utilizando todos los medios a su alcance para conseguirlo, aunque ello les suponga transitar al margen de la sociedad en la que habitan[9].

Con esto y con todo, el epíteto último que marca la obra de Clint Eastwood, curiosamente, no implica analogía alguna, sino que, por el contrario, representa una disonancia purísima. Consiste en que un hombre de éxito como pocos, «rico y famoso», idolatrado a lo largo de varias generaciones en los cinco continentes, por añadidura con una credibilidad extraordinaria dentro de las propias fronteras, sin embargo desde siempre se ha centrado en incorporar tipos inadaptados e insolentes, parcos en cualquier tipo de recursos y no precisamente afortunados en su vida amorosa; en definitiva, pertenecientes generalmente al espectro social que en Estados Uni-

---

[9] «Los antihéroes en el cine de Clint Eastwood», en P. Sangro y M. Á. Huerta (eds.), *El personaje en el cine*, Madrid, Calamar, 2007.

Empuñando dos de los Oscars que ganó *Million Dollar Baby*, junto a Dustin Hoffman (2005).

dos se denomina *losers* («fracasados» en nuestro idioma, aunque desde hace tiempo ya se tiende a traducirlo como «perdedores»), aunque los desenlaces argumentales visualicen su triunfo sobre cualesquiera adversarios. Una rápida lectura psicoanalítica sostendría que esta galería de personajes representa una sesgada derivación metafórica de las aprensiones juveniles del propio autor, en el sentido de que ellos encarnan justo lo que él estuvo a punto de ser, representan una pesadilla que poco faltó para concretarse a la luz del día. Es decir, el conflicto interior de un hombre frustrado, año tras año relegado a fuerza de rechazos (léase, papeles insignificantes en películas modestas) del único contexto donde él podía realizarse adecuadamente, el *show business;* así, estos *losers* materializarían el torturado subconsciente juvenil de un adulto a quien el éxito le llegó un tanto tarde, cuando acaso ya ni siquiera contaba con él. Aun siendo algo fácil, tópica y lateralizada, esta interpretación particular desde luego no puede descartarse por completo. Sobre todo porque tampoco choca con otra de tipo general, a la cual debe recurrirse si se aborda una filmografía tan asumidamente nacionalista como la de Eastwood: la fascinación, todo lo paradójica que se quiera pero irrefutable, de una mentalidad secularmente obsesionada por el éxito a toda costa, es decir la americana, respecto a la gente que fracasa justo en el empeño que implica la meta nacional por antonomasia, el triunfo. Resumiendo, la atracción/repulsión yanqui por los fracasados, de la cual deriva uno de los estándares de la cultura nacional: la segunda oportunidad.

Enfocada desde esta perspectiva, y no es inoportuno hacerlo, la obra de Clint Eastwood constituye, en primera y última instancia, la valoración individual de un paradigma patrio, cual es la pugna entre realización personal y fracaso social, entre el tenaz convencimiento interior y la desesperante incomprensión exterior. Una valoración que desde que surge ya no se estancará ni se detendrá nunca, a lo largo de una trayectoria artística no por discontinua menos firme, según una premisa que el propio autor definiera mediante una frase que cualquiera puede imaginar nítidamente, incluso ver, cual diálogo de uno de sus resolutivos personajes: «Cuando tienes una idea, debes llevarla a cabo sin consentir que nadie te haga dudar»[10].

---

[10] L. Barisone y G. D'Agnolo, *op. cit.*

Nacido para matar (1930-1963)

> Clint es un hombre muy peculiar. Muy peculiar
> y muy americano (John Phillip Law, en Carlos
> Aguilar y Anita Haas, *John Phillip Law: Diabolik Angel*, Bilbao, Quatermass/Scifi World, 2008).

Existe un rumor, necio y por ende bastante extendido, que sostiene que Clint Eastwood es hijo del mismísimo Stan Laurel, el genial actor inglés que con el americano Oliver Hardy formó la mejor pareja cómica de la historia del Séptimo Arte. Tal rumor surgió en una publicación italiana a mediados de los años sesenta, al hilo de la llegada de Eastwood a Roma para trabajar con Sergio Leone, y desde entonces sobrevive hasta la fecha, con desigual intensidad mediática. Obviando el relativo parecido facial apreciable durante la juventud de ambos, el infundio se sustenta sobre el hecho de que durante el mismo mes y año en que nació Eastwood, mayo de 1930, lo hizo también prematuramente, de los llamados «sietemesinos», un hijo de Laurel, que falleció nueve días después y fue incinerado. La leyenda sostiene, pues, que tal bebé en realidad no murió, y, acogido en otro núcleo familiar, fue bautizado Clint Eastwood...

Majaderías aparte, Eastwood efectivamente nació en mayo de 1930, en concreto el día 31, con el nombre de Clinton Eastwood Jr. en el hospital Saint Francis, de la californiana ciudad de San Francisco. Sangre británica corría por sus venas, pues el padre, Clinton Eastwood Sr., era de procedencia escocesa, y la madre, Margaret Ruth Runner, irlandesa. Muy modesta, en el plano económico, y protestante, en el religioso, la familia Eastwood (una hermana del futuro cineasta, Jean, nació en 1934) acusa dramáticamente la terrible Depresión que estalló a finales de 1929, al igual que todas las capas menos favorecidas de la sociedad americana. En consecuencia, sufre una vida nómada a lo largo de la Costa Oeste, en función de los lugares donde los padres pudiesen encontrar cualquier tipo de labor, por fugaz que fuera; principalmente, operario en fábricas metalúrgicas, él, y secretaria, ella. Asimismo, el futuro cineasta se ve impelido a participar en la economía familiar desde muy joven, mediante trabajos de todo tipo e invariablemente humildes, empezando por los de cortador de césped, repartidor de periódicos, mozo de cuadra y empleado de gasolinera. También a temprana edad aprende a cazar, pescar, nadar... y, concretamente en la granja de una de sus abuelas, en Livermore, a montar a caballo, que tan provechoso le resultará.

Recorren penosamente ciudades como Sacramento, Redding, Spokane, Pacific Palisades y Piedmont; con palabras del propio Eastwood:

> En cierto modo, este constante vagabundeo fortaleció nuestros lazos familiares hasta extremos de pura superviven-

cia. Nos movíamos tanto que la familia era lo único que tenías seguro, la única gente con que podías contar de verdad. No había forma de hacer amigos, porque no te podían durar. Era duro, pero supongo que me sirvió para alcanzar la madurez antes que los otros chicos. Conocer continuamente gente distinta en diferentes sitios te enseña mucho.

Después, la familia logra estabilizarse un tanto en Seattle pero sobre todo en Oakland, *small town* justo de la California de donde partieron, gracias a que el padre encuentra trabajo en el Container Corporation of America; de inmediato, matricula a los hijos en el Glenview Grammar School. Son los años de la Segunda Guerra Mundial, en la cual Estados Unidos se ha agregado en 1941, tras el bombardeo por parte de la aviación japonesa de la base aeronaval Pearl Harbor.

La pasión por la música del joven Clint surge en plena adolescencia, seguramente, o por lo menos en gran parte, debido a que el padre tocaba la guitarra en una pequeña orquesta local, aunque más bien como aficionado, y la madre coleccionaba con afán discos del mítico pianista y cantante negro Fats Waller. Significativamente, en las innumerables mudanzas familiares nunca faltaba el aparatoso piano de la abuela materna. De hecho, aunque el futuro cineasta desde muy joven aprendió a desenvolverse con diversos instrumentos, el piano siempre ha sido su preferido, con diferencia, hasta hoy. Es más, como ya se indicó, de adolescente lo tocaba en las veladas de un local de Oakland, denominado Omar Club, si bien por unas remuneraciones simbólicas que a menudo no excedían la mera consumición. También en esta ciudad tuvo lugar su primer impacto estético trascendente en lo referido al *jazz;* fue un concierto donde participaron tres mitos del sector, los formidables saxofonistas negros Coleman Hawkins, Lester Young y Charlie Parker, quienes le dejaron una huella indeleble, sobre todo el tercero. Emerge también entonces su debilidad por el ejercicio físico, gracias a la cual, y sus imponentes 1,93 metros de estatura, juega al baloncesto durante sus años de estudiante, así como al béisbol, si bien en estos años la elevada estatura más bien implicaba un cierto inconveniente psicológico: «Me sentía realmente incómodo sacándoles una cabeza a todos mis compañeros, y ante las chicas me veía como una especie de gigante patoso y desgarbado.»

Mientras estudia en la Oakland Technical High School, interpreta su primer papel, en una función escolar, pero la experiencia no le despierta mayor vocación al respecto. Sin embargo, a su manera ha captado, y muy bien:

> Fue la primera vez que comprendí lo que significa que la gente te tome por otra persona. Puedes interpretar a un tipo completamente distinto de ti, y tú, mientras, estar protegido tras el personaje, sin que nadie sepa cómo eres en realidad. Interpretar es una especie de ocultación personal. Puedes ser la persona más tímida del mundo, y en cambio interpretar perfectamente un tipo extravertido, porque no estás siendo tú mismo[1].

Igualmente en este centro entabla amistad con Fritz Manes, que desde entonces será uno de sus mejores amigos, y con el paso de los años un estrecho colaborador profesional en Malpaso, hasta que tan óptima relación acabara pésimamente hacia mediados de los años ochenta. Asimismo, funciona ya su proverbial carisma; con palabras del antedicho Manes:

> Clint atraía automáticamente la atención de todo el mundo, pero sobre todo de las chicas. Cuando estaba presente, todas le miraban fascinadas, como en estado de trance. Los demás chicos, era como si no existiéramos. Estar a su lado resultaba muy desmoralizador para el resto de nosotros[2].

Tras obtener el diploma y recién cumplidos los diecinueve años, al volante del primero de sus innumerables coches, tan destartalado que sólo le costó veinticinco dólares, Eastwood abandona la ciudad con objeto de vivir durante una temporada en Oregón, donde trabajó como leñador gracias a sus óptimas condiciones físicas, lo cual incluía la peligrosa labor de

---

[1] Reproducido de Antonio Trashorras, *Clint Eastwood*, Madrid, JC, 1994.
[2] Reproducido de Minty Clinch, *Clint Eastwood*, Londres, Hossen & Stoughton, 1994.

Pose juvenil.

transportar troncos a lo largo de ríos furiosos y gélidos. Esta etapa de su vida asimismo determina que el *country* penetre en sus gustos musicales, profundamente y a perpetuidad. En concreto, desde que disfruta una actuación de la hoy mítica orquesta de Bob Wills, The Texas Playboys, en un localito de la propia Oregón. Es quizá demasiado fácil, pero inevitable, especular que la gran pasión de Eastwood por el *western* de algún modo naciera también entonces, o al menos se consolidara, dada la experiencia directa que durante estos años juveniles adquiere respecto a dos rasgos cardinales del género: la comunión del hombre con la naturaleza, y el riesgo físico. Por añadidura, sucede en Oregón, la mismísima cuna de «la conquista del Oeste», merced al mítico *The Way West*[3].

Al año siguiente, se emplea como fogonero en Seattle, en los altos hornos de la Bethlehem Steel, y después alterna los trabajos de camionero y repartidor. Inmediatamente después, es reclamado por el servicio militar, lo cual frustra su propósito de aprender música de modo serio y académico en la Universidad de Seattle. Meses más tarde, estalla la guerra de Corea, pero logra ser dispensado de marchar al frente asiático. Presta su servicio en la base californiana de Fort Ord, en calidad de monitor de natación.

Esta etapa militar comprende cerca de dos años, y su parte más célebre, por novelesca, estriba en cuando Eastwood salió vivo de un accidente aéreo y sobrevivió en el mar durante varias horas hasta ganar la costa gracias a su energía física y capacidad natatoria; representaba además el segundo de sus triunfales encuentros con la fuerza terrible de la naturaleza, pues pocos años antes, no menos prodigiosamente, se había salvado de las llamas, durante un trabajo de verano como bombe-

---

[3] La superproducción así titulada, que en España se distribuyó oportunamente como *Camino de Oregón,* fue realizada por Andrew V. McLaglen en 1967 según la novela homónima de A. B. Guthrie Jr.; por desgracia, el director, discípulo confeso de John Ford e hijo incluso de uno de sus actores recurrentes, Victor McLaglen, malgastó las posibilidades de la formidable historia, a caballo entre la crónica y la leyenda. Tampoco aprovechó el protagonismo de un extraordinario trío viril: Kirk Douglas, Robert Mitchum y Richard Widmark.

ro forestal junto a dos amigos en el monte Lassen. Por lo demás, en este período y por influencia de otros reclutas, contrae una de sus grandes aficiones, el golf. También conoce por primera vez gente relacionada con el mundo del cine, gracias a esta peculiar «cultura de la piscina» californiana de los años cincuenta. Gente, sobre todo el actor Martin Milner, que le aconseja probar suerte en el medio, dada su notable prestancia física. Hasta entonces, nunca había tenido una vocación concreta; con palabras del propio Eastwood: «En aquella época sólo me gustaban cuatro cosas: las chicas, la naturaleza, los coches y la música»[4]. El cine sólo le había interesado como simple espectador, con predilección por las películas cómicas y policiacas; sobre todo si el protagonista es James Cagney, su actor predilecto desde siempre, seguido de Gary Cooper.

Progresivamente animado al respecto, se instala en Los Ángeles, en compañía de otro ex soldado con quien había entablado amistad en la base. De inmediato, compagina estudios de Administración de Empresas en Los Ángeles City College, por la mañana, con un curso de interpretación, por la tarde, mientras comienza a familiarizarse con el ambiente de Hollywood. Sobrevive compaginando quehaceres de socorrista en la playa con una de sus actividades adolescentes, empleado de gasolinera.

Acto seguido, sobrevienen dos acontecimientos de una relevancia particular: en 1953, sin pensarlo demasiado, contrae matrimonio con Maggie Johnson, una guapa estudiante relativamente popular en el estado gracias a su trabajo como modelo de bañadores para la revista *Rodeo Drive,* a la cual conoció mediante una «cita a ciegas» sólo seis meses atrás; y en 1954 firma su primer contrato como actor, para trabajar en el seno nada menos que de Universal International Pictures, gracias a la favorable impresión que causó mediante la sesión de fotos que le hiciera Irving Lasper.

Una primera etapa de su periplo vital concluye así con tan novedosos y prometedores eventos. No demasiado distinta

---

[4] Minty Clinch, *op. cit.*

de la juventud de tantos jóvenes americanos coetáneos, en líneas generales, pero ciertamente provista ya de algún que otro rasgo singular. Sobre todo, el llamativo equilibrio entre la sensibilidad artística y el gusto por la acción. Equilibrio del cual, huelga añadir, emergerá una filmografía altamente particular.

La etapa primigenia de Eastwood en Universal consta de unos cursos intensivos de aprendizaje múltiple (interpretación, danza, dicción) a cargo de la productora, de los cuales actualmente se conservan fotos muy divertidas y con jugoso sabor de época, y de un contrato de veinte semanas, que le compromete a participar en cualquier película que le reclame, sin posibilidad de trabajar para ninguna otra productora. Los dos pilares básicos del Hollywood dorado (el *Studio System* y el *Stars System)* resisten todavía contra el desmoronamiento que tendrá lugar tras iniciarse el decenio de los sesenta, mientras la nación acusa en profundidad la histeria anticomunista del MacCarthysmo, la paranoia del peligro atómico, la Guerra Fría.

El sueldo no es nada despreciable (75 dólares semanales, fijos, más otros 25, igualmente por semana, en caso de intervenir en alguna película), pero el estudio realmente no sabe qué hacer con el apuesto recién llegado. Años más tarde, Eastwood declaró que no le adjudicaban papeles destacados debido a tres reproches básicos: una voz monocorde, pues resultaría monótona en un personaje con cierta continuidad; unos dientes antiestéticos, que desaconsejaban el primer plano salvo en justificados casos concretos; y una estatura excesiva, problemática para la composición armónica de los planos. Por ende, el primerizo actor debe conformarse con cometidos mínimos, a menudo virtualmente de figuración sin apenas diálogo, y muchas veces sin constar siquiera en los títulos de crédito. Las películas que le admiten, además, por lo común son humildes, del formato industrial denominado *B movies,* tan cultivado por la productora desde el propio comienzo de su actividad. Con todo, dos de ellas, obras además del mismo director, Jack Arnold, suponen actualmente, no sin fundamento, miniclásicos del cine fantástico de la época; concretamente, *Tarantula* (1955) y *Revenge of the Creature* (1955)[5]. Otra, *Star in the Dust* (Charles Haas, 1955) posee la elevada relevancia histórica de suponer el primer papel de Eastwood en el *western*, dentro de un reparto encabezado precisamente por el héroe de los dos films antedichos, John Agar. También pueden mencionarse dos películas de Arthur Lubin, *Lady Godiva* (Arthur Lubin, 1955), con Maureen O'Hara encarnando el mítico personaje titular y Eastwood de soldado sajón, y *Francis in the Navy* (1955), una de las siete entregas de la serie protagonizada por la mula parlante Francis, a la sazón popularísima en Estados Unidos.

Y así el contrato con Universal expira tristemente, sin que el joven Eastwood haya logrado destacar ni lo más mínimo.

Por cierto, debe mencionarse que en los decenios siguientes, tras sobresalir estelarmente y formar su propia productora, Eastwood se acordará de algún que otro profesional con que trabajara entonces, tanto intérpretes como técnicos, para contratarlos él mismo.

Abatido por el fracaso en Universal, Eastwood se mueve todo lo posible para colaborar con otras productoras de similar categoría. Pero es tajantemente rechazado por todas: Warner Brothers, Columbia Pictures, Twentieth Century Fox, Paramount..., con la desesperación, y preocupación, subsiguientes. Mientras, su esposa trabaja sin descanso en labores de todo tipo, y mantiene así el hogar. Cuando no hay rodaje a la vista, el joven y frustrado actor retoma su previa labor de profesor de natación, y colabora en el mantenimiento y la limpieza de la propia piscina. Según recuerda:

---

[5] Continuación de *La mujer y el monstruo (The Creature of the Blue Lagoon,* Jack Arnold, 1954), la cual sobre el papel era una nimia variante del superlativo *King Kong (King Kong,* Ernest B. Schoedsack y Merian C. Cooper, 1933), pero en imágenes resultó un logro modesto pero delicioso, hasta el punto de agregar al entrañable *monster* protagonista al panteón de criaturas venerables del género. El imprevisto éxito comercial provocó la producción de esta innecesaria pero no desdeñable secuela, e incluso de una tercera parte, *The Creature Walks Among Us* (John Sherwood, 1956), ya sin Jack Arnold tras la cámara y ningún interés dentro. Eastwood sólo aparece en la segunda, con un cometido fugaz e intrascendente.

Cavar zanjas y limpiar piscinas no es que fuera lo más estimulante del mundo, pero era lo único seguro que me quedaba. Todos los días, a la hora de comer, me abalanzaba desesperado sobre el teléfono público para llamar a mi representante. Siempre le preguntaba lo mismo: «¿hay algo?»[6].

Arthur Lubin, en nombre de la amistad entablada en las películas antes mentadas, le proporciona sendos papeles en dos realizaciones de cierto peso que asume para la ya agonizante RKO, *The First Travelling Saleslady* (1956) —finalmente un intento, bien que fallido por entero, de catapultarlo como «nueva estrella joven», tal como delata su crédito de «And Introducing Clint Eastwood»— y *Escapada en Japón (Escapade in Japan,* 1957). Después obtiene papeles de similar importancia en alguna película más, por ejemplo, el *western* B *Ambush at Cimarron Pass* (Jodie Copeland, 1958), que Eastwood siempre consideró horrible como pocas, y el bélico *Lafayette Escadrille* (William A. Wellman, 1958), que, en vista del fracaso comercial, cierra la filmografía de su admirable y prolífico realizador. Gracias a este rodaje surgió, por cierto, una gran amistad entre el otoñal Wellman y el joven Eastwood, que siempre ha declarado que un *western* de éste, *The Ox-Bow Incident* (1943), representa una de sus películas de cabecera.

Por fortuna, al mismo tiempo logra introducirse en el medio televisivo, entonces en pleno esplendor industrial y estético; sin ir más lejos, en alguna de las series del Oeste con orientación familiar que comienzan a proliferar, notablemente la mítica y lujosa *Caravana (Wagon Train,* 1957-1962) o en *Maverick,* en un episodio rodado en 1958 por su mentor Arthur Lubin, *Duel at Sundown,* durante cuya filmación entabló con el protagonista, James Garner, una amistad que dura hasta la fecha. Y justo gracias a esta ebullición catódica del *western,* Clint Eastwood por fin logra destacar, y experimenta, en consecuencia, sus primeros escarceos con la popularidad.

---

[6] Antonio Trashorras, *op. cit.*

The First Travelling Saleslady (1956), con Ginger Rogers.

Extrañamente inédita en las televisiones españolas (al contrario que tantas otras series *western* americanas de finales de los años cincuenta y principios de los sesenta, como *El gran Chaparral, El virginiano, El hombre del rifle, Jim West* o la inefable y popularísima *Bonanza*), *Rawhide* cosechó un cierto éxito entre el indiscriminado público familiar-juvenil americano de entonces[7]. Era una producción de la CBS, consistente en nada menos que 217 episodios, cuyos títulos a menudo empezaban con un «Incident...», y fueron emitidos a lo largo de

---

[7] La popularidad de la serie justificó adaptaciones a la literatura de bolsillo. Por ejemplo, la novela *Rawhide*, de Frank C. Robertson, publicada en 1961 con inspiración en la globalidad de la serie, o la antología de relatos *Rawhide Annual*, de Douglas Enefer, que apareció en 1962 y que recoge episodios como *Showdown* o *Jingle Bob*.

Rawhide.

ocho temporadas, desde 1959 hasta 1966. Típico en tales casos, contaba con unos protagonistas fijos, en concreto un grupo de vaqueros dedicados a conducir ganado, que viven las correspondientes aventuras en su periplo. Y si la competidora por antonomasia, *Caravana,* se había inspirado en un clásico cinematográfico del género, ésta no iba a ser menos; se trataba de *Río Rojo (Red River,* Howard Hawks, 1948), combinado con las memorias de un auténtico vaquero, George C. Duffield.

Con el alborozo de suponer, Eastwood consigue que le adjudiquen uno de los protagonistas, el ex combatiente Rowdy Yates, especie de variante del personaje joven y guapo, a la par que graciable e impetuoso, que bordara Montgomery Clift en el antedicho clásico, mientras que el trasunto de John Wayne corresponde a Eric Fleming. Los efectos de tal trabajo pueden deducirse fácilmente, y encierran una trascendencia enorme en el devenir de Eastwood: la confianza en su capacidad como actor, en razonable crisis tras el fracaso sufrido en el cine, reflota con fuerza, pero proféticamente lo hace además en el marco del *western*. La popularidad que adquiere, sobre todo entre las jovencitas, que le solicitan fotografías dedicadas y le escriben misivas amorosas, le indica que no carece de condiciones. Incluso justifica que en 1962 en la célebre serie *Mr. Ed* intervenga como «estrella invitada» de un episodio, con su mismísimo nombre en el título: *Clint Eastwood Meets Mr. Ed*. Además, repítase, *Rawhide* le permite enriquecer esta celebridad brindando una faceta de cantante, mediante tres grabaciones en los años centrales de la serie. En primer lugar, el disco sencillo con las baladas *For All We Know* y *Unknown Girl,* en 1961. Al año siguiente, El LP *Clint Eastwood Sings Cowboys Favorites,* que ya le anuncia como «Rawhide's Clint Eastwood» y aglutina una totalidad de doce temas, estándares de la modalidad; entre los compositores de estos, por cierto, no falta ese Bob Wills al que Eastwood debe su afición al *country,* tampoco el eminente Cole Porter. Por último, un año más tarde, en 1963, un disco sencillo ya con temas de la propia serie, concretamente *For You, For Me, For Evermore* y *Rowdy* (el nombre de su personaje, en efecto). La música de

Rawhide estaba compuesta, a todo esto, por el mismísimo y formidable Dimitri Tiomkin, uno de los puntales en bandas sonoras de la época dorada del *western,* aunque, paradójicamente, fuera de procedencia rusa. Desde otro punto de vista, cabe recoger que Eastwood entabla una relación amorosa con una figurante, y ocasional doble de acción, de la serie, Roxanne Tunis, de la cual incluso nace una hija, Kimber, en 1964. Aparentemente, ello no perjudicó su matrimonio de modo dramático, y él asumió la manutención de esta su «otra» familia. Conste también que Eastwood introdujo como actor invitado de un episodio a ese Martin Milner que le aconsejó trabajar en el cine.

De todos modos, el triunfo ha tenido lugar en el nivel catódico. Nada menos, ciertamente, pero nada más. Tal como refiere el propio Eastwood:

> Gracias a la serie, confiaba obtener papeles de peso en películas de cierta relevancia. No mucho más, porque entonces en Hollywood a los actores de televisión les miraban de arriba a abajo, como a ciudadanos de segunda categoría. Steve McQueen y James Garner habían logrado trabajar en el cine tras destacar en la televisión, pero eran excepciones. Los productores de Hollywood tenían una máxima al respecto: Nadie paga para ver en el cine actores que puede ver gratis en la tele[8].

Empero, el beneficio más importante que Eastwood obtiene de *Rawhide* —además de los ya indicados y de una mejoría económica gracias a la cual puede permitirse comprar su primera casa, en Monterey Peninsula y por la entonces considerable suma de 20.000 dólares— estriba en su tenaz entrenamiento como actor, en general, y los lazos que estrecha con el *western,* en particular, en el sentido de que trabajar durante tantos años en *Rawhide* virtualmente ha significado matricularse en un curso intensivo de profesional del género: la destreza con los caballos, la habilidad con las armas, la soltura en toda laya de es-

---

[8] Reproducido de L. Barisone y G. D'Agnolo (eds.), *Clint Eastwood, op. cit.*

Portada del disco *Rawhide's Clint Eastwood Sings Cowboy Favorites* (1962).

cenarios agrestes, la dinámica particular de los personajes, el sentido del diálogo, la forma de somatizar el vestuario, la tipología... Eastwood quizá no ha aprendido todo, máxime considerando la insustancial perspectiva familiar de la serie, pero sí mucho, respecto a las propiedades específicas, e insoslayables, del *western*. Devolviéndole la palabra:

> Lo realmente formativo era que todas las semanas había que hacer lo mismo. Como si fuese un trompetista, que ensaya todos los días, hora tras hora. Un actor, a menos que trabaje en el teatro, donde interpreta todos los días, nunca pue-

de disfrutar de una práctica tan continuada. Además, por malo que fuera el guión y pobres que fuesen los medios, por fuerza había que hacer un capítulo a la semana, y esta obligación te obligaba a aprender, a superarte[9].

La veintena de realizadores que se repartieron los episodios incluye lógicamente varios cineastas familiares al género, tipo Andrew V. McLaglen, Joseph Kane o George Sherman, así como alguno insólito al respecto, por ejemplo Laslo Benedek, todos bajo la coordinación de Charles Marquis Warren, que también dirigió algún capítulo. Aparte de los intérpretes fijos, aparecieron en calidad de invitados actores tan vinculados al *western* como el mítico Victor McLaglen (padre del antedicho director Andrew), John Ireland, Neville Brand, Woody Strode, Dan Duryea, Warren Oates, James Coburn, Lee Van Cleef, Jack Elam y Charles Bronson, nada menos. Pero, especialización aparte, por *Rawhide* también se asomaron Mickey Rooney, Peter Lorre, Walter Pidgeon, Brian Donlevy y John Cassavetes. A propósito, al igual que hará con algunos profesionales conocidos durante su etapa en Universal, Eastwood, con el tiempo, repetirá lo propio con ciertos técnicos e intérpretes con los que congeniara a lo largo de sus años en *Rawhide*.

Con esto y con todo, es necesario señalar que viendo la serie no era tan fácil prever lo que sucedería, bien poco después, con Clint Eastwood. Su imagen es la de un mocetón robusto y espigado, un tanto torpe y átono, en suma un actor casi tan impersonal y volátil como la propia serie. Pero no sólo por ineludibles exigencias de la orientación familiar del producto, de su condición de inocuo entretenimiento de sobremesa: a Eastwood claramente le faltaba adquirir un estilo propio, definirse; para lo cual requería no ya un buen director de actores, sino un artista cinematográfico con sentido de la fantasía, con capacidad para transformar los materiales a disposición de un modo insólito y fascinante. Alguien que le advirtiera de que pisaba la dirección correcta, pero en sentido equivocado. En otras palabras, necesitaba un genio como Sergio Leone.

---

[9] L. Barisone y G. D'Agnolo, *op. cit.*

En Europa, en Leone (1964-1967)

> Mientras rodábamos *Por un puñado de dólares*, un día Leone señaló a Eastwood y me dijo: «He visto muchos ojitos de hijos de puta, pero ninguno como los de ése» (Franco Giraldi en Luciano Barisone y Giulia D'Agnolo [eds.], *Clint Eastwood*, Venecia/Milán, Biennale di Venezia/Il Castoro, 2000).

El arranque de *Por un puñado de dólares*, que recoge la llegada de un forastero americano a un poblacho fronterizo, encadena dos situaciones de una elocuencia enorme. La primera muestra un manojo de mexicanos riéndose y humillando bárbaramente, a tiros, a un joven y a un niño, ante la impermeabilidad del recién llegado. En la segunda, éste abandona su proverbial indiferencia para sonreír con ánimo de conquista a una muchacha que le observa desde una casa; cuando ella reacciona cerrando sonoramente la ventana, el forastero de inmediato recupera su expresión previa.

El *western* tradicional había quedado atrás, simplemente con la brutal significación de estos dos sustanciosos momentos.

Por un lado, la imperturbabilidad ante la desgracia ajena; en cualquier *western* anterior, americano o de donde fuera, al hombre, palpablemente investido de los atributos físicos del héroe, le habría faltado tiempo para socorrer a los humillados. Por otra parte, una particular indolencia viril respecto a la posibilidad sexual: si ella quiere, adelante; de lo contrario, a otra cosa.

Además, el hombre, claramente americano, viste la prenda mexicana típica, un poncho. Otra sorpresa, pues, otra alteración de lo tradicional que traduce, tan sutil como firmemente, una nueva aportación: el protagonista encarna el sincretismo que entraña la película, metaforiza mediante su vestuario el nuevo tipo de *western* que la obra enarbola. Por si todo esto aún fuera poco, una música no menos asombrosa, rica en sugestivas utilizaciones del silbido y la percusión, magnificaba el especial estado de ánimo en que el inicio situaba al atónito espectador, ya desde los propios títulos de crédito, los primeros en animación de la historia del *western*.

Y todavía quedaban cien minutos de película. Con tantas, pero tantas, sorpresas más.

Poco antes de pisar Europa por primera vez para protagonizar *Por un puñado de dólares,* Clint Eastwood ignoraba quién era Sergio Leone. Y Sergio Leone no quería trabajar con Clint Eastwood.

Lógico, por ambas partes.

Nacido en Roma en 1929, Leone era el hijo único de un matrimonio formado por profesionales del cine, el director Vincenzo Leone, que solía firmar como Roberto Roberti, y la actriz Edvige Valcarenghi, *ídem* Bice Valerian; curtido sin descanso en el sector desde mediados de los años cuarenta a base de quehaceres diversos (ayudante de dirección, guionista, director de la segunda unidad), antes de *Por un puñado de dólares* Sergio Leone sólo había dirigido una película, *El coloso de Rodas (Il colosso di Rodi,* 1960), una coproducción italo-franco-española de relativo éxito popular, adscrita a un género en boga, las aventuras mitológicas o *peplum*, y protagonizada por un actor americano en declive, Rory Calhoun. Difícilmente, pues, podía conocerle Eastwood, quien, por ende, vacilaba en aceptar aquella imprevista, y algo ridícula a sus americanos ojos, oferta europea de protagonizar un *western* italo-hispano-alemán, cuyo guión le presentaron «escrito en un inglés un tanto extraño», según propia confesión.

En cambio, Leone sí conocía a Eastwood. Le había visto, y con bien poco entusiasmo, en un episodio de *Rawhide* titulado *Incident of the Black Sheep*, en la oficina de los productores de *Por un puñado de dólares*, en una copia en 16 mm que la William Morris Agency enviara a su responsable en Roma, Claudia Sartori, para atraer la atención de estos respecto al intérprete del joven Rowdy Yates. Dado que la serie no se había emitido en Italia, de Eastwood los productores italianos Arrigo Colombo y Giorgio Papi desconocían hasta el nombre. Suponía sin más una propuesta de la antedicha agencia americana, una contrapartida económicamente viable al primer actor solicitado por Leone, James Coburn, en alza como la espuma desde su revelación a comienzos de los años sesenta. Con palabras del propio Leone: «Quise trabajar con James Coburn desde que le ví lanzar el cuchillo en *Los siete magníficos*. Me encanta su forma de andar. Y es capaz de ser al mismo tiempo cínico, sentimental e irónico»[1].

El problema consistía en que el representante de Coburn se negaba a rebajar la remuneración de 25.000 dólares, inasequible en un proyecto de cierta modestia como *Por un puñado de dólares*. En consecuencia, Leone debe escuchar las alternativas que le sugieren los productores respecto a actores

---

[1] Reproducido de Nöel Simsolo, *Conversations avec Sergio Leone*, París, Stock Cinema, 1987.

asimismo americanos, pero de cotización harto inferior y, además, a la sazón en Roma, con la económica comodidad que ello comportaba. A saber, el fornido Richard Harrison, que precisamente acababa de intervenir en un par de *westerns* hispano-italianos, uno de los ellos muy exitoso, *El sabor de la venganza (I tre spietati,* Joaquín Romero Marchent, 1963); el popular culturista Steve Reeves, que precisamente había protagonizado un *peplum* finalizado por Leone a causa de la indisposición del ya anciano director, *Los últimos días de Pompeya (Gli ultimi giorni di Pompeii,* Mario Bonnard, 1959); el maduro y avezado Rod Cameron, que además ya estaba contratado para otro *western* de la misma empresa, *Las pistolas no discuten (Le pistole no discutono,* Mario Caiano, 1964); o el antedicho Rory Calhoun. Rechazándolos tajantemente a todos, Leone pide contactar con otras dos debilidades personales, el monolítico Charles Bronson, compañero de reparto de Coburn en las multiestelares realizaciones de John Sturges *Los siete magníficos (The Magnificent Seven,* 1961) y *La gran evasión (The Great Escape,* 1963), y el exótico e inquietante Henry Silva. Nuevo fracaso, empero: Bronson responde que el guión le parece horrible, y el agente de Silva no se apea de 17.000 dólares para su representado. Ciertamente, es una cantidad mucho más baja que la que cobra Coburn... pero también supera los innegociables 15.000 que los productores tienen asignado para el papel protagonista[2]. Por lo demás, Leone ni siquiera osa proponer, como bien quisiera, al egregio Henry Fonda, según confesara, «mi ídolo en una infancia metido en sucios y bulliciosos cines del Trastevere»[3].

---

[2] El director Sergio Corbucci, que trabajó con Leone y le trató mucho, ha declarado que éste también probó suerte con Mark Damon. El guionista más socorrido por Leone, Sergio Donati, dice lo mismo respecto a Cliff Robertson. Los actores italianos Tony Kendall y Giorgio Ardisson han asegurado que también les ofrecieron a ellos el personaje de Eastwood, así como lo afirmaron en tiempos del alemán Frank Wolff, el francés Philippe Leroy y otro americano, Guy Madison... En pocas palabras, el cuento de nunca acabar.

[3] Reproducido de Guy Braucourt, «Entretien avec Sergio Leone», en *Cinema 69,* núm. 140, 1969.

La fecha de rodaje se aproxima peligrosamente... sin que Leone ceda: de ningún modo quiere al tal Eastwood propuesto por la William Morris Agency, que acepta sin regateo alguno esos 15.000 dólares, al considerarlo demasiado joven y blando. Por ende, ruega a los productores que incrementen el presupuesto a fin de poder contar con Coburn, libre en las seis semanas de rodaje organizadas para *Por un puñado de dólares*. Es más, tal es su fijación con Coburn que escribe su nombre en la documentación presentada para solicitar el permiso de rodaje, tal como puede consultarse en el «Pubblico Registro Cinematografico»; así, Coburn encabeza oficialmente un reparto en teoría definitivo, redondeado por otros intérpretes, que, a la hora de la verdad, curiosamente tampoco intervinieron: Karin Dor, Mario Adorf y Agustín González, previstos para los papeles inmortalizados por Marianne Koch, Gian Maria Volonté y Antonio Prieto[4].

Pero no hay nada que hacer, la batalla está perdida. Los productores ni quieren ni pueden pagar más de 15.000 dólares, cifra por lo demás harto respetable para la época, al americano que protagonice *Por un puñado de dólares*. Y a Leone tampoco le interesa seguir discutiendo, pues tiene apalabrada otra película con ellos, además de superior envergadura industrial, concebida para rodarse en inglés con un reparto internacional y los exteriores principalmente en Río de Janeiro[5]. Por consiguiente, el impetuoso director romano debe transigir de una vez por todas y conformarse con la inocua semigloria de la televisión americana.

De este modo, Clint Eastwood aterriza en Roma en abril de 1964. Leone, fastidiado todavía, ni siquiera va a recogerle al aeropuerto; se ocupa el director Mario Caiano, que, re-

---

[4] Consúltese el artículo «Per qualche sceneggiatura in più, per un pugno di attori» de Franco Grattarola, en *Cine 70*, núm. 7, 2006.

[5] Por culpa de lo mal que acabó la relación de Leone con Colombo y Papi, fue otro el director que asumió el proyecto, asimismo en coproducción italo-hispano-alemana, en concreto, Giuliano Montaldo. Se trata de *Diamantes a gogó (Ad ogni costo,* 1967), una obra maestra aún por valorar en su justa medida, con Edward G. Robinson, Janet Leigh y Klaus Kinski encabezando el reparto, al son de una extraordinaria banda sonora de Ennio Morricone.

cuérdese, ultima los preparativos de *Las pistolas no discuten* para los mismos productores. Finalmente, el encuentro entre el actor y el director tiene lugar en el hotel. Leone, italiano aparte, se defiende en francés y español, pero Eastwood sólo habla inglés. Así pues, media entre ambos de intérprete Elena Dressler, una alemana políglota que representaba a Constantin, coproductora alemana de la película, y que oficiaría de *dialogue coach* durante el rodaje. El resto es historia.

Clint Eastwood acepta protagonizar *Por un puñado de dólares* porque no tiene nada que perder y, valga el chiste fácil, un apreciable puñado de dólares que ganar.

De hecho, sus dudas duraron poco tiempo, y admite que entre el representante y la esposa terminaron de disipárselas. Además de la golosa remuneración, el rodaje se ha ajustado durante un descanso en la filmación de *Rawhide*, a la cual se reintegrará como si nada hubiera pasado, por lo cual tampoco tiene que excusarse con sus productores televisivos. Si la película es un subproducto, como en principio parece a todas luces, jamás se verá en Estados Unidos, por lo tanto, no puede perjudicarle; por añadidura, brinda una óptima oportunidad de conocer España e Italia, así como encarna una ilusión que parecía inalcanzable: protagonizar por fin una película... aunque sea menor y, encima, europea. ¿Entonces, por qué rehusar?

En consecuencia, Clint Eastwood engrosa la vasta relación de intérpretes anglosajones debatiéndose en la espumeante y voluptuosa Roma del «milagro económico», en el brillante, ubérrimo e irrepetible cine italiano de los años sesenta. Salvo algún caso extraordinario —léase el estelar, harto dinámico y muy americano Burt Lancaster encarnando, contra cualquier pronóstico, un crepuscular aristócrata siciliano en *El gatopardo (Il gattopardo*, Luchino Visconti, 1963)—, se trataba ora de maduros desfasados, ora de jóvenes relegados, a quienes los productores italianos importaban tanto para conferir una palpable verosimilitud antropomórfica en ciertos personajes estelares cuanto a fin de facilitar la exportación de las películas, dado que eran productos de género fácilmente asumibles en

Por un puñado de dólares (1964).

toda índole de mercados; así, un nombre anglosajón en cabeza de reparto constituía una cierta garantía de nivel industrial, o siquiera de copistería bien entendida[6].

Como primera y fundamental medida, Leone cambia por completo la imagen de Eastwood en *Rawhide*. La invierte radicalmente, mejor dicho, de manera que el vaquero jovencito y graciable, pulcro e integrado en su contexto social y profesional, se transfigure en un pistolero solitario y errabundo con barba de varios días y un purito en la boca, carente de ideales y parco en palabras, de quien nada se sabe y que mata como respira. El concepto, obviamente, es de Leone. Mas Eastwood afirma que él aportó todos los elementos de su atrezzo y vestuario, y añade que desde esta base los italianos configuraron su personaje. ¿A quién creer? Por supuesto, a Leone. Desde luego, quizá exagere la viuda del cineasta al sentenciar, tajante y divertidamente, «Clint no se trajo nada, y se lo llevó todo»[7]. Y tal vez sea cierto que Eastwood aportara las botas y las espuelas, así como la pistola y la cartuchera, todo del rodaje de *Rawhide*, por obvias razones de familiaridad y operatividad. Si bien, por ejemplo, el especialista italiano Marco Giusti afirma que su pistola/cartuchera la había usado precisamente otro actor americano, Tab Hunter, en *El hombre del valle maldito* (*L'uomo della valle maledetta*, Primo Zeglio, 1964), no por nada rodada en el mismo poblado que acogerá la filmación de *Por un puñado de dólares*[8]. Pero se sabe a ciencia

---

[6] El inmortal Federico Fellini, por cierto, comentó el fenómeno en dos de sus obras mayores, *La dolce vita* (*La dolce vita*, 1960) y *Toby Dammit* (*Toby Dammit*, 1968), episodio de la película colectiva *Historias extraordinarias* (*Tre Passi nel delirio*). En el primer caso lo hizo con ironía cariñosa, mediante una Anita Ekberg espléndida, mitológica y desbordante; en el segundo, brindó tintes sarcásticos y lúgubres, progresivamente mortuorios, con el concurso de un Terence Stamp soberbio. Entre ambas, una superproducción americana también abordó el tema, *Dos semanas en otra ciudad* (*Two Weeks in Another Town*, Vincente Minnelli, 1962), pero, Edward G. Robinson aparte, poco más puede salvarse de ella.

[7] Declaraciones efectuadas en Madrid durante la presentación del documental *Sergio Leone: cinema, cinema* (2001), de Carles Prats.

[8] Entrada de *Por un puñado de dólares*, en Marco Giusti, *Dizionario del western all'italiana*, Milán, Mondadori, 2007.

cierta que el resto de su vestuario y atrezzo fue alquilado en las sastrerías de cine madrileñas y romanas, en cuanto fruto de la infraestructura establecida por la decena de *westerns* hispano-italianos filmados durante los cuatro años anteriores. En particular, es ridículo que Eastwood asegure haber comprado en persona su celebérrimo poncho, además se contradice al afirmar unas veces que lo hizo en España y otras en América, cuando obvia e irrefutablemente tal prenda es hija de una muy precisa, y preciosa, idea polisémica, como ya indicamos, alumbrada por Leone con base en su experiencia en el *peplum* (Rory Calhoun porta una toga de diseño similar, en una escena de *El coloso de Rodas)*, definida por su genial escenógrafo-figurinista, Carlo Simi, y puntualmente ejecutada en una sastrería de Roma. De hecho incluso se conserva el dibujo.

La cuestión del poncho dista de resultar anecdótica, por cierto. Todo lo contrario, es fundamental, por cuanto constituye la plasmación por antonomasia del sentido del vestuario en los *westerns* de Leone, sutilmente fetichista, que define la impronta de cada personaje y la acentúa justo hasta el punto en que empezaría su parodia. Asimismo, en lo que a Eastwood respecta, su poncho implica nada menos que el emblema, fascinante emblema, de esta la etapa europea de su filmografía. Reproduciendo del primer libro que escribí sobre Leone:

> Esta prenda adquiere rasgos metafóricos [...] merced a su pluralidad de significados, todos encaminados a caracterizar de forma singular un personaje no menos singular: mestizaje cultural (gringo con prenda típicamente mexicana), comodidad y egoísmo (el poncho suple dos prendas distintas), carácter agresivo (los bordados componen desconcertantes líneas mediosimbólicas, que recuerdan los entrelazados de la cerámica cretense y sirio-mesopotámica), pícara astucia (oculta la cartuchera), chulería característica (antes de desenfundar tiene que cargar al hombro la parte derecha de la prenda, gesto que a veces basta para amedrentar al adversario) y propiedades casi telúricas (tanto resguarda de la lluvia como protege del sol): constituye una segunda piel[9].

---

[9] Carlos Aguilar, *Sergio Leone*, Madrid, Cátedra, 2009.

Por un puñado de dólares (1964). Con José Calvo.

Por lo demás, como cualquiera puede suponer, las características del personaje lógicamente estaban fijadas en el guión desde antes de que Leone siquiera supiese quién era Eastwood y, claro está, con independencia de la procedencia de su ropa. Así pues, una vez contratado el actor, los únicos cambios que se efectuaron fueron meramente de matiz. Explicado por el propio Leone:

> Mi personaje debió amoldarse a la personalidad de Eastwood, que en la vida es un poco así: sereno, parsimonioso, de pocas palabras, parecido a un gato. Siempre tenía sueño, y durante las pausas se metía en un coche y se ponía a dormir, roncando bajito y tranquilo, realmente parecía un gato. Sin embargo, cuando le llamábamos para rodar, se despabilaba enseguida y adquiría un dinamismo y una energía increíbles, en contraste con el resto de su personalidad. Entonces, más que a un gato me recordaba a una serpiente, muy larga y que acaba de desenroscarse amenazadoramente [...]. No hubo más problema con él que el cigarro. Costó convencerle de que su personaje debía llevar siempre un cigarro humeando entre los labios, y más aún enseñarle a fumar como yo quería que lo hiciese. Esto le ponía negro, porque él odia el tabaco, y solamente el olor le revolvía el estómago[10].

---

[10] Franca Faldini y Goffredo Fofi (eds.), *L'avventurosa storia del cinema italiano raccontata dai suoi protagonisti*, Milán, Feltrinelli, 1981.

En su primera entrevista española, Eastwood define su papel como «una especie de James Bond en el Oeste, con reminiscencias de Alan Ladd en *Raíces profundas*»[11]. Desde luego, no le faltaba razón. Por una parte, cuenta con una abstracta, pero concreta, «licencia para matar», y cuando la usa revela una gélida determinación y una cínica indiferencia que de algún modo remiten a Sean Connery en *Agente 007 contra el doctor No (Dr. No,* Terence Young, 1962); recuérdese, en especial, la espléndida escena en que Bond mata al personaje de Anthony Dawson. Empero, la diferencia entre ambos arquetipos salta a la vista, y es fortísima, trascendente, radical: el Eastwood de Leone constituye un aventurero independiente por definición y naturaleza; en cambio, James Bond no es sino un funcionario que cumple órdenes nómina mediante. Respecto a la magnífica *Raíces profundas (Shane,* George Stevens, 1953), sin duda institucionalizó a perpetuidad el arquetipo del pistolero solitario e inadaptado, por lo cual supone el insoslayable punto de referencia en este sentido. Con todo, el papel de Eastwood delata también la herencia de dos memorables papeles de Robert Mitchum —*Bandido (Bandido,* Richard Fleischer, 1956) y *Más allá de Río Grande (The Wonderful Country,* Robert Parrish, 1959)— y del que encarnó Randolph Scott en *Buchanan Rides Alone* (Budd Boetticher, 1958), lo cual revela el conocimiento de causa de Leone, su gran cultura cinéfila, su patente ánimo de respetar, aun desmontándola, una hermosa tradición. Puesto que, en puridad, este personaje no es sino el reciclado *western* del *ronin* que protagoniza el film japonés *Mercenario (Yojimbo,* Akira Kurosawa, 1960), en idéntica medida que *Por un puñado de dólares,* en su conjunto, constituye un plagio de este uno de los mayores éxitos comerciales del cine nipón, que hasta conoció una rauda secuela a cargo del mismo actor, Toshiro Mifune, y director, el gran Akira Kurosawa, *Tsubaki Sanjuro* (1962).

---

[11] Reproducido de Jorge Fiestas, «Ha llegado el último *cowboy:* Clint Eastwood», *Fotogramas,* núm. 809, 1964. En otro momento de la entrevista, cuando le preguntan por su vida matrimonial, Eastwood confiesa con desarmante franqueza: «Reconozco que soy un tipo difícil para convivir.»

Volviendo a Europa, hay que señalar igualmente que el argumento de *Por un puñado de dólares* es muy similar al de otro *western* hispano-italiano que además se rueda en las mismas fechas, *Minnesota Clay* (Sergio Corbucci, 1964), asimismo protagonizado por un actor americano, Cameron Mitchell, y con el mismo escenógrafo y figurinista de Leone, el antedicho Carlo Simi. ¿Espionaje industrial? ¿O intención de Corbucci de adelantarse a Leone, pues se sabe que él también había visto en Roma *Mercenario*? Aún se ignora la respuesta.

Asimismo, por el momento sigue sin determinarse de quién partió en concreto la idea de plagiar *Mercenario* en *Por un puñado de dólares*, pues las especulaciones y controversias continúan sin desmayo[12]. Con todo, es evidente que el plan surgió del hecho de que Hollywood acababa de producir en clave *western* unos *remakes* oficiales de sendos triunfos del maestro japonés, ambos igualmente protagonizados por Toshiro Mifune; y si bien uno fracasó —*Cuatro confesiones (The Outrage*, Martin Ritt, 1964), según *Rashomon (Rashomon*, 1950)— el otro no era sino *Los siete magníficos*, que partía de *Los siete samurais (Shichinin no samurai*, 1954) y había funcionado especialmente bien en... España e Italia. Lo cual implica otro vínculo, y harto relevante, del soberbio film de John Sturges con los *westerns* de Leone. De hecho, el título de rodaje de *Por un puñado de dólares* es *Il magnifico straniero*...

En cualquier caso, *Por un puñado de dólares* se rueda sin aparente temor a que la productora japonesa, nada menos que la poderosa Toho Films, descubra que en Europa está plagiándose alegremente uno de sus mayores éxitos. Salvo contados interiores en estudios romanos, la filmación tiene lugar en España, sobre todo en el poblado *western* del madrileño Hoyo de Manzanares, denominado Golden City, inaugurado con la parodia *El sheriff terrible (Due contro tutti*, Alberto De Martino y Antonio Momplet, 1962), y construido para albergar rodajes del género a precio módico. Se completa con interiores en los ya agonizantes estudios CEA madrileños y exteriores en cier-

---

[12] Franco Grattarola, art. cit.

tas zonas cercanas de Colmenar Viejo y en una Almería aún sin explotar, en todos los sentidos, cinematográficamente hablando.

Escuchando a diversos profesionales (del ayudante de dirección Julio Sempere a intérpretes secundarios como Daniel Martín y Aldo Sambrell), parece que Eastwood participaba con rigor profesional pero mediante una actitud escéptica, casi irónica, perplejo entre un equipo que compaginaba caóticamente diversos idiomas, durante un rodaje en el que apenas empezado falló parte de la financiación, con los nefastos efectos de suponer (por ejemplo, el abandono del director de fotografía, Federico G. Larraya, sustituido por el italiano Massimo Dallamano, y la incorporación de un director de segunda unidad, Franco Giraldi, para terminar a toda costa); en resumen, una antítesis delirante de la escrupulosa organización a la cual estaba acostumbrado en América, tanto en el cine como en la televisión. De hecho, cierto día se niega a comparecer en el *set,* porque aún no ha cobrado lo correspondiente a la semana anterior. Solucionado su problema, no el de los otros actores y los técnicos, Eastwood termina de rodar su parte y vuelve sin mayores contratiempos a Estados Unidos. Durante el rodaje, no se ha permitido otra exigencia que la de afinar sus diálogos, a lo cual Leone accede sin darle más vueltas... sobre todo porque piensa doblarle.

En principio, *Por un puñado de dólares* no suponía sino otra entrega de un modesto aluvión europeo de *westerns* que emerge al inicio de los años sesenta, significativamente con inspiración patriótico-literaria: las adaptaciones de Karl May en Alemania y de José Mallorquí en España. A la sombra de ambas han surgido ciertas incursiones de Estados Unidos en el cine español, orquestadas por el productor extremeño José G. Maesso, y varias aportaciones italianas. Empero, *Por un puñado de dólares* pretende subir un poco el listón, industrialmente hablando; de ahí que varios de los productores que están especializándose en el género, alarmados ante un presupuesto algo superior al habitual en la materia, rehúsen participar (el citado Maesso, Sidney Pink, Marius Lesoeur, Eduardo Manzanos).

Ahora bien, mientras se superan peor que mejor toda índole de trabas (por ejemplo, el coproductor español, Jaime Comas, a causa de sus incumplimientos pierde los derechos sobre la película, que en pública subasta compra Izaro Films), *Por un puñado de dólares* logra estrenarse apenas finalizada la posproducción. En los países que han participado de forma minoritaria, España y Alemania, el éxito es apreciable pero no sobresaliente. Por el contrario, en Italia arrasa, a partir de un estreno vergonzante con los nombres españoles e italianos trucados en ampulosos pseudónimos anglosajones, empezando por el propio Leone, que elige el de Bob Robertson en homenaje al de Roberto Roberti que usara su padre.

Todos los *westerns* europeos anteriores, pero lo que se dice todos, habían respetado la normativa y los axiomas del referente americano, tanto en el aspecto conceptual y ético como en las determinaciones técnicas y los procedimientos narrativos. Esto puede apreciarse, sin demérito de su elevado interés, incluso en los trabajos más personales y loables; es decir, determinadas obras del cine mudo, *El emperador de California (Der Kaiser von Kalifornien,* Luis Trenker, 1936), las primeras entregas de la serie alemana de Winnetou según Karl May, es decir las rodadas por el muy considerable Harald Reinl, y los mejores films de Joaquín Romero Marchent, sobre todo el admirable *Antes llega la muerte (I sette del Texas,* 1964).

En cambio, *Por un puñado de dólares* vierte una interpretación del *western* por completo innovadora, en todos y cada uno de los elementos que componen un texto fílmico, con independencia del género, potenciando el concepto según tres pilares básicos: la planificación en un formato nuevo de pantalla ancha, denominado «2P» porque el negativo tenía dos perforaciones en vez de las cuatro hasta entonces habituales; la envolvente y espectacular banda sonora de Ennio Morricone, a la sazón sin apenas experiencia cinematográfica; y el protagonismo de ese ignoto americano que reventaba la pantalla, Clint Eastwood.

Y así este primer encuentro Leone-Eastwood marca un punto y aparte en la historia del *western* europeo, del *western* en general, del cine de género, del cine mediterráneo, del Cine.

Reincorporado a *Rawhide,* un buen día Clint Eastwood lee en *Variety* que en Italia está cosechando un éxito insólito cierto *western* europeo titulado *Por un puñado de dólares* y protagonizado por un actor americano... él. Poco después, recibe de Roma una llamada de parte de Sergio Leone, con la propuesta de protagonizar pronto una especie de secuela. Ante todo, el actor, razonablemente, pide ver la película que han hecho. Le contestan que mandarle una copia cuesta mucho dinero, así que le enviarán el disco *single*, con los dos temas principales, cuyo éxito, en el mercado musical, iguala al de la película. Apenas escuchar las formidables composiciones de Morricone, Eastwood, entusiasmado, acepta la oferta. Por añadidura, ahora su remuneración asciende a 40.000 dólares.

Los productores italianos de *Por un puñado de dólares,* Colombo y Papi, por su lado, ni resuelven con Toho la cuestión del plagio de *Mercenario* ni solventan las diferencias económicas que han surgido con Leone. Incluso intentan contratar a Eastwood para un nuevo *western*, Leone aparte, oferta que el actor americano rechaza por fidelidad a su director italiano.

Así, Leone se pone de acuerdo con el abogado Alberto Grimaldi (desde poco antes productor de *western* con su firma PEA, junto a nuestro Joaquín Romero Marchent, sin ir más lejos) para hacer entre ambos una película similar, una película elaborada al milímetro y con buenas condiciones de trabajo, que supere a la anterior en todos los sentidos y humille, en consecuencia, a Colombo y Papi. El sarcástico ánimo de emulación buscado por Leone llega hasta el punto de titular esta nueva película *Per qualche dollaro in più* (literalmente, «Por algunos dólares más»), y ceder el título de rodaje, *La colina de las botas,* a un director amigo, Giuseppe Colizzi, que lo usará tres años después. En España, que interviene de nuevo en la coproducción, pero ahora con otra empresa, Regia Films, se titulará *La muerte tenía un precio*. La Constantin alemana vuelve a participar. Y se agrega nada menos que la *major* americana United Artists, mediante un bienvenido adelanto de distribución.

El argumento es escrito a toda prisa por dos autores que ya habían colaborado anónimamente en el guión de *Por un puñado de dólares,* Enzo dell'Aquila y Fernando di Leo, quien poco después accedería a la dirección. Entusiasmado por el insólito planteamiento de un protagonismo a cargo de tres hombres con un peso dramático similar, Leone encarga la redacción definitiva del guión al prestigioso Luciano Vincenzoni, con aportaciones de dos personas más, Fulvio Morsella y Sergio Donati.

A la hora de definir el reparto, el director decide que el gran Gian Maria Volonté encarne de nuevo al villano mexicano, y no es el único actor de *Por un puñado de dólares* que repite (Mario Brega, Josef Egger, Aldo Sambrell... y Benito Stefanelli, asimismo «maestro de armas»). Además, la holgura de medios permite importar otro actor americano para redondear el trío estelar, por lo cual Leone prueba suerte con otros cuantos de sus ídolos de Hollywood: Robert Ryan, Lee Marvin, Jack Palance... nada menos. Entre ellos, Marvin, en principio, no dice que no. Sin embargo, cuando el rodaje se aproxima y el contrato está a punto de firmarse, avisa de que prefiere protagonizar *La ingenua explosiva* (*Cat Ballou,* Elliot Silverstein, 1965). A toda prisa, Leone reacciona contra el contratiempo mediante una idea genial: ofrecer el papel de Marvin a Lee Van Cleef, actor secundario en muchos *westerns* de los años cincuenta, que ahora, marginado del cine por su dependencia del alcohol, sobrevive como pintor y con papeles mínimos en series televisivas; por ejemplo, *Rawhide.* Atónito ante la providencial oferta europea, Van Cleef acepta maravillado la misma remuneración de Eastwood en *Por un puñado de dólares,* 15.000 dólares. Completan el espléndido reparto Luigi Pistilli, la linda Rosemarie Dexter y el extraordinario Klaus Kinski, visto ya en un par de *westerns* alemanes.

Salvo ciertos interiores en Roma, exigidos por la ley italiana en materia de coproducciones, el resto vuelve a filmarse en España, gran parte en un poblado *western* construido expresamente en la zona almeriense de Tabernas a cargo del productor español, Arturo González[13], y en el cercano pueblecito de Albaricoques; sin descartar la sierra madrileña, merced a la re-

La muerte tenía un precio (1965). Con Lee Van Cleef.

cuperación, para una escena, del Golden City de Hoyo de Manzanares que acogiera *Por un puñado de dólares* y, para otra, la incorporación de un poblado edificado con ánimo de competencia en el cercano Colmenar Viejo, llamado Lega-Michelena debido al apellido de sus propietarios. En cuanto al equipo técnico, la mayoría de los responsables principales proceden de *Por un puñado de dólares:* el director de fotografía

---

[13] Diseñado por Carlo Simi, construido por Miguel Montoro y decorado entre Rafael Ferri y Carlo Leva, tras *La muerte tenía un precio* este poblado se alquiló para bastantes películas más. Entonces era conocido como «el poblado de Fraile», a causa de que Alfredo Fraile era el socio mayoritario de Arturo González, y productor ejecutivo de la película por parte española. Actualmente compagina los rodajes, escasos, con el turismo, abundante, convertido en una especie de parque temático bajo la denominación de «Mini Hollywood».

Massimo Dallamano, el ayudante Julio Sempere, el operador Eduardo Noé, música de Ennio Morricone, Elena Dressler como *dialogue coach,* ya que nuevamente cada intérprete hablará en su lengua... Tonino Valerii, que había participado en la posproducción de aquélla, es ahora el ayudante personal de Leone.

La caracterización es Eastwood es prácticamente idéntica, así como el personaje, tácitamente, es el mismo, aunque en la primera película se llamara escuetamente Joe y en ésta le apoden El Manco. Pero el grado de implicación de Eastwood ahora es absoluto. Además, se fija en todo, observa sin cesar, aprende... durante el rodaje, atento y silente. Otras veces, sentado mientras espera su turno de rodar, simplemente lee el *Times,* o ejercita sus músculos con pesas minúsculas. En su tiempo libre, literalmente, desaparece. Apenas habla ni siquiera con su colega americano, Van Cleef. Tal como recuerda Valerii:

> No se trataba con nadie, deseaba estar siempre solo. Nunca vino a cenar con nosotros, no salía jamás. A la hora de trabajar, obedecía siempre, nunca protestaba por nada, no se permitía el menor capricho. Aunque alguna sonrisita, alguna mirada irónica sí que le apreciabas, cuando esperaba sentado. Sólo le recuerdo una manía: cuando volvíamos de rodar, bajaba del coche a mitad de camino, para llegar a Almería corriendo a paso ligero. Le encanta correr[14].

El público que la temporada anterior había aplaudido *Por un puñado de dólares* aumenta en cantidad y entusiasmo respecto a *La muerte tenía un precio,* mediante un éxito que roza el fenómeno sociológico. Irrefutablemente, Leone ha logrado su propósito de superarse, aprendiendo de su trabajo previo, trabajando sin agobios con los medios y colaboradores adecuados; mientras, a su alrededor ha crecido significativamente la producción de *westerns* europeos, por lo común atentos

---

[14] Reproducido de Tonino Valerii, «Un vero solitario», en L. Barisone y G. D'Agnolo (eds.), *Clint Eastwood, op. cit.*

a *Por un puñado de dólares* antes que a los patrones genéricos americanos.

En suma, la irregularidad de *Por un puñado de dólares*, fruto tanto de la relativa inmadurez del autor cuanto de las malas condiciones laborales, ha desembocado en la impecable filigrana que brinda *La muerte tenía un precio*. El propósito y el resultado, el concepto y su plasmación, ahora ya coinciden. Para quien sepa captarlo, esta obra maestra entraña en particular la primera auténtica manifestación fílmica del concepto de «mestizaje cultural», tanto más admirable cuanto exenta de ínfulas intelectuales. Reproduciendo de mi segundo libro sobre Leone:

> Por un lado, el *western* americano proporciona el marco histórico-geográfico, la imaginería e iconografía, las propiedades del género. Del mismo modo, el cine japonés aporta su ceremonioso «tempo» (¿cuál es exactamente la duración de las situaciones en el cine de Leone? ¿existe un tiempo real o mental?), así como su valoración del silencio y de los sonidos, sean naturales o provocados por el hombre. La mentalidad mediterránea, por último, añade componentes característicos: la picaresca, la brutalidad, la mugre, el sudor, el pitorreo, la rapacidad, el egoísmo, el anticlericalismo, la codicia, el hombrismo, la misoginia, *il rispetto, la vendetta*. «A un lado los Baxter, a otro los Rojo, y yo en medio», afirma Clint Eastwood en *Por un puñado de dólares*. «A un lado el cine americano, a otro el japonés, y yo, que soy muy italiano, en medio», expresan los *westerns* de Sergio Leone[15].

La interpretación de Clint Eastwood, sólida pero algo imprecisa, como la película en sí, en *Por un puñado de dólares*, resulta magnífica en *La muerte tenía un precio*, en óptima interacción con las de Lee Van Cleef y Gian Maria Volonté. De hecho, tan soberbios personajes automática y sintomáticamente moldearán los parámetros argumentales recurrentes y el *dramatis personae* privativos del Oeste mediterráneo. Por un lado,

---

[15] Carlos Aguilar, *Sergio Leone: el hombre, el rito, la muerte*, Almería, Diputación de Almería, 2000.

Eastwood, el silente cazador de recompensas con el afán de lucro como única motivación vital. Por otra parte, Van Cleef, el implacable ánimo de venganza que no puede cesar hasta verse saciado. En tercer lugar, Volonté, el asesino vesánico que, por primera vez en el género, mata no ya adversarios sino también mujeres, niños, amigos..., en suma, todo lo que halla, en una inconsecuente furia homicida tras la cual late un morboso fin autodestructivo. En resumen, la codicia egoísta, la venganza obsesiva y la criminalidad demente: alrededor de estos tres ejes girará la mayoría del *western* europeo desencadenado por *La muerte tenía un precio,* abundante hasta el delirio (y el hartazgo).

La efervescencia del tonta y despectivamente denominado *spaghetti western* desatada por *La muerte tenía un precio* comporta, en particular, que Almería se convierta en un decorado natural singularmente solicitado para el género, mejor dicho, emblemático en su fotogénica belleza agreste, y que Clint Eastwood represente un ejemplo en dos sentidos: en la pantalla, el arquetipo que ha establecido; en la profesión, la posibilidad del trabajo triunfal en Europa, *western* mediante, para toda índole de actores americanos. Desde el primer punto de vista, proliferan en Italia imitaciones e imitadores (Anthony Steffen fue el más característico y flagrante, Franco Nero quien gozó de mayor fortuna superada la fiebre, no olvidemos a Gianni Garko), e incluso se produjo una película titulada descaradamente *Clint, el solitario* (Alfonso Balcázar, 1966), con secuela y todo seis años después. Atendiendo al segundo, la relación de actores americanos que aterrizan en el *western* europeo es abultada, y comprende jóvenes valores que después cuajaron en Hollywood (Burt Reynolds, John Phillip Law) o se instalaron en Europa (Craig Hill, Brett Halsey), así como estrellas televisivas (Chuck Connors, Clint Walker, Brian Kelly, William Shatner, Ty Hardin), veteranos del género (Ernest Borgnine, Jack Palance, John Ireland, Van Heflin, Dan Duryea, Yul Brynner), tránsfugas del *peplum* (Gordon Mitchell, Steve Reeves, Richard Harrison, Dan Vadis, Mickey Hargitay), cosmopolitas todo terreno (Henry Silva, John Sa-

La muerte tenía un precio (1965).

xon, Mark Damon, Edmund Purdom), y un variopinto etcétera que incluye a los mismísimos John Huston, Joseph Cotten y Orson Welles. En particular, Lee Van Cleef, convertido en una estrella, compra casa en Roma, y, viviendo entre ambos continentes, tras el estreno de *La muerte tenía un precio* se convierte en el actor estadounidense por excelencia del *western* europeo (o americano rodado en Europa).

Volviendo a Eastwood, en lugar de regresar a Estados Unidos, prolonga algunos días su estancia en Europa, para aceptar una inesperada propuesta del productor Dino De Laurentiis: protagonizar uno de los cinco episodios de *Las brujas (Le streghe,* 1966), una, digamos, magnificación de la versatilidad interpretativa de su esposa, la gran Silvana Mangano. Así, en cada *sketch* la diva encarna una mujer por completo distinta, en el tono y contexto correspondientes, a las órdenes de cineastas tan dispares como egregios, en concreto Luchino Visconti, Mauro Bolognini, Pier Paolo Pasolini, Franco Rossi y Vittorio De Sica. *Las brujas,* en efecto, verifica la ductilidad y talento de la actriz, pero, razonablemente, ni gusta al público ni convence a la crítica, aunque el episodio de Visconti, con nuestro Francisco Rabal, y el de Bolognini son encomiables. Francamente, si ha ido convirtiéndose en una pieza de coleccionista se debe al episodio con Eastwood; quiero decir, a lo malo que es. Bajo la dirección de un Vittorio De Sica en obvia baja forma, y con un espíritu de comedia sardónica que incluye flagrantes ramalazos fellinianos, Eastwood encarna un americano casado con una italiana, y es utilizado de manera que evoque justo a uno de sus ídolos, Gary Cooper, en el género *screwball;* o sea, un joven abúlico y apocado, inconsciente de resultar irresistible. Mas el resultado es penoso, con bromas privadas necias (ella le espeta «eres monótono») a lo largo de un desarrollo pedestre y desangelado, que contiene escenas embarazosas de puro lamentables, en especial cuando Eastwood aparece caracterizado de pistolero a guisa de autocaricatura. Con toda razón, esta *Una noche como cualquier otra* constituye el trabajo de Eastwood más odiado por sus seguidores, al que ni siquiera redime el hecho de suponer el papel más atípico e imprevisible de su filmografía.

Apenas vuelto a Estados Unidos, Eastwood descubre que los productores de *Rawhide* han discutido con CBS y con el protagonista, Eric Fleming, hasta el punto de estimar seriamente la suspensión de la serie. Poco después, con Fleming ya transferido a la competencia, o sea *Bonanza,* la determinación se concreta y *Rawhide* queda cancelada para siempre. Su última temporada de emisión, así, tiene lugar en otoño de 1966; con ella concluyen tanto las series televisivas del Oeste en blanco y negro, cuanto una etapa específica para su coprotagonista Clint Eastwood.

La respetable audiencia de *Rawhide* no ha comportado mayor interés de Hollywood por Clint Eastwood, y sus tres películas europeas tampoco se han estrenado en América. Estas semanas de *impasse* laboral, empero, finalizan de modo estimulante para el actor gracias a una nueva llamada de Roma.

El motivo estriba en que el estruendoso éxito de *La muerte tenía un precio* ha sugerido a Leone y Grimaldi la rauda realización de otro *western, El bueno, el feo y el malo,* de nuevo con Luciano Vincenzoni como guionista principal y, por supuesto, la banda sonora a cargo de Ennio Morricone. United Artists vuelve a facilitar un sustancioso adelanto de distribución, y Grimaldi prescinde ya de coproductores españoles o italianos, y asume la totalidad de la película.

Sin embargo, inesperadamente, surge un tremendo problema para los italianos: Eastwood, endiosado al saber que significa un ídolo en Europa y ya sin apremiantes necesidades económicas, pues además de lo que ganó gracias a *Por un puñado de dólares* y *La muerte tenía un precio,* CBS le ha pagado nada menos que 119.000 dólares para indemnizar la cancelación de *Rawhide,* se ofende ante la propuesta de compartir protagonismo y rechaza interpretar *El bueno, el feo y el malo.* Según recuerda Leone:

> Planteó problemas. No quería hacerla, de hecho. Me dijo: «En la primera película, yo era el protagonista absoluto. En la segunda, ya éramos dos. Aquí seremos tres. A este paso, en la siguiente pretenderás que forme parte del Séptimo de Caballería». Encontraba que el personaje de Tuco era demasiado importante, y que le haría sombra. Así que le dije «la película será más larga que las anteriores, por lo tanto precisa más protagonistas. El personaje de Tuco es necesario, pero no te preocupes, porque es una especie de criado tuyo. Nada más. En cambio, cuando apareces tú, llega la *star,* eres como una estrella llovida del cielo. El personaje de Tuco está pensado para que tú destaques más que nunca, incluso cuando no estás en pantalla. Es tu Gunga Din, aunque lo interprete Marlon Brando»[16].

Finalmente, Eastwood accede. Mas no sin antes asegurarse como sueldo la fortuna de 250.000 dólares, más un porcentaje de los beneficios que la película pudiera obtener fuera de Europa.

---

[16] C. Aguilar, *op. cit.*

El bueno, el feo y el malo (1966).

Irritados ante la abusiva actitud del divo americano, no obstante Leone y Grimaldi aceptan sus condiciones, mientras avanzan a toda prisa con los preparativos de la película, con la cual ambicionan superar con creces *La muerte tenía un precio*. En principio, la idea es flanquear a Eastwood con Gian Maria Volonté y Charles Bronson. Sin embargo, poco a poco Leone advierte que Volonté, pese a su rico talento de actor, sería incapaz de proyectar el lado picaresco del personaje de Tuco. En cuanto a Bronson, para esas fechas prefiere sumarse al colosal reparto estelar de *Doce del patíbulo (The Dirty Dozen,* Robert Aldrich, 1966).

Leone nunca celebraría lo suficiente tal contrariedad. Puesto que, al sustituir a Volonté por Eli Wallach y a Bronson por Lee Van Cleef, redondeó un trío viril decididamente inmejorable, antológico. Respecto a Wallach, declaró haberlo elegido merced a su papel episódico en *La conquista del Oeste (How the West Was Won,* John Ford, Henry Hathaway y George Marshall, 1962). Pero nadie puede creerse que no tuviera bien presente su inolvidable bandido mexicano Calvera en *Los siete magníficos;* en cualquier caso, gracias a Wallach el papel de Tuco aporta un personaje superlativo en la historia del *western*[17]. En cuanto a Van Cleef, es sencillamente imposible imaginar otro actor mejor para personificar al desalmado Sentencia. Entre ambos, Eastwood, depurando si cabe su *underplaying*, se revela insuperable, a la vez irónico, atractivo, etéreo y letal; es más, el juego entre los tres actores, que se complementan y se repelen en sus particularidades respectivas, desprende una fuerza singular, brinda en sí mismo un espectáculo de primer orden, sublimado en el «trielo» final.

El rodaje abarca los meses de primavera y verano de 1966; aunque, en este caso, España no intervenga en la producción,

---

[17] No en vano el nombre del extraordinario personaje fue elegido para su iniciativa por una compañía inglesa que a comienzos del siglo XXI brindó una de las consecuencias más curiosas, y significativas, de la enorme pasión que despierta la trilogía de Sergio Leone con Clint Eastwood. Se trata de visitas guiadas por las localizaciones almerienses de las tres películas, que, así, se denominan «Tuco Tours: the Dollars Trilogy Experience».

cubre la práctica totalidad de los exteriores, y se compagina una *location* nueva (ciertas zonas de la provincia de Burgos, alrededor del río Arlanza) con la recurrente sierra madrileña y la imprescindible Almería, ya en plena euforia cinematográfica pero todavía muy atrasada socialmente[18]. Aunque no faltan los medios, el trabajo es luengo y extenuante. Tal como recordaba Wallach durante el homenaje que recibió en el Festival de cine de Almería en el año 2006, precisamente con motivo del cuadragésimo aniversario de la película:

> Ha sido el rodaje más duro de mi vida. Rodábamos de sol a sol, seis días a la semana, durante cuatro meses. Todo era polvoriento y sucio, no teníamos *roulottes*, neveras, nada. Para comer nos daban todos los días lo mismo: una botella de vino tinto, un bocadillo de pollo y una pieza de fruta. Con un sol brutal y esta dieta, imagínate lo que era actuar y recordar los diálogos[19].

El director de fotografía ahora es el gran Tonino delli Colli, y los papeles secundarios están cubiertos por Aldo Giuffrè y actores ya habituales de Leone (Mario Brega, Luigi Pistilli, Benito Stefanelli, Josef Egger, Aldo Sambrell, etc.). A última hora, el entrañable Jack Elam es sustituido por Al Mulock; del mismo modo, la gloriosa diva del *peplum* Chelo Alonso, a la sazón retirada y casada con el productor ejecutivo de la película, Aldo Pomilia, se ve impelida a volver ante la cámara para cubrir anónimamente un episódico personaje femenino.

---

[18] «Carla Leone recordaba: "Cada semana veíamos proyección, todo el equipo juntos. Proyectábamos contra la pared de un edificio, en la calle." ¿Y los coches?, pregunté, y me respondió "¿Qué coches? ¡Estamos hablando de Almería en 1966!".» Reproducido de Anita Haas, «Tuco Comes Home», *Cinema Retro*, vol. 3, núm. 7, 2007.

[19] Reproducido de Anita Haas, «Tuco ha vuelto a casa», *Freek*, núm. 26, 2006. En esta misma entrevista, Eli Wallach cuenta una anécdota sin desperdicio: «En Madrid hubo un error de producción y no encontraron hotel libre. Así que Clint y yo fuimos a pasar la noche en casa de un amigo suyo americano, Pancho Kohner. La habitación de invitados sólo tenía una cama, y Clint me preguntó qué parte prefería. Entonces hice un chiste con nuestros respectivos credos políticos, y contesté "lógicamente, yo la izquierda y tú la derecha".»

El bueno, el feo y el malo (1966).

La expectativa despertada por el tercer encuentro entre Sergio Leone y Clint Eastwood era enorme. Y el genial cineasta romano no sólo se mantuvo a la altura de las circunstancias, superándose a sí mismo una vez más. Tampoco se conformó con lograr su mejor película, su trabajo más brillantemente perfilado hasta el momento: brindó una obra maestra que conserva íntegra toda su fuerza, toda su enjundia; sofisticando y enriqueciendo en todos los sentidos sus dos películas anteriores, para compaginar, como nunca se había visto en el cine, categorías y conceptos múltiples, dentro de la misma armonía formal e interna: la solemnidad y la picaresca, la ritualidad y la ignominia, el fatalismo y el escepticismo, la épica y la rapacidad, la exaltación y el desengaño, la farsa y la tragedia, el naturalismo y la fantasmagoría. Todo ello a lo largo de una trama itinerante y rocambolesca ubicada durante la Guerra de Secesión, de la cual se ofrece una perspectiva humanamente descarnada y políticamente imparcial.

Apenas estrenarse, *El bueno, el feo y el malo* amplifica a más no poder la celebridad y los beneficios de *Por un puñado de dólares* y *La muerte tenía un precio,* y ratifica a Sergio Leone, Clint Eastwood y Ennio Morricone como ídolos en sus respectivas modalidades. No puede concebirse mejor culminación para una trilogía extraordinaria por todos los conceptos.

«Habla con voz grave, camina despacio y no tropieces con los muebles» *(speak low, talk slow, and don't hit the furniture),* suponía la consigna tácita del Hollywood clásico para los actores de *western,* que la leyenda atribuye a John Wayne. Clint Eastwood, un americano que, como hemos visto, aterrizó en Europa con una respetable experiencia en el género (poca en el cine, mucha en la televisión), reinterpretó brillantemente esta máxima obedeciendo al milímetro las indicaciones de un cineasta italiano. Esto representa una novedad tan sumamente singular, y hasta alucinante, en la historia del género, y del cine, que en verdad sólo podía manifestarse en el seno de una creatividad ecléctica y formidable, especial, como la del cine italiano de los años sesenta: ¡un director romano enseña a un actor californiano cómo asombrar protagonizando un *western*!

Con el sombrero calado hasta unos ojos sistemáticamente fruncidos, y el cigarro humeando entre los labios, pero sin fumarlo, silencioso y cáustico, relajado incluso cuando está en tensión, mediante un desaliño que en última instancia significa autoafirmación y estilo, Clint Eastwood en la denominada «trilogía del dólar» estableció un punto y aparte en la tipología del *western* tan singular y magnífico que continúa sin superarse, ni siquiera igualarse; probablemente, así será a perpetuidad. En su momento, de forma reductora, superficial y poco sutil, la mayor parte de la crítica estimó

El bueno, el feo y el malo (1966). Con Eli Wallach.

que esto no representaba sino la desmitificación, la triste degradación de los «caballeros del Oeste» de Hollywood, encarnados por figuras tan egregias como John Wayne y Gary Cooper, James Stewart y Gregory Peck, dado que Eastwood con Leone se conduce sólo por su lucro personal, desprecia toda nobleza, ignora los lazos familiares, en cuanto puede hace gala de su habilidad mortífera y hasta de su propia suciedad corporal..., de forma que no resulta fácil diferenciarlo de los villanos, salvo aplicando estimaciones circunstanciales o baremos comparativos. Aparentemente, todo confirma tal juicio, pero al profundizar en el personaje se advierte que su entraña comporta un sentido mítico que supera la antedicha impugnación, del cual sin duda derivó su calado popular. Es decir, Clint Eastwood a las órdenes de Sergio Leone constituye no tanto el reverso cínico de los nobles arquetipos americanos cuanto un mito nuevo y particular, artísticamente no menos válido con arreglo a sus cualidades novedosas, desde la caracterización física a la naturaleza antipsicológica y asexuada, cualidades entre las cuales el individualismo y la invencibilidad por añadidura proceden de unas fuentes culturales específicamente europeas. Puesto que participan del coetáneo éxito del británico James Bond, si bien en un solo sentido, y, por más de un concepto, remiten a la mismísima mitología grecolatina, como avisa su poncho, en particular, y la herencia industrial del *peplum* en el *spaghetti western*, en general. Protegido de los dioses con licencia para matar. Así es, esencialmente, Clint Eastwood en *Por un puñado de dólares*, *La muerte tenía un precio* y *El bueno, el feo y el malo*. La reunión de dos puntos de referencia tan potentes como la mitología grecolatina y el agente 007 matiza su novedosa entraña, y la identifica con el grado de aceptación psicológica de los espectadores: de ningún modo puede morir, y hace bien en matar continuamente. Por muy prosaico y ruin que parezca, a todas luces es sobrehumano. Por ende, todo está justificado en él, y debe ser consentido y hasta aplaudido.

La simbiosis entre Clint Eastwood y Sergio Leone, sublimada por Ennio Morricone, escribe una página extraordinaria en la historia del Séptimo Arte. De puro mágica, parece alquimia, antes que química.

Apenas finalizar el rodaje de *El bueno, el feo y el malo*, Eastwood regresa a Hollywood con la lección perfectamente aprendida (y el poncho en la maleta). Ya no se apartará más del cine americano. Tal como resume Christopher Frayling, «había dado con un personaje que podía explorar, rehacer y desmontar durante los siguientes veinticinco años»[20].

---

[20] «De "Clint Eastwood" a Clint Eastwood», *Nosferatu*, núms. 41-42, 2002.

La nueva estrella americana (1968-1970)

> Hacia el final del rodaje de *El bueno, el feo y el malo*, Clint me comentó: «Cuando acabemos, dejaré de trabajar en películas italianas. Se termina para mí el *spaghetti western*. Voy a hacer mis propias películas.» Yo pensé, «sí, claro. Mira éste». Pero luego ya ves si cumplió su palabra. Volvió a Estados Unidos, creó su productora y ¡efectivamente desde entonces no ha parado! (Eli Wallach, en Anita Haas, *Eli Wallach: vitalidad y picardía*, Almería, Festival, 2006).

Tras concluir el rodaje de *El bueno, el feo y el malo*, la relación entre Sergio Leone y Clint Eastwood ha degenerado en franca hostilidad mutua. Con palabras del guionista Sergio Donati, «La competitividad entre ambos era evidente, se basaba en quién era el responsable del éxito de la fórmula, en quién de los dos era indispensable. Ambos se atribuían el mérito del triunfo del otro»[1].

El éxito de la película, por fortuna, aplacó un tanto el ánimo de ambos, que se orientó en otro sentido, la satisfacción plena, y decidieron que valía la pena volver a colaborar, por supuesto dentro del *western*. Ahora bien, ni Leone ni Eastwood querían dar el primer paso. En consecuencia, terceras personas intentaron reunirles, una vez más.

Por desgracia, resultó imposible.

En el fugaz plazo de dos años, Sergio Leone ha saltado de la miseria de *Por un puñado de dólares* a la opulencia de *El bueno, el feo y el malo*. Erigido en todo un director-estrella, cuyo nombre implica comercialidad, se separa de Alberto Grimaldi y crea su propia productora, Rafran (reunión de las primeras letras de los nombres de su descendencia, Raffaella, Francesca y Andrea). Su propósito estriba en cambiar de género, para abordar el *thriller*. Sin embargo, la *major* con que ahora negocia, Paramount, le exige como condición ineludible que antes haga un cuarto *western*. A ser posible, con Clint Eastwood.

Ansioso por realizar su *thriller*, que no era sino el *Érase una vez en América (Once Upon a Time in America*, 1984) que emprendería quince años después, Leone acepta y, reuniendo su mejor voluntad conciliadora, recupera el contacto con Eastwood. Este cuarto *western* es *Hasta que llegó su hora (C'era una volta il West*, 1968), cuyo argumento ha escrito en persona, con la colaboración de unos jovencísimos Bernardo Bertolucci y Dario Argento. Dentro del reparto, por fin puede permitirse al mítico Henry Fonda, junto a la radiante Claudia Cardinale y el prestigioso Jason Robards. El presupuesto ronda la superproducción, y su meta, naturalmente, es la muy ardua de superar *El bueno, el feo y el malo*.

---

[1] Reproducido de Marco Giusti, *Dizionario del western all'italiana*, *op. cit.*

Empero, Eastwood rechaza encarnar el protagonista, enteramente distinto del que personificó en las películas anteriores, y apodado Armónica por su enigmática identificación con este instrumento musical. No es cuestión de dinero, simplemente se niega a codearse otra vez con personajes de similar peso argumental. Semanas después, Leone, tras superar la irritación provocada por una actitud que, con todo fundamento, estima profesionalmente ingrata y humanamente egocéntrica, contraataca proponiendo al divo americano una vía intermedia; a saber, que participe en una especie de chiste privado, de homenaje a las películas que habían hecho juntos. Se trata de encarnar uno de los tres pistoleros que abren la película; los otros corresponderán a Eli Wallach y Lee Van Cleef, quienes ya han aceptado, encantados por la simpática broma autoirónica que esto significa. Nueva negativa por parte de Eastwood: se niega rotundamente a perecer por acción de otro personaje. En consecuencia, Leone abandona la idea y prescinde de Wallach y Van Cleef; obviamente, sin la nueva reunión de los tres, la idea pierde su gracia y sentido.

Emergen aquí, obsérvese, dos constantes de las futuras producciones de Eastwood. Por un lado, jamás es derrotado. Por otro, normalmente supone la única estrella, con su nombre delante del título. Al menos hasta los años noventa y/o su etapa otoñal.

Paramount, que participa con un grueso adelanto de distribución, comprende el problema, y acepta que Leone busque otro actor, dado que éste desdeña su ridícula pretensión de relevar a Eastwood por... ¡Warren Beatty! Así, el cineasta romano ofrece el papel de Armónica justo a esos tres intérpretes que sólo cuatro años antes despreciaron el personaje con que Eastwood ha triunfado; recuérdese, James Coburn, Henry Silva y Charles Bronson. Cuánto han cambiado las tornas... El papel, a la postre, recae en Bronson, y el rodaje por fin puede emprenderse. Por supuesto, básicamente en Almería, pero incorporando el fordiano Monument Valley de Arizona, en un alarde de producción y artístico, impensable en el *western* europeo.

Ciertamente, el momento era idóneo para este cuarto encuentro entre Leone y Eastwood, además a escala mundial, puesto que United Artists por fin estrena *Por un puñado de dólares*, *La muerte tenía un precio* y *El bueno, el feo y el malo* en los Estados Unidos, las dos primeras a mediados-finales de 1967 y la tercera en enero de 1968, envueltas en una buena campaña promocional que incluye la invención para Eastwood del afortunado apelativo «the man with no name»[2]. El público americano aplaude la barroca brillantez de «la trilogía del dólar», y a su merced nuevos *westerns* europeos penetran en el mercado nacional, aunque ninguno iguala, ni de lejos, el éxito de las sangrientas aventuras del «hombre sin nombre». La propia United Artists sigue invirtiendo en estos *spaghetti westerns*, siempre y cuando estén protagonizados por americanos. Por ejemplo, *Joe, el implacable (Navajo Joe,* Sergio Corbucci, 1967), con un incipiente Burt Reynolds encarando a un actor tan típico de Leone como Aldo Sambrell, o *De hombre a hombre (Da uomo a uomo,* Giulio Petroni, 1967), donde el emblemático Lee van Cleef comparte cartel con el apolíneo John Phillip Law; ambas, por descontado, se ruedan básicamente en Almería y cuentan con soberbias bandas sonoras de Ennio Morricone.

De este modo, en particular, Clint Eastwood extiende la popularidad con que contaba en Europa a lo largo de su propia nación, y, en general, la bárbara ética-estética del *western* europeo

---

[2] El éxito americano de las películas de Leone-Eastwood determinó que las tres conocieran raudas novelizaciones nacionales, con sus títulos americanos respectivos, *A Fistful of Dollars, For a Few Dollars More* y *The Good, the Bad and the Ugly*. La primera por Frank Chandler y las otras por Joe/Joseph Millard (1908-1989), que había empezado a escribir en los años cuarenta, en revistas *pulp* y cómics, y cuya novela de ciencia-ficción *The Gods Hate Kansas*, publicada en 1964, inspiró la película británica *They Came from Beyond Space* (Freddie Francis, 1967). El éxito de estos libros, publicados en ediciones populares de bolsillo, impulsó a Millard a prolongar por su cuenta en papel las aventuras del «hombre sin nombre», mediante más novelas, digamos *A Coffin Full of Dollars, A Dollar to Die For* y *The Million-Dollar Blood Hunt*, cuyas portadas, por supuesto, evocaban a Eastwood según Leone, al igual que los títulos. Animado por el éxito, Millard publicó a continuación novelizaciones de más *westerns*, por ejemplo *Chato, el apache (Chato's Land,* Michael Winner, 1971) y *La soga de la horca (Cahill,* Andrew V. McLaglen, 1973), e incluso la de otro film con Eastwood, *Un botín de 500.000 dólares*.

influye al género en su genuina aplicación americana, mediante un mestizaje sin precedentes en la historia del Séptimo Arte. Por añadidura, esta influencia se funde y confunde con el propio proceso de brutalización que Sam Peckinpah iniciara en el *western* americano mediante su admirable y crepuscular *Duelo en la alta sierra (Ride the High Country*, 1962), a la sangrienta sombra, sociológicamente hablando, de la guerra de Vietnam. Citando a Carlo Gaberscek:

> Había un conjunto de factores, elementos, orientaciones que ya desde los primeros años sesenta se estaban incubando en el seno del *western* americano: la inversión de códigos y convenciones; la desmitificación de prototipos y valores establecidos por una larga tradición; el declive de los ideales; la visión crítica y pesimista sin salidas tranquilizadoras; la desilusión; el cinismo; la crudeza visual de las escenas de violencia y de sexo, coincidiendo con una relajación de la censura; la introducción de elementos estilísticos ajenos a la tradición (utilización de primeros planos, teleobjetivo, *zoom*, ralentí, efectos rápidos de montaje); un importante recambio generacional, que supuso la «jubilación» de un nutrido grupo de directores, productores, actores, extras especializados, guionistas, directores de fotografía... con una larga experiencia en el género, que habían contribuido a su fortuna y continuidad; el aumento de los costes de producción; la competencia televisiva[3].

Había nacido, en resumen, el denominado *dirty western* americano. Y Clint Eastwood, gracias a Europa, ha de agregarse con perfecto derecho. Pero a su manera.

El triunfo americano de las películas de Leone posibilita que Eastwood empiece a ser solicitado por el cine de su nación. No obstante, rechaza la primera oferta, que llega de Columbia y consiste en presidir con el alemán Horst Buchholz el reparto multiestelar del *western* de aventuras *El oro de MacKenna (MacKenna's Gold,* J. L. Thompson, 1968), adaptación de la novela homónima del gran Will Henry. Los personajes

---

[3] C. Gaberscek, *Il vicino West,* Udine, Ribis, 2007.

de ambos serán retomados, curiosamente, por un actor de la generación previa a Eastwood, Gregory Peck, y Omar Sharif, respectivamente, presidiendo un elenco soberbio que incluye al coprotagonista de *El bueno, el feo y el malo,* Eli Wallach. La película, menospreciada pero atípica y sustanciosa, de todo punto recuperable, fracasa en Estados Unidos pero triunfa en Europa.

Hasta que llegó su hora aparte, muchas otras ofertas le llueven a Eastwood desde ese cine italiano al que prácticamente todo le debe. Pero las rechaza todas, con firmeza y sin dilación; años después comentará al respecto, escuetamente y, más bien, despectivamente, «no eran proyectos válidos».

La segunda oferta americana estriba asimismo en protagonizar un *western,* en este caso para United Artists, *Cometieron dos errores (Hang'em High,* Ted Post, 1968). Ahora Eastwood sí que acepta; además, lo hace cuando acaba de cuajar su ambición de registrar una productora propia, Malpaso Company. El nombre procede de un riachuelo denominado así que cruza el vasto terreno donde se levanta la imponente villa que Eastwood acaba de comprar, en la soleada y recoleta ciudad californiana de Carmel (abreviatura al uso de Carmel-by-the-Sea), cerca de San Francisco.

Eastwood se implica en este su nuevo *western* como productor asociado, lo cual significa, además de una remuneración de 400.000 dólares, un porcentaje en los beneficios del 25 por 100, harto más elevado que el 10 por 100 que le correspondió gracias a *El bueno, el feo y el malo,* por cuenta de la United Artists que la explotó fuera de Europa. Una United Artists que quiere prolongar las pingües ganancias que estaba cosechando en Estados Unidos gracias a la «trilogía del dólar» mediante una americana producción propia; por consiguiente, pide a Eastwood que proponga la dirección al mismísimo Leone. Eastwood accede enseguida. Sin embargo, ahora es Leone quien rehúsa. En parte para igualar la negativa de Eastwood respecto a *Hasta que llegó su hora,* en parte para no obedecer a quien le obedeció.

En consecuencia, Eastwood adjudica la realización y el montaje a dos de los profesionales que más habían trabajado en *Rawhide,* respectivamente Ted Post y Gene Fowler Jr. Y la película arranca según un planteamiento bipolar: United Ar-

Cometieron dos errores (1968). Con Inger Stevens.

tists pretende que absorba todo lo posible el *spaghetti western*, con ánimo crematístico, mientras que Eastwood quiere acercarla a la tradición genérica nacional, por patriotismo y para diferir de Leone. El resultado, como cabía esperar, es híbrido, y el propio Eastwood apenas convence, en el no menos esquizofrénico propósito de compaginar en su papel una modernizada emulación de Gary Cooper (¡incluso se llama Jed Cooper!) con la idiosincrasia del «hombre sin nombre». El guiño que actor-productor y director rinden al inicio al nada lejano *Rawhide*, presentando al héroe como un vaquero graciable y honesto, que empero tras sobrevivir de milagro a un linchamiento injusto deriva en implacable sheriff justiciero, posiblemente no funcionara ni en la propia América, que ya no quería saber nada de aquellos *westernmen* blandos y pulcros de la televisión (a posteriori, Eastwood definió su personaje en *Rawhide* como «el idiota de la pradera»). Con todo, *Cometieron dos errores,* aunque dura demasiado y chirría en su oportunista dualidad, revela un cierto atractivo justo gracias a su esforzado intento de legitimar la idiosincrasia del *spaghetti western* insertando referencias americanas, entre las cuales sobresalen la evocación de una de las películas preferidas de Eastwood —*The Ox-Bow Incident* (William A. Wellman, 1943), recuérdese— y un magnífico personaje femenino, de gran patetismo, muy bien interpretado por la malograda Inger Stevens, hermana de Stella; hablando del reparto, intervienen episódicamente dos de los actores secundarios a la sazón más usados por Peckinpah, Ben Johnson y L. Q. Jones, así como Dennis Hopper, Bruce Dern y hasta una venerable figura del género, Bob Steele, que había empezado en el *western* durante los años veinte y también se asomó por *Rawhide*.

Con todo, el mayor foco de interés de *Cometieron dos errores* estriba en la relevancia histórica que representa suponer la primera ocasión en la que Eastwood, ya en su primera producción, copia una de las notables ideas argumentales/conceptuales de Leone: el héroe resucitado. Especificando, el protagonista que, cuando sus adversarios racionalmente le consideran muerto, a base de palizas y tormentos de todo tipo, irrumpe para ajustar las cuentas y vengarse sin dejar títere con cabeza. Esta premisa esconde una de las múltiples e irónicas referencias anticatólicas palpables en la obra de Leone (tras el martirio y la crucifixión, «resucitó de entre los muertos»), y será retomada con frecuencia por Eastwood, apenas el argumento y su marco genérico lo permiten; así, por ejemplo, dentro del *western* enlaza a través de las décadas *Por un puñado de dólares* con *Sin perdón*.

En cambio, *Cometieron dos errores* niega con rotundidad otro representativo hallazgo de la «trilogía del dólar», cual es la inexistencia de personajes femeninos y/o romances. Tanto es así que desde entonces, o sea a partir de su mismísima inauguración, la filmografía de Eastwood por lo común incluye de modo relevante una historia de amor; cuando menos, alguna que otra mujer se enamora de su personaje, en general tórridamente. Pero obsérvese que cuando Eastwood decidió retomar el planteamiento asexuado de Leone, obtuvo una de sus mejores y más emblemáticas películas, *Harry el sucio*. Por algo será.

El éxito mundial de *Cometieron dos errores* consolida la recién nacida productora de Clint Eastwood, gracias al elevado porcentaje que se aseguró. Desde entonces hasta la fecha, todas las películas en las que participa Eastwood, con independencia de las funciones que asuma, en mayor o menor medida son producciones Malpaso, salvo tres realizadas a finales de los años sesenta —*El desafío de las águilas (Where Eagles Dare*, Brian G. Hutton, 1968), *La leyenda de la ciudad sin nombre (Paint Your Wagon*, Joshua Logan, 1969) y *Los violentos de Kelly (Kelly's Heroes*, Brian G. Hutton, 1970)— y otra muy posterior, *En la línea de fuego (In the Line of Fire*, Wolfgang Petersen, 1992).

Durante los dos primeros años, la compañía se llama Malpaso Company, y su presidente es Irving Leonard, antes el representante del propio Eastwood. Tras la muerte de Leonard a finales de 1969, su cargo es ocupado por Robert Daley, y la productora, hasta la fecha, pasa a denominarse Malpaso Productions. Por lo demás, Eastwood enseguida se aparta de la United Artists que participara en *Cometieron dos errores* para ponerse de acuerdo precisamente con esa Universal que diez años antes le había repudiado como actor. Así, todas las películas Malpaso producidas entre 1969 y 1975 están parcialmente financiadas y mundialmente distribuidas por Universal, salvo *Un botín de 500.000 dólares (Thunderbolt and Lightfoot*, Michael Cimino, 1974), que supone un puntual retorno a United Artists, y *Harry el sucio* y *Harry el fuerte (Magnum Force*, Ted Post, 1973), en las cuales tales funciones corresponden a Warner Bros. Desde 1976 esta *major* acogerá en su seno la totalidad de las producciones Malpaso, menos *Fuga de Alcatraz (Escape from Alcatraz*, Don Siegel, 1979), asumida por Paramount, y dos realizaciones propias, *Poder absoluto (Absolute Power*, 1997), de Columbia, y *El intercambio (Changeling*, 2008), altamente inesperado regreso a Universal.

Rodaje de *La jungla humana* (1968). Entre Don Siegel y Don Stroud.

En principio, la política de Eastwood como productor se centra en proyectos de género, con presupuestos ajustados y unos plazos de rodaje razonables, incluso comparativamente breves. En estos primeros años, la infraestructura Malpaso es modesta pero altamente operativa, e incluye gente dedicada a captar historias susceptibles de originar películas interesantes y competitivas, en cabeza Sonia Chernus y Jo Heims. Apenas iniciarse los años setenta, Malpaso-Eastwood se distinguirá además por definir un equipo estable de técnicos y colaboradores, que asimismo comprende, pero sin idéntico carácter recurrente, determinados intérpretes.

Mientras los cines siguen exhibiendo con éxito *Cometieron dos errores*, Eastwood emprende *La jungla humana (Coogan's Bluff,* Don Siegel, 1968). Pese a su baja calidad, inferior incluso a *Cometieron dos errores*, esta película guarda una relevancia capital en la filmografía de Eastwood, además por partida triple. Por un lado, contiene su primer personaje de policía, patente esbozo de «Harry el sucio», por muy rural que sea. Del mismo modo, entraña la primera de sus cinco colaboraciones con el gran director Don Siegel. Además, introduce en su filmografía al estupendo músico de origen argentino Lalo Schifrin, primero acreditado en el mundo del *jazz*, más que nada como pianista del mítico Dizzy Gillespie, después popularizado por su pegadiza sintonía para la mundialmente famosa serie televisiva *Misión imposible*.

Nacido en Chicago en 1912, Siegel se curtió profesionalmente en el montaje, primero, y en la realización de segundas unidades, acto seguido. Tras debutar como director propiamente dicho en 1946, se labra una reputación en cuanto responsable eficiente de películas de género, sobre todo *thrillers*, en la modalidad Serie B. Esta primera etapa de su filmografía refulge en la excelente y polisémica *La invasión de los ladrones de cuerpos (Invasion of the Body Snatchers*, 1956), la primera y mejor adaptación de la novela de Jack Finney *Los ladrones de cuerpos*, adaptación que entraña uno de los hitos del apogeo que la ciencia-ficción experimentó entonces en Estados Unidos. Tras despuntar los años sesenta, Siegel crece en consideración industrial y recibe encargos de superior fuste. Uno de ellos, *Brigada homicida (Madigan*, 1968), a buen seguro determinó —al tratarse de una *cop movie* producida por Universal y bien recibida en taquilla, con una serie televisiva como secuela que retoma el personaje de Madigan y su actor, Richard Widmark— que Siegel fuera elegido para *La jungla humana*, tras la despedida del director previsto, Alex Segal. El guión conoció cerca de diez fases; la primera precisamente por parte del guionista de *Brigada homicida*, Howard Rodman, y la principal y, digamos, definitiva, a cargo de Dean Riesner, en el primero de sus varios trabajos para Eastwood[4]. Presenta a Walt Coogan, un recio policía de Arizona, en concreto un *deputy sheriff*, botas de montar y *cowboy hat* incluidos, que persigue en

---

[4] Llamado realmente Dean Reisner, era hijo del director de cine mudo Charles Reisner, empezó en el medio como actor infantil y conoció a Eastwood durante la época de *Rawhide*, de la que escribió cinco de sus episodios.

Nueva York a un criminal perteneciente a su jurisdicción. Como cualquiera anticipa desde el inicio, los métodos rústicos y el machismo de secano del tal Coogan no serán óbice, antes al contrario, para que sin mayores sorpresas corone su objetivo, gane la admiración de los colegas urbanos y, de paso, verifique alguna conquista. Algo tosca, más que agreste, en la factura, por ejemplo, con una persecución en motos filmada y montada de forma ramplona, y un tanto ridícula en su fofo y esquemático contenido antiurbano, sin embargo revalida en taquilla el éxito de *Brigada homicida*, hasta el punto de inspirar asimismo una serie televisiva, *McCloud*, con Dennis Weaver como el héroe. La única explicación posible, y probable, del triunfo, tan reveladora como sintomática, estriba en que al público le gustó ver a Clint Eastwood fuera del Oeste pero extendiendo su tipología a la turbulenta Gran Manzana coetánea («No estás en el OK Corral sino en Nueva York», le advierte el coprotagonista teniente McElroy); desde un prisma cinéfilo, tiene su gracia, eso sí, ver al nuevo ídolo compartiendo planos con un actor tan sumamente distinto como era el ya otoñal Lee J. Cobb. En cuanto a la reacción crítica, en general fue positiva. Es sumamente interesante, o por lo menos curioso y divertido, leer ahora a Vincent Canby opinando en el *New York Times* que «los personajes secundarios son más interesantes que el protagonista, y el emocionante escenario de la gran ciudad lo eclipsa constantemente», o la observación de Archer Winsten en el *New York Post:* «Un tipo interesante este Eastwood, que además resulta muy agradable en pantalla. Sabes a ciencia cierta que se va a meter en líos y que va a salir de ellos. Lo primero se debe a su naturaleza. Lo segundo, al guión.» Por lo demás, *La jungla humana* supone la peor colaboración Eastwood-Siegel; en última instancia, carece de otra enjundia que explicitar la analogía/fricción conceptuales existentes, por naturaleza, entre el *western* y el *thriller,* bien que lo hace en términos burdos y por reducción al absurdo, mediante una americanista ilustración del viejo «menosprecio de corte y alabanza de aldea», que, sin embargo, en cierta medida significativamente anticipa una de las realizaciones de Eastwood más personales, que no mejores, *Bronco Billy*.

El desafío de las águilas (1968). Con Ingrid Pitt, Mary Ure y Richard Burton.

Acto seguido, Eastwood relaja la actividad de Malpaso, al verse irresistiblemente seducido por una oferta de Metro Goldwyn Mayer. Se trata de participar mediante dos películas en el resurgir del cine ubicado durante la Segunda Guerra Mundial, al socaire del conflicto bélico en Vietnam. Uno de los hitos de esta minimoda era precisamente una producción Metro Goldwyn Mayer, la exitosa *Doce del patíbulo*, y en alguna medida estos dos proyectos están concebidos a su sombra; ambos se encomiendan al mismo realizador, Brian G. Hutton, y son las referidas *El desafío de las águilas* y *Los violentos de Kelly*. Así, Eastwood aparta las determinaciones que tomara bien poco tiempo antes (encabezar siempre el reparto e interpretar por norma al protagonista absoluto), respectivamente en la primera y la segunda, debido a unos móviles monetarios de peso abrumador: ochocientos mil dólares por *El desafío de las águilas,* y un millón por *Los violentos de Kelly.* Dado que van a rodarse con más de un año de diferencia, además cuenta con cerca de quince meses libres entre ambas, los cuales, incansable, aprovecha para levantar una producción propia, *Dos mulas y una mujer (Two Mules for Sister Sara,* Don Siegel, 1970), e intervenir antes en otra ajena, *La leyenda de la ciudad sin nombre.*

En efecto, Eastwood en *El desafío de las águilas* supone el segundo nombre del elenco, tras Richard Burton, y en los créditos de *Los violentos de Kelly* aparece homologado con Telly Savalas, Donald Sutherland, Carroll O'Connor y Don Rickles. Contra lo que cabía esperar, el tono de ambas películas difiere casi tanto como su ambientación (en montañas nevadas, la primera; en la campiña bajo el sol, la segunda), pues *El desafío de las águilas* parte de un guión original de Alistair MacLean, novelista entonces de moda mas hoy olvidado, que compagina la aventura bélica con la intriga de espionaje, y en cambio *Los violentos de Kelly* sazona su cualidad genérica arrimándose a dos filones coetáneos, el uno temático (el «atraco perfecto»), el otro ideológico (el cinismo, la amoralidad). Coinciden, eso sí, en que las bajas de soldados alemanes son innumerables mientras que apenas mueren aliados; a propósito, la mayor virtud de ambas estriba precisamente en la mag-

Los violentos de Kelly (1970). Entre Donald Sutherland y Telly Savalas.

nificencia de las escenas bélicas y/o de acción a cargo de la Segunda Unidad, no en vano son competencia de sendos maestros de la modalidad (Yakima Canutt en la primera, Andrew Marton en la segunda), así como en la calidad de la fotografía (Arthur Ibbetson es el operador de *El desafío de las águilas*, y en *Los violentos de Kelly* el mexicano Gabriel Figueroa, sin duda aportado por Eastwood tras conocerse en *Dos mulas y una mujer*, así como Irving Leonard como productor asociado). En cuanto a resultados, son ciertamente estimables. Peor la primera, con todo, debido a cierta prolijidad y un excesivo esquematismo, y mejor la segunda, ágil y eficaz, incluyendo un simpático y significativo homenaje-parodia a los solemnes duelos rituales de la «trilogía del dólar», incluyendo la música de Lalo Schifrin en guiño a Morricone. Respecto a Eastwood, en *El desafío de las águilas* aporta su ya reconocible tipología, al encarnar una especie de monosilábica *killing machine* yanqui, que no se entera de nada pero mata a destajo, de manera que contraste con la exquisitez típicamente *british* del resto del reparto (con papeles secundarios, por cierto, de varias entrañables estrellas del género gótico-fantástico de la época: el gélido Anton Diffring, la voluptuosa Ingrid Pitt, el aristocrático Ferdy Mayne). En cambio, en *Los violentos de Kelly*, en el papel de un teniente americano degradado a soldado raso que enreda a diversos compañeros para robar una fortuna escondida tras las líneas enemigas, Eastwood, por mucho que lidere el íntegramente masculino reparto, queda un tanto difuminado, casi eclipsado, en su pétrea sobriedad, entre la fuerza emanada por el soberbio Telly Savalas y la exuberante sobreactuación de Donald Sutherland como una suerte de *hippie ante litteram*.

El triunfo comercial de ambas no es inferior al previsto por Metro Goldwyn Mayer. *El desafío de las águilas* a todas luces gusta en especial por sus escenas de acción, entre las cuales la lucha en el techo de un teleférico que circula vertiginosamente sobre las montañas representaba todo un récord en la materia, lo nunca visto en una pantalla. Y la repercusión de *Los violentos de Kelly*, rodada en Yugoslavia bajo el título provisional de *The Warriors* (que por cierto se mantuvo, lógicamente y debidamente traducido, para la comercialización en Italia), se amplifica gracias al éxito que obtiene la magnífica banda sonora de Schifrin, uno de cuyos temas, *Burning Bridges*, cosecha una popularidad enorme[5].

Mientras las pantallas admiten a Clint Eastwood de uniforme en la Segunda Guerra Mundial junto al egregio Richard Burton, el nuevo ídolo americano vuelve a enmarcarse dentro del *western*, además en dos películas consecutivas, muy distintas sin embargo, incluso antitéticas: *La leyenda de la ciudad sin nombre* y *Dos mulas y una mujer*.

---

[5] Este tema conoció asimismo una versión cantada, a cargo del propio Eastwood. No obstante, Metro Goldwyn Mayer desestimó editarla.

La leyenda de la ciudad sin nombre (1969). Con Lee Marvin.

«¿Quién quiere ver cantando a Lee Marvin y Clint Eastwood?», cuentan que preguntó atónito el responsable máximo de Paramount, tras visionar la copia estándar de *La leyenda de la ciudad sin nombre*. Con muy buen juicio, pues la apuesta era arriesgada hasta el suicidio. Nada menos que emparejar a dos actores entronizados por la violencia, característicamente lacónicos, además, para hacerles protagonizar una comedia musical justo en el marco del *western* que tanto les había beneficiado. Por añadidura, en el año de *Grupo salvaje (The Wild Bunch*, Sam Peckinpah, 1969).

«Nadie», fue la respuesta, tácita y sonora, de Estados Unidos a la retórica pregunta, lo que sellaba así un fracaso comercial de una envergadura que amenazó seriamente la continuidad de Paramount, tan alta fue la inversión, cerca de veinte millones de dólares. El plan era multiplicar en la pantalla el éxito de la obra teatral adaptada, un musical de los autores de *Camelot* y *My Fair Lady,* Alan Jay Lerner y Frederick Loewe, cuya historia transcurría durante la «fiebre del oro». Lógicamente, el director designado era un prestigioso especialista en cine musical, Joshua Logan, que por cierto había realizado el antedicho *Camelot.* Interminable y agobiante, *La leyenda de la ciudad sin nombre* significativamente suscribe en cierto modo el «Women's Liberation» de la época, merced a un personaje central femenino a cargo de la malograda Jean Seberg, que, tras separarse de un marido mormón, establece nada menos que un trío matrimonial... con Marvin y Eastwood. Salvo esta curiosidad (notable sobre todo en la filmografía de Eastwood, donde su personaje jamás comparte mujer alguna), pocos atractivos más ofrece la película, salvo que quiera considerarse como tal el hecho de ver, efectivamente, cantando a Lee Marvin y Clint Eastwood, puesto que aquí, como bien captó el alarmado directivo, estriba «la clave de la cuestión». Eastwood pecha con cuatro temas *(I Still See Elisa* y *I Talk to the Trees,* solo, *Best Things,* con Marvin, y *Gold Fever,* con coro), a los que brinda una voz adecuadamente melosa, pues debe diferir en lo posible de Marvin, y se remite un tanto a sus grabaciones *country* de pocos años atrás. Ahora bien, el resultado es mediocre e incluso, a veces, embarazoso. Marvin no canta mucho mejor, cierto, pero su poderoso vozarrón ronco convirtió meritoriamente un tema a su cargo, *Wand'rin Star,* en un hit internacional, con unas ventas del disco que superaron el millón de copias, cosechando así un éxito que se desgajó del fracaso taquillero de la película, y, claro está, eclipsó las canciones a cargo de Eastwood[6]. Este peculiar triunfo personal, amén de una remuneración muy superior, compensaron a Marvin de haber preferido el protagonismo

---

[6] Un desopilante efecto colateral del éxito de este tema (que hasta conoció una versión en español, titulada *Estrella errante)* fue que otros actores con imagen bronca cantaran también, y a cuál peor. Por ejemplo, y por impensable que parezca ahora, Telly Savalas, Tomás Milian, Lee Van Cleef..., incluso, a dúo, ¡los héroes de *Star Trek,* William Shatner y Leonard Nimoy! Con todo, existen precedentes. Sin ir más lejos, significativamente Robert Mitchum, con los discos *Calypso. Is like so,* grabado en 1958 y *That Man Robert Mitchum... Sings,* en 1967.

de *La leyenda de la ciudad sin nombre* al del mismísimo *Grupo salvaje,* en el papel retomado por William Holden.

Por añadidura, la crítica fue negativa en general. El demoledor, casi siempre, Rex Reed escribió en *Holiday:* «Un monumento a la incompetencia. Primero compraron un caro musical y contrataron actores que no pueden cantar ni bailar. Después, cogieron una banda sonora que es una institución norteamericana y suprimieron la mitad de las canciones [...] un desastre, que no termina nunca y donde no pasa absolutamente nada.» Europa se mostró bastante más clemente con la película que Estados Unidos; por ejemplo, en España funcionó muy bien. Quizá con el paso del tiempo se convierta en una pieza de culto *kistch,* y las nuevas generaciones aplaudan cínicamente, por ejemplo, el inenarrable momento con Marvin y Eastwood cantando al alimón... Pero, de momento, *La leyenda de la ciudad sin nombre* padece un piadoso y justo olvido.

Cabe destacar respecto a Eastwood que su papel supone un intento evidente, aunque fallido, de apartar su imagen proverbial, al encarnar un joven dulce, honesto e ingenuo, en brutal contraste con el personaje de Marvin, sinvergüenza, bebedor y bravucón. Eso sí, alberga una referencia a su personaje para Leone, pues carece de nombre, y se le denomina escuetamente «socio». Al igual que en *El desafío de las águilas,* Eastwood ocupa el segundo lugar en el reparto, y en este caso cobra 600.000 dólares. Con todo, según sus declaraciones, las mejores enseñanzas para el futuro que aprendió de *La leyenda de la ciudad sin nombre* fueron evitar todo rodaje que superase los cuatro meses y no despilfarrar ni un dólar.

La segunda colaboración entre Eastwood y Siegel, *Dos mulas y una mujer* transcurre en los turbulentos años de la Revolución Mexicana, a todas luces para comulgar con una euforia cinematográfica al respecto, cuyo cenit, y el del *dirty western,* es la arrolladora *Grupo salvaje.* Richard Burton, de modo indirecto, supone el motor del film, pues durante el rodaje de *El desafío de las águilas* Eastwood ha congeniado con la idolatrada esposa del actor británico, Elizabeth Taylor. Su plan, así, es formar con ella una pareja explosivamente insólita, retomando un proyecto abortado del gran Budd Boetticher, previsto en su día para la estrella mexicana Silvia Pinal y Robert Mitchum. Otro fuerte vínculo, pues, entre éste y Eastwood, que se acentúa advirtiendo las similitudes existentes entre *Dos mulas y una mujer* y dos de los éxitos mayores de Mitchum, *Bandido (Bandido!,* Richard Fleischer, 1956) y *Sólo Dios lo sabe (Heaven Knows, Mr. Allison,* John Huston, 1957). Por cierto, veinte años atrás Siegel había dirigido a Mitchum, concretamente en *The Big Steal* (1949), que, a propósito, transcurre en México...

La mayor relevancia de *Dos mulas y una mujer* estriba en que supone un intento de Eastwood de retomar la parafernalia del «hombre sin nombre» más patente, por ende descarado, de *Cometieron dos errores,* para el cual incluso quiere contratar, por segunda vez, a Leone, y hasta a Morricone. El genial músico italiano acepta, y responde con una banda sonora *ad hoc,* pero harto, hartísimo, inferior a las compuestas para la «trilogía del dólar». En cambio, Leone vuelve a declinar. Según sus propias palabras: «Cuando leí el guión, adiviné en la quinta secuencia que la monja era una prostituta. ¿Conclusión? No valía la pena. De todos modos, nuestra separación era necesaria. Reunirnos otra vez es imposible. Que Clint haga sus películas, que yo haré las mías»[7].

A partir de entonces, convertidos ya en sus propios productores, Clint Eastwood-Malpaso y Sergio Leone-Rafran guardarán desdeñosa distancia durante muchos años. Aunque de vez en cuando airean en los medios, de manera bien poco elegante y nada justa, la dudosa opinión que se merecen mutuamente. Por ejemplo, Eastwood afirmó:

> En las películas de Leone no había nada nuevo, sólo mi interpretación del protagonista. Y mi interpretación dependía esencialmente de que yo era el actor, no de ningún tipo de magia. Mi capacidad de interpretar aquel personaje se basaba en mi educación, en mi vida. Podía expresar la furia muy bien. Supongo que porque me había enfurecido muchas veces, mientras luchaba por salir adelante[8].

---

[7] Reproducido de Domenico Malan, *Storia illustrata del cinema Western,* Roma, Anthropos, 1984.

[8] Reproducido de L. Barisone y G. D'Agnolo (ed.), *Clint Eastwood, op. cit.*

Dos mulas y una mujer (1970). Con Shirley MacLaine.

Dos mulas y una mujer se rueda íntegramente, a lo largo de cuatro fatigosos meses, en el México donde transcurre la trama, y que aporta, coproducción mediante, los intérpretes secundarios y diversos técnicos; entre estos, repito, el gran Gabriel Figueroa a cargo de la fotografía. En vista de que Elizabeth Taylor no rebaja sus astronómicos honorarios, Eastwood la sustituye por Shirley MacLaine, por lo demás mucho mejor actriz, con la cual forma una pareja asimismo inaudita. La realización de Siegel no hace más que ratificar la ecléctica premisa de Eastwood. Así, a lo largo de un argumento itinerante, saturado de explosiones y tópicos sobre México y lo mexicano, el actor-productor fracasa en su propósito de personalizar la idiosincrasia de la «trilogía del dólar» mediante una serie de elementos diversos, los cuales comprenden desde la irónica «guerra de los sexos» característica de las viejas comedias *screwball*, que ridiculiza a la par que exalta la hombría al hilo de una historia de amor progresiva, hasta la justificación prosaica de esa rapacidad que, en el cine de Leone, reviste un epíteto virtualmente metafísico. La loable entidad plástica de la fotografía, en general, y algunas secuencias conseguidas, en particular, de ningún modo redimen una película que cae estrepitosamente por su peso desde la propia base..., y que Boetticher fue el primero en despreciar, y de la cual Leone se rió todo lo que quiso.

Finaliza el decenio de los sesenta, y Eastwood constituye un actor con alto poder de convocatoria. Es más, las controversias que despierta su decidido apoyo al presidente Richard Nixon en plena guerra de Vietnam no rebajan el reclamo comercial que su nombre implica por doquier; tanto es así que en 1970 el gremio estadounidense de exhibidores, léase la United Theatre Owners of America, le nombra «Star of the Year», lo cual abrió la lustrosa relación de reconocimientos que recibirá a lo largo de los decenios.

Mientras, en Italia, una productora desaprensiva se inventa un nuevo *western* suyo, encadenando dos episodios de *Rawhide*, *The Backshooter* y *Incident of the Running Man,* mediante el título de trabajo de *Por un puñado de dólares,* recuérdese, *Il magnifico straniero*. El fraude es tan obvio que no produce mayor beneficio y ante la demanda correspondiente de la CBS desaparece enseguida de la circulación, aunque años después circulará en formato vídeo.

Por otra parte, tal como ha declarado recientemente, rechaza sustituir a Sean Connery en el personaje de James Bond, alegando que el agente 007 no es rol para un actor americano.

A título personal, los acontecimientos cardinales de estos años son el nacimiento de su hijo Kyle en 1968, primer fruto del matrimonio con Maggie Johnson, y la muerte de su padre, Clinton Eastwood Sr., en 1970. A este último respecto, comentó con su rudeza característica:

> Mi padre murió de repente a los 63 años. Simplemente, cayó muerto en el acto. Durante mucho tiempo me pregunté por qué no pasé más tiempo con él, por qué no saqué más

tiempo para que jugáramos juntos al golf. Pero cuando estás ciego tratando de hacerte lo más famoso posible, estas cosas pasan. Es algo inevitable, así que lo mejor que podía hacer era pasar página. Y es lo que hice[9].

Se cierra así otra etapa. En cierto modo, y a grandes rasgos, ha supuesto la transición entre el abstracto «hombre sin nombre» del *western* y el concreto «Harry el sucio» del *thriller*.

A partir de entonces, la filmografía de Eastwood, tras estabilizarse en la producción y empezar en la realización, desplegará una miríada de personajes, desde los que interpreta en persona hasta el último secundario, que parecen perfilados según las siguientes líneas de la formidable novela de E. M. Nathanson *Doce del patíbulo* (muy aligerada, en todos los sentidos, en su adaptación al cine, con todo admirable):

> Hombres que forman ese gran interrogante que llamamos América. Siempre a la busca de algo que no encontrarán. Siempre dispuestos a discutir y pelear o inventar un truco para ganar dinero fácilmente. Podemos encontrarlos a todas horas, de día y de noche, mano sobre mano, en los bares, charlando, fanfarroneando, buscando pelea. No son borrachos, sino hombres que parecen habitar los bares indefinidamente, y, sin embargo, han de tener algún empleo fijo, algún medio que les permita mantenerse, pagarse la bebida y las horas que consumen sin hacer nada[10].

---

[9] Reproducido de Cal Fussman, «Clint Eastwood», *Esquire*, edición española, núm. 15, 2009.

[10] E. M. Nathanson, *The Dirty Dozen*, Nueva York, Random House, 1965 (1ª ed. española, *Doce del patíbulo*, Grijalbo, Barcelona, 1966).

La estrella es el director (1971-1975)

> Clint es conservador y yo liberal. Hemos hecho cinco películas juntos. ¿Me podrías creer si te dijera que nunca hemos hablado de política? (Don Siegel en *A Siegel Film: an Autobiography*, Londres, Faber & Faber, 1993).

La presente etapa comprende nada menos que nueve producciones en cinco años, y está presidida por dos aciertos de singular relevancia. Por un lado, el protagonismo-producción de dos de las mejores películas de Don Siegel, desapercibida en su día la primera, *El seductor (The Beguiled,* 1971), particularmente exitosa la segunda, *Harry el sucio (Dirty Harry,* 1971). Por otra parte, el acceso a la realización, que tiene lugar precisamente entre el rodaje de las antedichas películas, cuando Eastwood cuenta la edad de cuarenta y un años.

Atendiendo a sus declaraciones, Eastwood incuba la vocación de director a lo largo de su prolongado trabajo en *Rawhide,* hasta el punto de pedir a los productores que le permitan dirigir algún episodio, sin éxito.

Puede ser cierto. Tanto como esta afirmación respecto a su experiencia con los diversos directores de la serie: «De unos aprendí mucho, y de otros nada»[1]. Sin embargo, los hechos, léase el visionado de sus dos primeras realizaciones, antes bien sugieren que tal vocación brotó, o por lo menos emanó, de su colaboración con Don Siegel y Sergio Leone. Dado que la primera, *Escalofrío en la noche (Play «Misty» for Me,* 1971) contiene a Siegel en el reparto, en una llamativa, y sorprendente, inversión de cometidos, así como, en diversos aspectos, remite a *El seductor.* Mientras que la segunda, *Infierno de cobardes (High Plains Drifter,* 1973) ni siquiera existiría sin la «trilogía del dólar».

En cualquier caso, es evidente que Eastwood incorpora la realización a su actividad cinematográfica con perfecta conciencia y un propósito claro de progresar, en todos los sentidos, dentro de su relación con el medio. Por añadidura, el paso del tiempo revelaría descarnadamente, además, a lo largo de varios decenios, que esta faceta nueva no era ningún capricho pasajero. Tampoco una simple argucia para multiplicar y sofisticar su celebridad como estrella, en virtud de una labor ardua y artísticamente más respetada, por cuanto exige complejas capacidades técnicas, narrativas y estéticas.

Con todo, en verdad sorprendió entonces, y mucho, y por doquier, que Eastwood abordara la realización. Con palabras de Quim Casas:

---

[1] Reproducido de Christopher Frayling, *Clint Eastwood,* Londres, Virgin, 1992.

En la actualidad, y desde hace más o menos una década, el paso de la interpretación a la dirección es una práctica completamente normalizada, sobre todo en el cine estadounidense, tanto o más extendida que la de los guionistas (y en los últimos tiempos los directores de fotografía) que acometen la realización. Pero en el momento en que se produce el debut de Eastwood como realizador, esa nueva función asumida por un actor no resultaba tan normal. En la misma época, año arriba año abajo, debutaron también tras la cámara Paul Newman, Jack Nicholson, Peter Fonda, Jack Lemmon, Sidney Poitier, George C. Scott, Charlton Heston y Kirk Douglas, por lo que al cine estadounidense se refiere. Lo hicieron con desigual fortuna y solamente Eastwood encarriló de manera firme su trayectoria en paralelo como director, mientras que la mayoría de los otros casos quedaron como tentativas aisladas, con la excepción de Newman, o muy espaciadas en el tiempo, como Nicholson[2].

Universal da luz verde a *Escalofrío en la noche* gracias a que Eastwood renuncia a cobrar la realización y Siegel avala su inscripción en el DGA, el sindicato americano de los directores de cine. El hecho de que, por añadidura, Siegel participe como actor sugiere una supervisión oficiosa a los ejecutivos, la cual implica una cierta garantía de, cuando menos, solidez en el resultado. La modestia del presupuesto, unos 500.000 dólares, y la promesa de que acto seguido el actor protagonizará un *western*, terminan de tranquilizar al responsable de la película en Universal, Lew Wasserman, respecto a sostener el debut tras la cámara de Eastwood con éste en un papel inesperado ante ella: un *disc jockey* radiofónico, en la California coetánea.

Filmada a lo largo de cinco semanas, *Escalofrío en la noche* respira tal familiaridad, en todos los sentidos y niveles, que no puede sino leerse cual autopsicoanálisis metafórico, a la par paródico y asustado: el protagonista es un devoto del *jazz,* su *sex appeal* supone el eje dramático y su condición de mujeriego desata una trama progresivamente aterradora,

---

[2] Q. Casas, *Clint Eastwood: avatares del último cineasta clásico, op. cit.*

Escalofrío en la noche (1971).

con ecos, repito, de *El seductor*. Añádase que la acción y el rodaje tienen lugar en Carmel, la zona donde residía Eastwood desde poco tiempo atrás, y que, repito también, su entonces inseparable Siegel cubre un papel secundario; un camarero-amigo, quien conoce de sobra el éxito del protagonista con las chicas y alberga a su respecto un cierto sentimiento paternal.

En efecto, la fama de conquistador compulsivo e irreprimible de Eastwood llevaba varios años circulando por Hollywood, con la progresiva desesperación de su fiel esposa Maggie, la cual, por supuesto, además sabía que el estelar marido mantenía otra familia, en una suerte de oficiosa bigamia. Por añadidura, según parece, Eastwood sostuvo relaciones con las actrices Inger Stevens, Jean Seberg y Jo Ann Harris, respectivamente durante los rodajes de *Cometieron dos errores*, *La leyen-*

da de la ciudad sin nombre y *El seductor*[3]. En cualquier caso, encargó reescribir el tratamiento original de *Escalofrío en la noche*, ubicado en Los Ángeles y obra de Jo Heims, empleada en Malpaso, a su escritor y amigo Dean Riesner, y de este modo surge la impronta autorreferencial. Así, su personaje es un seductor nato al que su novia, dulce y rubia, ha abandonado a causa de sus reiteradas infidelidades; mientras intenta recuperarla, no se le ocurre nada mejor que iniciar otra relación, en concreto con una oyente de su programa, apasionada y morena, la cual resultará progresivamente peligrosa a causa de su temperamento posesivo. Quizá sea demasiado fácil deducir que en última instancia *Escalofrío en la noche* preconiza que las amantes deben conformarse con su condición de tales, pero resulta ciertamente inevitable. Empero, en un par de ocasiones el personaje de la amante desquiciada (mucho mejor interpretado, además, que el de la novia) esgrime impugnaciones de todo punto sólidas y compartibles, a buen seguro porque el guión procede de una mujer, por más que Eastwood lo mandara retocar, y mucho. ¿Mala conciencia, exorcismo personal de Eastwood? Él sabrá. Eso sí, debe celebrarse que el argumento en lugar de agregarse al exitoso minigénero truculento de la demencia femenina originado poco antes por dos éxitos de Robert Aldrich —¿*Qué fue de Baby Jane?* (*What Ever Happened to Baby Jane?*, 1962) y *Canción de cuna para un cadáver* (*Hush, Hush, Sweet Charlotte*, 1964)— antes bien recupera meritoriamente el bello paradigma de la fémina enloquecida por amor que originase décadas atrás clásicos de la entidad de *Que el cielo la juzgue* (*Leave Her to Heaven*, John Stahl, 1945) o *Angel Face* (*Angel Face*, Otto Preminger, 1953), éste, a propósito, y volvemos a lo mismo, protagonizado por Robert Mitchum. Sin embargo, las referencias, puntuales, a Edgar Allan Poe y Alfred

---

[3] Roberta Wallach, hija de Eli, comenta del rodaje de *El bueno, el feo y el malo:* «Me acuerdo de una chica rubia con la cara llena de pecas, que estaba todo el día llorando por Clint. Y Clint pasaba de ella, prefería pasar sus ratos libres perfeccionando su "golf stroke". Seguramente le rompió el corazón y se cansó de ella después, como tantas otras veces.» Reproducido de Anita Haas, «Tuco ha vuelto a casa», *Freek*, núm. 26, 2006.

Hitchcock, nada menos, a todas luces sobrepasan la limitada entidad de la película.

Con todo, *Escalofrío en la noche* apunta ya diversas virtudes que serán características de la filmografía del autor; desde la verosimilitud de los ambientes y personajes, gusten o no ética e ideológicamente, hasta una sugestiva indeterminación genérica, pasando por la destreza narrativa y un sentido lumínico particular. También revela múltiples defectos, obviamente. Algunos irán desapareciendo, verbigracia el exceso de diálogo o las concesiones a modos estéticos coyunturales, aquí patentes en ciertos *tics* del cine de los años setenta, hoy simplemente ridículos (personajes hablando en *off* mientras pasean en plano general, captación de la naturaleza propia de tarjeta postal, etc). Otros, en cambio, a menudo volverán a manifestarse en la obra de Eastwood, sobre todo la dilatación argumental, el exceso de metraje, el desajuste entre lo narrado (aquí, más bien poco) y la duración. En otro orden de cosas, también aparece una tendencia al capricho, peor o mejor justificado, impensable en Siegel, no tanto en Leone; en este caso, la inclusión de planos rodados en pleno festival de *jazz* de Monterey, para lucimiento del gran saxofonista Cannonball Adderley, los cuales, por más admiración que despierte éste, irrefutablemente perjudican el ritmo de la parte final. Adderley, a propósito, remata la filiación *jazzística* de la película, cuyos otros referentes al respecto son la inclusión del famoso tema *Misty* de Erroll Gardner, a guisa de *leit motiv,* y el hecho de que la banda sonora esté compuesta por el trombonista Dee Barton, a quien Eastwood, de este modo, introdujo en el cine.

Por lo demás, cabe destacar que en *Escalofrío en la noche* Eastwood adjudicó la escenografía al veterano Alexander Golitzen, al que conociera en sus primeros pasos con Universal, y consolidó su relación con el director de fotografía Bruce Surtees. Hijo de otro encomiable profesional de la modalidad, Robert, desempeñó tal cometido por vez primera en *El seductor,* y había empezado a trabajar con Eastwood como operador de cámara en *La jungla humana* y *Dos mulas y una mujer.* Desde entonces y hasta mediados de los años ochenta,

Bruce Surtees será el director de fotografía característico de Eastwood-Malpaso.

Publicitada como un *Psycho Thriller* (o sea, lo último que entonces podía esperarse de Clint Eastwood) y estrenada a finales de 1971, *Escalofrío en la noche* supera con creces la inversión, revelando que Eastwood para la realización posee, cuando menos, condiciones, así como que puede resultar más o menos verosímil en un papel contemporáneo muy distinto de los que acababan de popularizarlo por vía de la violencia (pistolero, militar, etc.). Animada por el éxito, Jo Heims a renglón seguido escribe, fuera de Malpaso, una película con ciertos parangones, *Pesadilla en la nieve* (*You'll Like my Mother*, Lamont Johnson, 1972), que sin embargo pasa desapercibida. Mucho tiempo después, el esquema argumental de *Escalofrío en la noche* será copiado para películas mucho más costosas y harto peores, digamos *Atracción fatal* (*Fatal Attraction*, Adrian Lyne, 1987) y *Fanática* (*Swinfan*, John Polson, 2002).

El *western* que Eastwood había prometido a Universal es *Joe Kidd* (*Joe Kidd*, John Sturges, 1972), y allana el camino a *Infierno de cobardes* (*High Plains Drifter*, 1973); así, Eastwood, mediante esta su segunda realización, debuta en el género en calidad de director, tras su ya abultada experiencia en la materia como intérprete.

Ahora bien, la seguridad tras la cámara que adquirió gracias a *Escalofrío en la noche*, multiplicada por la estruendosa repercusión, tanto comercial como sociológica, de *Harry el sucio*, han inculcado en Eastwood una arrogancia flagrante: en cierta escena ubicada en un cementerio, pueden verse lápidas con los nombres de Sergio Leone, Don Siegel, Brian G. Hutton; al respecto, Eastwood comentó «he enterrado a mis directores»[4].

Este espíritu de superioridad se manifiesta sobre todo en un tenaz, casi febril, propósito de superar a Leone en su te-

---

[4] Reproducido de Patrick McGilligan, *Clint: the Life and Legend*, Londres, Harper Collins, 1999 (ed. española, Lumen, 2010).

rreno, de tensar y extremar el concepto de *western* implantado por el genial director italiano, al socaire tanto del poder comercial ganado gracias a *Harry el sucio* cuanto de la vitalidad que disfrutaba el revisionista *dirty western*. Por ende, si en las películas de Leone el actor portaba un cigarro en la boca sin apenas aspirar el humo, en *Infierno de cobardes* fuma de continuo. Si en la «trilogía del dólar» parecía asexuado, aquí tiene relaciones con dos mujeres, una además mediante violación. Si a lo largo de *Por un puñado de dólares*, *La muerte tenía un precio* y *El bueno, el feo y el malo*, encarnaba un papel progresivamente abstracto, en ésta personifica un ente vengador que podría significar tanto una reencarnación como una resurrección. Claro está, la caracterización es similar y la interpretación idéntica, en un personaje que, por descontado, carece de nombre y apenas habla.

El guión es del prestigioso Ernest Tidyman, que acababa de crear el personaje de Shaft, epítome del *blaxploitation*, y de ganar el Oscar por su libreto para la mundialmente exitosa *Contra el imperio de la droga (The French Connection*, William Friedkin, 1972)[5]. Sin embargo, el desarrollo acentúa la mímesis de Leone copiando sin recato varias ideas argumentales y formales de la «trilogía del dólar», así como el diálogo recurrente «¿Quién eres?» de *Hasta que llegó su hora*, el *western* de Leone que Eastwood rehusó protagonizar. Por supuesto, la venganza se revela tan básica en la trama como los *flash backs* en la estructura. Y la música de Dee Barton deriva de las composiciones de Ennio Morricone.

Leone aparte, *Infierno de cobardes* recuerda al mediocre y delirante *spaghetti western El bastardo (Django, il bastardo*, Sergio Garrone, 1969), pero quizá por casualidad. Asimismo, ciertos papeles secundarios corresponden a unos actores americanos que habían participado en el esplendor europeo del género, aunque sin mayor relevancia: Geoffrey Lewis, Walter Barnes

---

[5] Poco después de estrenarse la película, Tidyman publicó su novelización en un «bolsilibro». Lo cual reforzó el parentesco, desde el mercado editorial, de *Infierno de cobardes* con la «trilogía del dólar», pues las novelizaciones de éstas habían conocido reediciones a inicios de los años setenta.

Infierno de cobardes (1973).

y Dan Vadis; tras *Infierno de cobardes* los tres volverían a trabajar varias veces para Eastwood, sobre todo el primero.

El fin último estriba en desmentir, subvertir y pervertir el canon del *western* americano clásico, con base en uno de sus hitos, *Solo ante el peligro (High Noon,* Fred Zinnemann, 1954), para mayor provocación. El áspero contexto sociopolítico lo permite sobremanera, al hilo de una crisis ideológica acaso sin precedentes en Estados Unidos, presidida por la vertiginosa agonía del mandato nixoniano, la cual, metafórica y literalmente, crispa la nación en todos los sentidos.

En su momento, *Infierno de cobardes* fue tachada un poco por doquier de desvarío narcisista, estrafalario y desagradable. No sin razón, desde luego. Vista ahora, una vez asumido tal inconveniente, sin embargo despierta también una cierta fascinación malsana, al advertir que Eastwood nunca volverá a llegar tan tremendamente lejos en la manera de legitimar, argumental y éticamente, la actitud odiosa y prepotente de su personaje. Este factor, así, singulariza con intensidad *Infierno de cobardes* tanto en la filmografía del autor, por la extrema particularización del concepto «antihéroe», cuanto dentro del *western*, debido a la sordidez del conjunto; en consecuencia, supone un acierto, a su manera. Por lo demás, la película fastidia. No sólo debido a la patética e imperdonable actitud de Eastwood respecto a Leone, sino por lo irritantemente forzada y artísticamente inverosímil que resulta cuando apuesta por la extravagancia, en diversos aspectos, y por las sugerencias sobrenaturales, en el perfil del protagonista.

La tercera realización de Eastwood, *Primavera en otoño (Breezy,* 1973), brinda una sorpresa diferente de las que particularizaron las dos anteriores; se trata de que «Harry el sucio», que acaba de ocupar la portada de la revista *Life* y de desbancar a John Wayne en el primer puesto en la lista de actores preferidos del público americano, no interpreta personaje alguno, no aparece como actor. Por añadidura, *Primavera en otoño* aborda un género del todo insólito en su carrera, a buen seguro el último que podía esperarse de un cineasta que ha ganado la cumbre mediante la violencia: el romántico.

Universal aceptó el proyecto, debido básicamente a la modestia del presupuesto, unos 725.000 dólares, con todo superior al de *Escalofrío en la noche*. No obstante, el fracaso comercial era previsible, y en efecto llegó. El público de los años setenta quería a Eastwood en la pantalla y pistola en mano. Cualquier otra propuesta de su parte, fuera la que fuera, simplemente no interesaba. Menos aún una historia de amor, después de que *Love Story (Love Story,* Arthur Hiller, 1970) y sus numerosas estelas mundiales, por añadidura casi siempre tan malas como el original, habían saturado el género duran-

Rodaje de *Primavera en otoño* (1973). Con William Holden.

te las dos temporadas anteriores. Tampoco la crítica, en general, fue mucho más indulgente; por ejemplo, Judith Cris escribió: «Es tan perfectamente horrible que hay verla como si fuera una comedia.»

El hecho de que Eastwood sacrificara su faceta de actor obedecía, obviamente, a que era demasiado joven, en edad, y peculiar, en imagen, para encarnar el protagonista de *Primavera en otoño,* un agente inmobiliario bien situado económica y profesionalmente, que habita en una bella casa de las colinas de Los Ángeles y ha superado la barrera de los cincuenta años con cierto desencanto y una misantropía progresiva, en su soledad de divorciado. El gran William Holden, en pleno otoño vital, asumió el papel y desplegó su sobrio estilo característico (y absorbió la mayoría del presupuesto). Eastwood, en lo que a presencia refiere, se conformó con una fugacísima, si se quiere hitchcockiana, aparición, acodado en una barandilla mientras la pareja protagonista pasa por detrás, amén de mostrar la fachada de un cine que programa *Infierno de cobardes;* en *Harry el sucio,* Siegel mediante, ya se había rendido un autohomenaje similar, merced a la fugaz visión de un cine anunciando *Escalofrío en la noche.*

La trama estriba en la pasión que surge entre el personaje de Holden y una *hippie* huérfana e idealista, con edad para ser, cuando menos, su hija: discordancias generacionales, sociales, económicas, ideológicas... surgen a lo largo de una relación marcada por el respeto y la influencia mutua, pero ineficaz ante el espectador, pese a cierto sentido de la delicadeza y algunas estimables pinceladas sociológicas y/o costumbristas, a resultas, en esencia, de que los personajes, del primero al último, pretendiéndose arquetipos, antes bien resultan estereotipos. Tampoco ayudan precisamente los ramalazos de comedia fina, ni ciertos diálogos rimbombantes. Para colmo de males, el planteamiento formal asume repelentes *tics* de la época todavía en mayor medida que *Escalofrío en la noche,* subrayado por la banda sonora del francés Michel Legrand, uno de los músicos de cine más famosos de los años sesenta, tras la clamorosa revelación internacional supuesta por su composición para la extraordinaria, en todos los sentidos,

Los paraguas de Cherburgo (Les parapluies de Cherbourg, Jacques Demy, 1963), y que acababa de triunfar en Hollywood gracias a *Verano del 42 (Summer of 42,* Robert Mulligan, 1971). Esta coyuntural servidumbre estética no agota, por cierto, la relación entre *Escalofrío en la noche* y *Primavera en otoño,* puesto que el guión de nuevo pertenece a Jo Heims, que además se implicó como productora asociada, y la dramaturgia vuelve a brindar un amor anómalo, ahora sin implicaciones amenazadoras ni connotaciones obsesivas, pero asimismo de futuro improbable.

William Holden admitió identificarse a fondo con el personaje, por razones personales. Eastwood asiente tras la cámara, sin los ambiguos recovecos autobiográficos que delatara en *Escalofrío en la noche,* por medio de una complicidad viril intensificada por el hecho de que la actriz, Kay Lenz, es mediocre; a veces hasta ridícula cuando comparte planos con una eminencia como Holden.

Por lo demás, el hecho de que Eastwood quisiera realizar esta poco interesante e insustancial historia de «una chica y un señor» (por utilizar el título de un engendro español con idéntico tema y curiosamente del mismo año), tratándose el melodrama de un género arduo en particular, admite dos valoraciones antitéticas. La positiva implica inquietud, coraje al explorar un sendero distinto en alguien que no tiene necesidad de arriesgarse. La negativa significa petulancia, infundada creencia en el triunfo de una misión desbordante. En un caso u otro, *Primavera en otoño,* sin ser una película del todo despreciable, apenas se sostiene y a todas luces muestra que Eastwood aún no estaba dotado ni maduro para el género. Llegará a estarlo, empero, y a la perfección. Lo revela, precisamente, una de sus obras mayores, *Los puentes de Madison (The Bridges of Madison County,* 1995).

La cuarta realización de Eastwood, *Licencia para matar (The Eiger Sanction,* 1975), presenta, al igual que las anteriores, otro rasgo novedoso básico, el cual, como los que particularizaron respectivamente *Escalofrío en la noche, Infierno de cobardes* y *Primavera en otoño,* reaparecerá a menudo a lo largo de su filmografía. Se trata de su cualidad de adaptación literaria; en este caso, una novela de acción-espionaje, *La sanción del Eiger,* que, apenas publicada en 1972, rozó la categoría de *best seller,* y despertó especulaciones por doquier respecto a la identidad del autor, que firmaba mediante un escueto Trevanian. El protagonista, desde luego, parece trazado pensando justo en Eastwood, aun reconociendo la influencia de James Bond. Se trata de Jonathan Hamlock, un hombre de edad mediana, carismático y solitario, culto y arrogante, que compagina su labor, pública, de profesor de arte, con sus misiones, privadas, de asesino a sueldo de un organismo secreto norteamericano, el CII, que mata por lo común agentes disidentes. Habita en una mansión peculiar, y dedica el tiempo libre a sus colecciones de arte, ya que suele hacerse pagar mediante cuadros originales de eminentes pintores del pasado, así como a encuentros sexuales sofisticados y exentos de compromisos amorosos; asimismo, con frecuencia viaja a gélidas y solitarias montañas para satisfacer otra de sus debilidades, el alpinismo. La celebridad de *La sanción del Eiger* propició la publicación de una secuela al año siguiente, *La sanción del Loo,* y el hecho de que el éxito se repitiera impidió apreciar, por lo común, que el autor contaba con novelas mejores *(Shibumi* y, sobre todo, *El Main),* aunque careciesen de un protagonista tan espectacular, en todos los sentidos.

En su día, las hipótesis sobre la identidad de Trevanian apuntaban sobre todo a dos escritores tan distintos como Norman Mailer y Robert Ludlum. Actualmente, es decir, tras su fallecimiento en el 2005, se sabe ya que Trevanian era Rodney Whitaker, un ex militar experto en espionaje que escribió asimismo con otro pseudónimo, Nicholas Seare.

Es lógico que Universal comprara los derechos de *La sanción del Eiger* con miras en Eastwood. Tanto como que éste le ofreciera la realización a Don Siegel. Mas a Siegel no le gustó el guión (aunque estuviera coescrito por el propio escritor, con su verdadero nombre) ni tampoco el imperativo de rodar en Los Alpes a bajas temperaturas. Por consiguiente, rechazó realizar la que supondría su quinta película con Eastwood, lo cual provocó un alejamiento que a todas luces perjudicó a am-

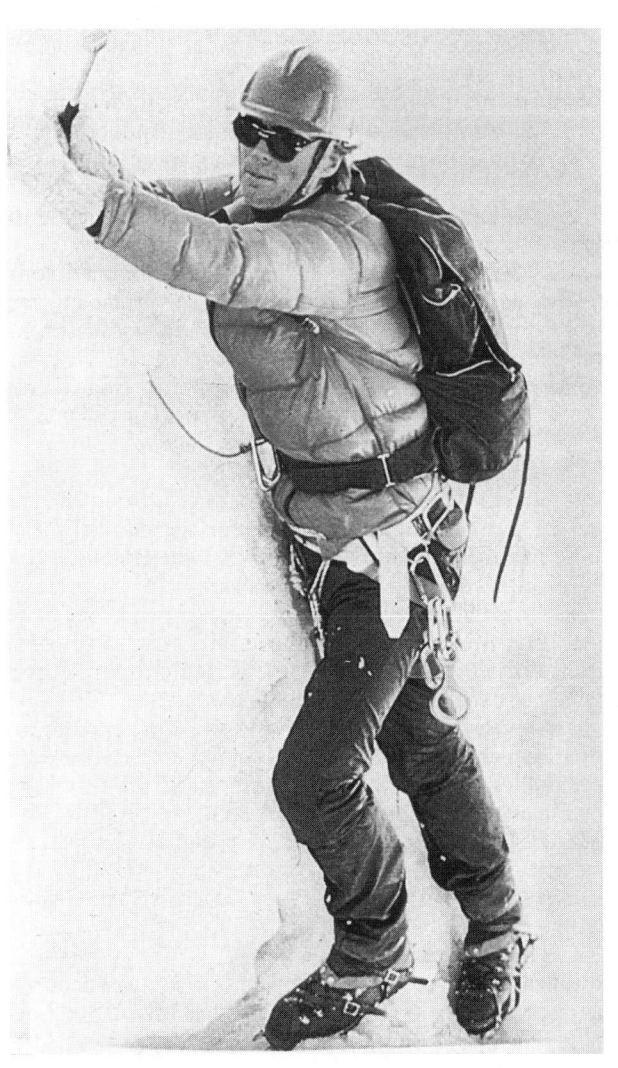

Licencia para matar (1975).

bos. Un alejamiento que no finalizaría hasta *Fuga de Alcatraz (Escape from Alcatraz,* Don Siegel, 1979).

«Insulsa» fue el oportuno juicio de Trevanian/Whitaker respecto a *Licencia para matar*. Puesto que las grandes posibilidades cinematográficas del original naufragan en un conjunto híbrido, en el peor sentido del concepto, que, dentro de la diversidad de ingredientes, depende demasiado de la serie Bond, tal como el título español subraya sin pudor, y cuya realización Eastwood asumió a regañadientes, tanto por la dolorosa negativa de Siegel cuanto por su progresiva irritación trabajando con Universal, sobre todo por la equivocada promoción que hicieron de *El seductor,* que rozó la estafa. De hecho, *Licencia para matar* representó la última producción Malpaso para esta *major* en cuyo seno Eastwood diera sus primeros pasos ante la cámara, veinte años atrás, hasta la reciente *El intercambio (Changeling,* 2008).

Ni siquiera el personaje de Hamlock cuaja como era de esperar en su intérprete ideal, y las reminiscencias del *western,* que se manifiestan tanto en la relevancia de la amistad viril, en general, como, en particular, mediante la aparición de la *location* emblemática de John Ford, el Monument Valley de Arizona, son insuficientes para sostener una película dispersa y amorfa. Tristemente, no puede celebrarse mucho más que alguna escena suelta y el verismo de las secuencias de alpinismo y/o escalada, en las cuales Eastwood concentró su interés para la película corroborando su sempiterno rechazo a emplear dobles de acción, en una época en la que tal clase de secuencias todavía resultaban mortalmente peligrosas para sus intérpretes, lejos de los retoques digitales en películas modernas, encima horribles, tipo *Máximo riesgo (Cliffhanger,* Renny Harlin, 1993) o *Límite vertical (Vertical Limit,* Martin Campbell, 2000).

Realizaciones aparte, la filmografía de Eastwood durante esta etapa comprende cinco producciones Malpaso más. Las dos primeras son magistrales, *El seductor* y *Harry el sucio*. La tercera es estimable, *Joe Kidd*. Y las últimas, *Harry el fuerte (Magnum Force,* Ted Post, 1973) y *Un botín de 500.000 dólares (Thun-*

El seductor (1971). Con Pamelyn Ferdin.

derbolt & Lightfoot, Michael Cimino, 1974), no valen mucho, pero tampoco resultan desdeñables por entero.

Antitéticas por múltiples conceptos, *El seductor* y *Harry el sucio* sin embargo comparten, amén de intérpretes y técnicos, una concisión que sólo adquieren ciertos cineastas merced al paso de los decenios y la experiencia sabiamente atesorada. Nada falta ni sobra, por ende, en estas dos obras maestras, ambientada la una durante la Guerra de Secesión americana, ubicada la otra en el San Francisco coetáneo, coproducidas ambas entre su director, Don Siegel, y su actor, Clint Eastwood, *El seductor* para Universal, *Harry el sucio* para Warner Bros.

Acaso *El seductor* sea incluso más admirable, en el sentido de que con el paso de las décadas ha ido ganando una pátina intemporal que acentúa su fascinación, mientras que *Harry el sucio,* dentro de su excelencia, se revela datada, hija de su época. En cualquier caso, representan dos hitos del cine americano de los años setenta, que por fin disfrutan de la alta consideración merecida, superada la indiferencia, y la perplejidad, con que fue recibida *El seductor,* así como el calificativo de mero film comercial, a lo sumo, que *Harry el sucio* arrastraría durante mucho, demasiado tiempo.

Los dos personajes a cargo de Eastwood, lógicamente, son tan disímiles como las propias películas, bien que su personalidad, y una cabellera radiante y lustrosa, siempre impecable en su desaliño, de alguna manera los hermana, quiérase o no. En *El seductor* encarna un cabo del ejército nordista, herido y escondido en un colegio femenino del sur. En *Harry el sucio* personifica un inspector de policía, viudo, sin amigos ni amantes, arisco y expeditivo. En la primera, por añadidura, canta los tétricos temas musicales de ambos créditos, inicial y final, además, bastante mejor de lo que suele.

El seductor adapta un poco conocido libro de Thomas Culliman *(A painted devil,* 1966), en el cual el protagonista tiene sólo veinte años, según un guión escrito por Albert Matz en la misma época que el de *Dos mulas y una mujer,* siempre para Universal. Con todo, la trama, vinculada al *american gothic,* recuerda ciertas historias de Ambrose Bierce y novelas del tándem Boileau-Narcejac, y hasta, digámoslo sin miedo, nuestro clásico de Federico García Lorca *La casa de Bernarda Alba*. El protagonista supone el personaje más objetivamente reprobable encarnado por Eastwood hasta la fecha, y acaso también con posterioridad, aunque en rigor no sea un villano. Se trata de un militar desalmado, lujurioso, narcisista y embustero; quiere sobrevivir y escapar como sea, pero las diversas mujeres que pueblan el colegio están dispuestas a retenerlo a cualquier precio. Diferentes manifestaciones de la emotividad/sexualidad femeninas, de la romántica a la escabrosa, chocan contra su egoísmo machista y elemental; acaban triunfando ellas, aunque pírricamente, en un desenlace que no reaparecerá, hasta *Gran Torino*, en una película de Eastwood: su personaje muere por acción ajena, aunque, por supuesto, no es derrotado en sentido estricto.

Apartando por entero su experiencia, y su prestigio, en el cine de acción, Siegel y Eastwood brindan con rigor y sin concesiones de ningún tipo un drama claustrofóbico, inclasificable e indefinible, sórdido y angustioso. El ambiente es vicioso y viciado, determinado siempre por las tortuosidades psicológicas y patológicas. La estética tenebrista, matizada con primor mediante la escenografía y la iluminación, resulta delicada e inquietante al unísono. En particular, el punto de vista supera cualquier maniqueísmo fácil y desubica al espectador mediante una malicia apasionante y turbadora. Las soberbias interpretaciones de Geraldine Page y Elizabeth Hartman, así como del propio Eastwood, redondean la eminencia del resultado y enriquecen los personajes tal como figuran en el guión. *El seductor* sin duda constituye la más atípica, y quizá por eso también la mejor, película de Siegel.

Si *El seductor* supuso una película por completo inesperada, que el público americano rechazó de modo fulminante, razonablemente frustrado en sus expectativas por una campaña publicitaria que la promocionaba como si fuera un *western* más con Clint Eastwood, si bien ambientado durante la Guerra de Secesión, en fraudulenta evocación subliminal de *El bueno, el feo y el malo*, en cambio *Harry el sucio* procedía de tres fuentes cercanas y visibles. Ante todo, la estela del primer encuentro Siegel-Eastwood, *La jungla humana*; asimismo, el ánimo, por parte de Warner Bros., de prolongar la imagen en el *thriller* que Frank Sinatra guardaba desde mediados de los años sesenta, sobre todo gracias a la densa *El detective (The Detective,* Gordon Douglas, 1968). Al fondo, los crímenes cometidos en San Francisco y alrededores a finales de los años sesenta y principios de los setenta por un *serial killer* que se hacía llamar Zodiac y nunca fue atrapado[6].

Frank Sinatra, en efecto, había aceptado protagonizar la película, bajo la dirección de Irvin Kershner; incluso circuló un cartel promocional ya con el título «Dirty Harry», que utilizaba una foto del divo en *Atrapado (The Naked Runner,* Sydney J. Furie, 1968), asimismo producida por Warner Bros. El primer tratamiento había sido escrito por el matrimonio formado por Harry Julian y Rita Fink, con el título de «Dead Right», y era propiedad de Universal. Empero, fue vendido a Warner a causa del rechazo de los dos divos a quienes se tanteó, nada menos que Paul Newman y John Wayne[7]. Sus nuevos propietarios, no del todo convencidos, lo hicieron modificar por parte de varios guionistas; entre ellos, sin crédito, un juvenil John Milius.

Pese a haberse comprometido verbalmente, Sinatra, a la postre, rechazó el proyecto alegando que era demasiado sangriento y desagradable para su imagen. Por consiguiente, se ofrece interpretar el personaje a nada menos que… ¡Robert Mitchum! Mas éste lo rechaza, porque el guión le parece malo y no quiere interpretar a ese policía (tras *Dos mulas y una mujer,* por segunda vez recoge pues Eastwood un papel que pudo personificar Mitchum, para mayor curiosidad en ambas ocasiones con

---

[6] En la misma época de *Harry el sucio* se estrenó otra película, si bien pésima, inspirada en el mismo criminal de un modo directo, incluso en el título, *The Zodiac Killer* (Tom Hanson, 1971). La reciente *Zodiac (Zodiac,* David Fincher, 2006), que reconstruye exhaustiva, y pesadamente, el caso, muestra, a modo de homenaje, a los protagonistas viendo *Harry el sucio.*

[7] Sin mayor orgullo, el legendario Wayne aceptaría después protagonizar dos de los múltiples *thrillers* en la estela de *Harry el sucio* —*McQ* (John Sturges, 1973) y *Brannigan* (Douglas Hickox, 1974)—, y debutaba así, con más de sesenta años, en el *thriller*. El hecho dio que hablar en su día, lógicamente, de tan significativo y atípico como era: una leyenda viviente, John Wayne, imitando a un recién llegado, Clint Eastwood.

Andy Robinson en *Harry el sucio* (1971).

Don Siegel relevando, a su vez, a los directores inicialmente previstos). Dispuestos a seguir adelante, los ejecutivos de Warner Bros. estimaron tres actores para relevarlo: Lee Marvin, Burt Lancaster y Clint Eastwood. Los dos primeros no tardaron en ser descartados, por razones de edad, y en consecuencia Eastwood recibió la propuesta, justo mientras rodaba su «opera prima» *Escalofrío en la noche*. Automáticamente seducido por el personaje, aceptó, empero con tres exigencias: participar en la producción, ofrecer la realización a Don Siegel, y retocar el guión a su gusto por parte del fiel Dean Riesner.

Frank Wells, responsable del proyecto, aceptó las condiciones de inmediato, por lo cual Eastwood se reunió con Siegel en el mismo año de *El seductor* e inició, por añadidura, una relación con Warner Bros. que dura hasta la fecha.

Si *El seductor* había supuesto una anomalía tanto para Siegel cuanto para Eastwood, *Harry el sucio* en cambio evidencia la autoría de ambos por igual: aúna la experiencia de Siegel en

Harry el sucio (1971).

el *thriller* de acción con la contrastada tipología de Eastwood, desde la base, tristemente sólida, del aterrador incremento de la peligrosidad y la degradación urbanas. De hecho, el *serial killer* coprotagonista representa un espeluznante acierto en sí mismo, tanto por los curiosos tintes gótico-grotescos con que aparece dibujado cuanto por el hecho de que nada se explique de su espantosa demencia, si bien detalles puntuales sugieren que es un ex combatiente de Vietnam; auténtico punto de inflexión en la cronología de psicópatas fílmicos, se hace llamar Scorpio y, gracias a una luminosa intuición de Siegel, está encarnado por el joven Andy Robinson, cuya experiencia interpretativa prácticamente se ceñía al teatro y que respondió con una actuación formidable, lacerante. Respecto a la ambientación en San Francisco, astutamente prolongaba el vínculo de esta ciudad californiana con el *thriller* popularizado pocos años antes por la exitosa *Bullit* (Peter Yates, 1968). Por cierto, el actor que encarnaba el policía protagonista de ésta, Steve McQueen, coincidía además con Eastwood en el hecho de que accedió a papeles cinematográficos importantes gracias a la fama adquirida interpretando una serie televisiva del Oeste; del mismo modo, McQueen aceptó poco después un papel rechazado por Eastwood, en *El coloso en llamas (The Towering Inferno*, John Guillermin, 1974), debido al desinterés de éste por formar parte de un reparto estelar.

Harry el sucio se estrena poco después de *Escalofrío en la noche*, y el resultado, vibrante en imágenes y sonido, estilizado y creativo, abre con un estrépito atronador, literalmente, un capítulo en el decurso del cine policiaco y establece un nuevo paradigma de *Cop Movie*, copiado por doquier y con profusión a lo largo de las décadas, y que el propio Eastwood retomará con frecuencia; de modo flagrante, es decir con la producción de varias secuelas, o indirecto, o sea con diversos derivados. Es más, el impacto popular y mediático de *Harry el sucio* rozó el fenómeno sociológico. No en vano la imagen de Eastwood empuñando la pistola Magnum 44 constituye un icono de la época, que a lo largo de los años se iría filtrando en los ámbitos más variopintos de la cultura de masas; en particular, el fetichismo de la violencia fílmica se apuntó un tanto sobresaliente gracias a la forma de empuñar con ambas manos el voluminoso revólver que lucía Eastwood, así como con las imágenes del impacto del retroceso al disparar elevando el arma. En no mucha menor medida, entra asimismo en la pequeña historia la frase que Eastwood/Callahan en dos ocasiones escupe con sarcasmo a sendos rivales:

> Sé lo que estás pensando. ¿Ha disparado seis veces o sólo cinco? La verdad es que con todo este lío también yo he perdido la cuenta. Pero considerando que empuño un Magnum 44, es decir una pistola capaz de volarte los sesos, ¿no crees que puedes sentirte afortunado?[8].

---

[8] Andy Robinson, el intérprete de Scorpio, ha declarado: «Si alguien me diera un dólar por cada hombre que me ha dicho esto cuando nos han presentado, desde que se estrenó la película y en múltiples ciudades del mundo, ahora sería millonario», en Anthony Petkovich, «Wrestling Scorpio», *Psychotronic Cinema*, núm. 23, 1996.

Las valoraciones suscitadas por el personaje y el fenómeno desde entonces son virtualmente incontables en todo el mundo; fluctúan desde la ya comentada, y esquemática, afirmación de que el inspector Harry Callahan implica una arrogante apología paluda de la fuerza bruta y/o una burla de los avances democráticos, hasta toda laya de delirantes y ampulosas «sobreinterpretaciones» (Callahan y Scorpio son sendas caras de una misma moneda demente, Callahan esconde rasgos tortuosos en su personalidad, etc.). ¿Qué declararon por su parte los autores? Siegel, por cierto nada sospechoso precisamente de reaccionarismo, suscribió el personaje, si bien con desigual intensidad según la entrevista y el momento; por ejemplo mediante la siguiente definición: «es alguien que hace un trabajo sucio de higiene social»[9]. Por su parte, Eastwood, mediante análoga y fulminante llaneza antiintelectual, ha declarado: «*Harry el sucio* no es más que un *thriller* de acción, cuyo protagonista es un policía con ideas correctas pero entorpecido por la burocracia, y que muestra que si un tipo como Scorpio está suelto, algo no funciona en nuestra sociedad»[10]. Irrefutable. Tanto como la jugosa riqueza interna de una película que consolida con singular fortuna el prototipo de antihéroe propio de la época, digno e indigno por igual, merced a una fábula negra que, en última instancia, no emana sino desesperación y nihilismo, a través empero de una *westerniana* confianza en la deseable existencia de un justiciero Harry... por sucio que sea.

Pese a lo distintos que eran, la relación entre Clint Eastwood y Don Siegel fue, por lo corriente, tan cordial, como, en esencia, fructífera su colaboración. Eastwood ha declarado:

> Don fue el mejor director de películas Serie B. Por eso, cuando trabajó con buenos presupuestos, ahorraba tanto

---

[9] Reproducido de Roberto Vaccino, *Don Siegel*, Milán, Il Castoro, 1984.

[10] Reproducido de Darren Allison, «Dirty Harry», *Cinema Retro*, vol. 3, núm. 9, 2007.

como antes. No desperdiciaba ni un metro de película virgen. Era capaz de hacer repetir a un actor veinte veces un plano, si pensaba que lo hacía mal. Pero si estaba satisfecho con las interpretaciones, sólo hacía una toma de cada plano. Tenía cada película que rodaba en la mente, plano a plano, porque también había sido montador, y por eso rodaba únicamente lo que necesitaba. Sabía lo que quería[11].

Por su parte, Siegel comentó:

> Como persona, Clint es gentil y tiene un gran sentido del humor. Pero cuando trabaja sólo piensa en eso. Llega al rodaje mentalizado y relajado, la mejor manera. Quiere que cada escena se ruede lo antes posible. Pero no de cualquier forma, exige el máximo de sus colaboradores. Simplemente, no admite estupideces ni pérdidas de tiempo. En general habla poco y está tranquilo, pero cuando pierde la calma es mejor tener cuidado con él. No recuerdo bien a cuento de qué, pero recuerdo perfectamente que una vez me dijo «puedo ser un montón de cosas, pero no estúpido». [...] Hemos discutido a veces en los rodajes, pero sólo eran diferencias de opinión, nada radical. Supongo que porque tras la muerte de su padre me convertí para él en una especie de figura paterna[12].

Evidentemente, la simbiosis entre dos personalidades tan fuertes implica un capítulo magnífico y contrastado en la historia del cine americano.

El origen de *Joe Kidd* estriba en la insuperable, en todos los sentidos, dependencia de Eastwood del *western* europeo. En principio, la idea era realizar una especie de variante de una película que a Eastwood le había encantado, *Il grande silenzio* (Sergio Corbucci, 1968), sugestiva y tan bizarra como su propia pareja estelar, el francés Jean-Louis Trintignant, en su único trabajo en el *western*, y la afroamericana Vonetta McGee,

---

[11] Reproducido de Curtis Hanson, «Clint Eastwood Pays Tribute to Don Siegel», *Cinema Retro*, vol. 2, núm. 4, 2006.
[12] Don Siegel, *A Siegel Film: an Autobiography*, Londres, Faber & Faber, 1993.

Joe Kidd (1972). Con Don Stroud.

estrellita del *blaxploitation*, liderando un reparto completado por actores utilizados por Sergio Leone (Klaus Kinski, Frank Wolff, Mario Brega, Luigi Pistilli), a los sones, por descontado, de Ennio Morricone. No obstante, a la postre, *Joe Kidd* poca relación más guarda con *Il grande silenzio* que la presencia de paisajes nevados y el insólito empleo en el *western* de la pistola ametralladora Mauser, hasta tal punto se modificó la historia en el guión, el primero escrito por nada menos que Elmore Leonard, acreditado en el género gracias a sus historias para clásicos como *The Tall T* (Budd Boetticher, 1956) o *El tren de las 3.10* (*3.10 to Yuma*, Delmer Daves, 1957). La mala relación entre Eastwood y el director, nada menos que el veterano John Sturges, tampoco contribuyó precisamente a definir o mejorar el planteamiento. En consecuencia, *Joe Kidd* compagina con poca armonía y sin mucha fortuna el revisionismo ideológico típico del *dirty western* (elementos de crítica social y racial), la determinante tipología de Eastwood en el género y cierto clasicismo garantizado por la realización del autor de hitos de la modalidad, como *Los siete magníficos*, *Duelo de titanes (Gunfight at O.K. Corral*, 1957) o *Desafío en la ciudad muerta (The Law and Jake Wade*, 1958). Con todo, supone un film digno, con sólidos actores de reparto (Robert Duvall, John Saxon y Don Stroud, quien ya trabajara para Eastwood en *La jungla humana)*, e interesante en cuanto traduce, tan involuntaria como nítidamente, el estado de crisis, o transición hacia ninguna parte, que estaba acusando el *western*. En la filmografía de Eastwood, importa sobre todo porque entraña su primera colaboración tanto con el montador Ferris Webster como con el decorador Henry Bumstead, Oscar de su especialidad por *Matar un ruiseñor (To Kill a Mockingbird*, Robert Mulligan, 1962), ambos desde entonces recurrentes en las producciones Malpaso. Y así, la única estela que *Il grande silenzio* arrojaría en la obra de Eastwood estriba en la contratación, tres años después de *Joe Kidd*, de Vonetta McGee para el reparto de *Licencia para matar*.

Películas aparte, en este 1972 suceden dos hechos relevantes para Eastwood. Por un lado, el homenaje que le rinde el National Council for the Arts, con un premio entregado a manos del mismísimo presidente Nixon; por otro, el nacimiento de Alison, andando los años primero actriz y modelo y recientemente directora, una hija que cerrará la descendencia del cineasta con su primera esposa Maggie Johnson.

Pese a que Eastwood declarara inspirarse en su idolatrado James Cagney, ninguna traza de éste revela la interpretación de Harry el sucio. Puestos a rastrear un precedente, en todo caso sería Robert Ryan en la hermosísima *On Dangerous Ground* (Nicholas Ray, 1950). En cualquier caso, es irrebatible que el personaje del inspector Callahan no hace sino aglutinar una serie de rasgos privativos de los papeles que había encarnado Eastwood durante los seis años anteriores, particularizados de una manera brillante y específica. La base, por supuesto, estriba en «el hombre sin nombre». Según explica John Milius:

Los *westerns* de Leone me gustaron inmensamente, me habían maravillado. Y Harry Callahan sólo podía ser interpretado por su protagonista. No es un tipo como Bruce Willis en la serie «Jungla de cristal», tiene una dimensión filosófica. «El hombre sin nombre» es extremadamente inteligente, extremadamente amargo, extremadamente cínico y extremadamente solitario. Justo los rasgos de Harry el sucio[13].

Dada la buena relación establecida durante la gestación de *Harry el sucio,* Eastwood, en la cumbre de su popularidad y mientras encarrila su faceta de director, pide a Milius que escriba una secuela, *Harry el fuerte,* a fin de optimizar cuanto antes el triunfo del personaje. Evidentemente, no importaba que *Harry el sucio* terminase con el protagonista tirando su placa desencantado (como, por cierto, veinte años antes hiciera Gary Cooper con su estrella de sheriff en *Solo ante el peligro,* asimismo al final). Entusiasmado con la propuesta, Milius acepta enseguida, y alumbra la idea de enfrentar al protagonista con una clandestina y siniestra parapolicía, que mata sin contemplaciones a los delincuentes que han conseguido burlar la ley, y los jueces que lo han permitido, inspirándose en el famoso Committee of Vigilante que existió justo en el San Francisco donde vive el inspector Callahan, hacia finales de los años cincuenta. A primera vista, el planteamiento parece una justificación por parte de Eastwood, como si quisiera lavar su personaje de las acusaciones recibidas. Sin embargo, Milius lo desmiente:

> A Clint le tenía sin cuidado que le llamaran fascista. Simplemente, le gustó la historia. Lo único que me impuso fue escribir una escena donde una chica oriental le pidiera sexo. Le pregunté por qué, y me contestó que siempre estaba recibiendo cartas de mujeres orientales rogándole una escena así. La escribí, aunque siempre he pensado que no pintaba nada[14].

---

[13] Reproducido de L. Barisone y G. D'Agnolo (ed.), *Clint Eastwood, op. cit.*
[14] Curtis Hanson, art. cit.

Harry el fuerte (1973). Con Hal Holbrook.

Dado que Milius termina su trabajo a toda prisa, nervioso porque debe iniciar su debut como director, *Dillinger (Dillinger*, 1973), el guión lo concluye y redondea otro joven valor que llegará muy alto, Michael Cimino. A falta de Siegel, la realización la asume Ted Post, como se recordará, director de varios episodios de *Rawhide* y de *Cometieron dos errores*. El gran Lalo Schifrin compone de nuevo la música, adecuada pero muy inferior a la soberbia banda sonora de *Harry el sucio*, que compaginaba el entonces en boga *jazz-funk*, con predominancia de la percusión, con un uso de los coros inquietante y sugestivo, de alguna manera en sintonía con el italiano *Giallo*.

Harry el fuerte, sin ser del todo mala, en parte vulgariza y en parte desfigura *Harry el sucio*, empezando por el propio personaje, algo dulcificado, si bien pronuncia uno de sus diálogos más definitorios e impactantes: «Disparar está bien, siempre que se dispare a las personas adecuadas.» Por supuesto, esta secuela intenta prorrogar el tono y mantener la misma estructura del film seminal (una trama central, salpicada de incidencias laterales); sin olvidar detalles puntuales pero de relevancia subliminal, desde la introducción de un ayudante, no solicitado, de una minoría étnica (mexicano en la primera, afroamericano en ésta) a la reiteración de escenas en las alturas de edificios, pasando por la presencia del agua. Pero el resultado es muy, pero que muy inferior y, sobre todo, ya no sorprende. Tampoco Eastwood como actor, falto de Siegel, brilla a la altura de la película previa, sin que compense el hecho de que palpablemente vuelva a interpretar en persona las escenas peligrosas, aunque en este sentido jamás repetirá el famoso alarde del tercio final de *Harry el sucio*, cuando salta desde un puente al techo del raptado autobús escolar que conduce Scorpio. Con todo, significativamente el éxito popular se repite, ratificando el personaje y desfasando los previos arquetipos fílmicos de policía[15].

Tanto John Milius como Michael Cimino confían en que Eastwood les produzca una película. El segundo lo consigue, además enseguida, y debutó así en la realización dentro de Malpaso; esta «opera prima» es *Un botín de 500.000 dólares*, y con ella Eastwood regresa, por última y fugaz ocasión, a United Artists. Escrito por el propio Cimino, constituye un

---

[15] A nadie puede extrañar que la nación donde más estela dejara *Harry el sucio* fuese precisamente la Italia que alumbró al «hombre sin nombre». Varios imitadores de Eastwood en el *western*, así, lo hicieron también en el *thriller* (Franco Nero, Anthony Steffen), si bien la mímesis por antonomasia corresponde a Maurizio Merli, un actor de segunda fila que encarnó policías inspirados en Harry Callahan en cerca de quince películas, ni una menos. Por lo demás, el *boom* alcanzó extremos delirantes, de un lado a otro del globo; escogiendo ejemplos dispares, la feminización del prototipo propuesta por la película japonesa *Sukeban keiji: Daati Meri* (Yasuharu Hasebe, 1974), cuyo título traducido en español es, sin mayor embozo, «La mujer policía: Mari la sucia», o el hecho de que en nuestra comedia *Los nuevos españoles* (Roberto Bodegas, 1974), el taxativo responsable americano de poner al día a los carpetovetónicos administrativos protagonistas sea apodado, directamente, «Harry el sucio» (y asume el enteco físico de William Layton, a la sazón el más prestigioso profesor de *acting* en Madrid).

Un botín de 500.000 dólares (1974). Con Jeff Bridges.

film menor a todas luces, pero no molesto de ver, cuya cualidad típicamente B nada tiene que ver con las múltiples ínfulas que a continuación lastrarían, y arruinarían, la carrera de su director, en películas ampulosas e interminables. Tal como recuerda Buddy van Horn, uno de los pertinaces, y multifacéticos, pilares de Malpaso: «Clint no consintió que Cimino se excediera ni una sola vez. Recuerdo que en un plano de nada, Cimino empezó a repetir tomas, y Clint le gritó "¡basta! En un plano así no puedes rodar ni una toma más". Y Cimino obedeció»[16]. Sin Lalo Schifrin a cargo de la banda sonora (es relevado por Dee Barton, el músico, recuérdese, de *Escalofrío en la noche* e *Infierno de cobardes*), *Un botín de 500.000 dólares* aporta dos novedades apreciables en la trayectoria Malpaso-Eastwood: el divo comparte protago-

---

[16] Don Siegel, *op. cit.*

nismo, en concreto con el emergente Jeff Bridges, y encarna un ladrón, aunque con un pasado heroico en la guerra de Corea (que Eastwood como militar vivió desde la soleada California y en la piscina, con perdón). Ahora bien, asimiladas estas novedades, *Un botín de 500.000 dólares* nunca interesa demasiado, por culpa del escaso atractivo del tema y de los personajes, que moldean la enésima fábula sobre los «perdedores americanos» y la amistad viril, en este caso intergeneracional, según una mixtura de *thriller* rural y *western* moderno un tanto de moda en la época. Sus virtudes, que no faltan, aparecen básicamente en el sentido de lo inmediato, la economía narrativa, cierta dosificación de la violencia y, sobre todo, el gracejo de los diálogos, propios del mejor cine americano de género. También debe destacarse que establece el primer contacto de Eastwood, aunque relativo y todavía sólo en calidad de productor-actor, con esa especie de metagénero denominado, descarnadamente, *americana*[17].

Por muy fructífera e intensa que parezca esta etapa, no agotó los proyectos de Eastwood. El nuevo ídolo mundial albergaba, sobre todo, la ilusión de producir y protagonizar un

---

[17] Según la definición de Tomás Fernández Valentí: «Ese cine que se nutre de la filosofía y del sentido moral y ético del ciudadano medio estadounidense, hecho a base de béisbol y tarta de manzana, caza y pesca, coches y motos, cafeterías *(dinners)* y gasolineras, pequeñas poblaciones *(small towns)* y rascacielos; ese cine que gira en torno a la ausencia del padre y la omnipresencia de la madre, impregnado por el *jazz*, el *country*, el *rock & roll* y la religión, la literatura de William Faulkner, la música de George Gershwin y Aaron Copland, los dibujos de Norman Rockwell, las canciones de Elvis Presley y la estética de la Segunda Guerra Mundial, que nos habla de principios específicamente estadounidenses: la noción de frontera, entendida como desafío a superar (base temática de tantos y tantos *westerns*, uno de los géneros predilectos de Eastwood); los contrastes surgidos de la mezcla de razas y culturas (el *meeting pot*) en la nación de emigrantes por excelencia; la ética laboral de raíz protestante, que enaltece el carácter ennoblecedor del trabajo; en particular, esa entelequia conocida como «América profunda», que identificamos rápidamente en virtud de la suma de todos o varios de esos elementos.» En «Clint Eastwood & Steven Spielberg: la conciencia de la América profunda», *Dirigido por...*, núm. 365, 2007.

western al lado del mismísimo John Wayne y con realización de Don Siegel. Sin embargo, el legendario «Duque» declinó la oferta tras ver *Infierno de cobardes,* argumentando que no le interesaba participar en una película del autor de un *western* tan cruento y escabroso. El proyecto, con todo, fructificó dos años después, aunque harto modificado respecto al planteamiento original de Eastwood y sin éste de por medio, derivando en *El último pistolero (The Shootist,* Don Siegel, 1976), una película muy estimable, que Wayne asumió abierta y lúcidamente cual estricto testamento artístico, en cabeza de un reparto redondeado por otras conmovedoras «viejas glorias» (James Stewart, Richard Boone, Lauren Bacall, John Carradine) con objeto de remarcar su epíteto nostálgico y crepuscular. Bruce Surtees abrió un paréntesis entre sus trabajos para Malpaso para encargarse de la fotografía. Y existen imágenes de Eastwood visitando el rodaje, sonriente entre unos otoñales Wayne y Siegel, no menos alegres en su compañía.

Malpaso aparte, existió otro proyecto de reunir a Wayne y Eastwood, en cuanto abrazo generacional de dos actores especialmente queridos en la nación y con no pocos vínculos artísticos, a quienes además unía una buena relación personal y la pública adherencia al Partido Republicano; de hecho, ambos se conocieron en un tumultuoso mitin de dicho partido, en 1968, y al año siguiente Eastwood participó en la rimbombante celebración del cuadragésimo aniversario de Wayne en el cine, junto a otras estrellas como James Stewart, Rock Hudson y Lee Marvin. Este proyecto era la mismísima *Apocalypse Now (Apocalypse Now,* Francis Ford Coppola, 1978), que se incuba hacia mediados de los años setenta con guión de John Milius. La idea, explosiva por no decir genial, era por cierto de Milius, y consistía en que Eastwood encarnase el papel que interpretó Martin Sheen, y Wayne el de Marlon Brando... Obviamente, ambos declinaron. Eastwood, con la convicción de que un rodaje tan largo y complejo le alejaría demasiado tiempo de sus propios proyectos, como ya le ocurrió en *La leyenda de la ciudad sin nombre.* Y Wayne, debido a que no muchos años antes había coproducido, codirigido y protagonizado una película a favor de la intervención americana en Vietnam,

Boinas verdes (The Green Berets, John Wayne y Ray Kellogg, 1968), lo cual le desaconsejaba implicarse en otra que posiblemente iba a verter una perspectiva ideológica distinta.

Los primeros años del decenio de los setenta han resultado decisivos para la configuración de Clint Eastwood, espectacular estrellato aparte, como un cineasta singular con una faceta triple, depurando y mejorando la etapa que inaugurara tras protagonizar *El bueno, el feo y el malo*. En 1974 empiezan ya a publicarse libros sobre él, nada menos que tres a lo largo del año; uno de ellos, por cierto, es obra del habitualmente novelista Stuart Kaminsky, que después participaría en el guión de la película postrera de Leone, *Érase una vez en América (Once Upon a Time in America,* 1984), y que, no menos significativamente, en este mismo 1974 escribió el primer libro sobre Don Siegel. Hablando de Leone, por aquel entonces afirmó, en su turno de improperios: «Convertí a Clint en una caricatura de los héroes del *western* americano, y eso seguirá siendo toda su vida, porque como actor no da para más. Haría bien en concentrarse en la realización. He visto varias de las películas que ha dirigido, y no están del todo mal rodadas»[18].

---

[18] Reproducido de Carlos Aguilar, *Sergio Leone, op. cit.*

Pareja de uno (1976-1984)

> Creo que Clint Eastwood actualmente es el director más menospreciado del mundo [...]. Es tan sumamente auténtico en su rol de héroe/divo misterioso que no le toman en serio como director [...]. Ante él, me quito el sombrero (Orson Welles entrevistado en el *Merv Griffin Show*, 1982).

A mediados de los años setenta, Clint Eastwood supone la gran estrella de la violencia, el símbolo del antihéroe fílmico y uno de los mayores ídolos cinematográficos en el mundo. Sergio Leone le había enseñado a convertir el defecto, entre comillas, que le objetaba la industria, es decir la inexpresividad, en una virtud, con mayúsculas, léase el aplomo. Aplicando tal principio, Eastwood, tras volver a Estados Unidos, sobresalió de un modo extraordinario, beneficiándose, también, de dos circunstancias harto favorables. Por un lado, la desaparición o declive de los últimos actores de su índole en mayor o menor medida homologables: Robert Ryan fallece en 1973 y John Wayne en 1979; a mediados-finales de los años setenta, Lee Marvin, Robert Mitchum y James Coburn decaen por culpa del alcoholismo, los tres, y de la edad, los dos primeros; por último, Charles Bronson, que además nunca fue brillante como, en cambio, lo fueron todos los antedichos, apenas obtiene ya papeles exitosos fuera de esa lamentable saga iniciada en *El justiciero de la ciudad (Death Wish,* Michael Winner, 1973) y que acaso no existiera sin *Harry el sucio.* Por añadidura, el exhibicionista histrionismo, además con pretensiones camaleónicas, de los nuevos ídolos de Hollywood (Al Pacino, Dustin Hoffman, Jack Nicholson, Robert De Niro), realza y singulariza todavía más, por inevitable comparación, la sobriedad de Eastwood.

Debido, pues, a ser a la par el último y el primero, Eastwood no tarda en generar, por su parte pero contra su voluntad, imitadores en América, en idéntica medida que los había provocado en Italia. Sin embargo, los resultados, que con toda lógica emergen en el cine de género, pese a despertar un sonado eco comercial, artísticamente resultan caricaturescos, casi en sentido literal: Arnold Schwarzenegger, Sylvester Stallone, Chuck Norris, Steven Seagal... Pues la tipología de Eastwood es extrema hasta tal punto que, mimetizada fuera de un físico, un talento y un carisma tan especiales, incurre en la parodia involuntaria, cae en el ridículo. Lo ilustra, como ejemplo idóneo, la cabal comparación entre *Harry el sucio* y la insufrible *Cobra, el brazo fuerte de la ley (Cobra,* George Pan Cosmatos, 1986), protagonizada por Stallone, pues supone el intento más obvio, además por parte de Warner Bros., de recrear la saga Eastwood/Callahan recurriendo incluso a los coprotagonistas de la primera, Andy Robinson y Reni Santoni.

La presente etapa en la carrera de Eastwood, al igual que la anterior, consta únicamente de producciones propias. Asimismo, comprende películas realizadas por el propio Eastwood, en concreto seis —*El fuera de la ley (The Outlaw Josey Wales,* 1976), *Ruta suicida (The Gauntlet,* 1977), *Bronco Billy (Bronco Billy,* 1980), *Firefox (Firefox,* 1982), *El aventurero de medianoche (Honkytonk Man,* 1982) e *Impacto súbito (Sudden Impact,* 1983)— y otras tantas donde delega la realización: *Harry el ejecutor (The Enforcer,* James Fargo, 1976), *Duro de pelar (Every Which Way but Loose,* James Fargo, 1978), *Fuga de Alcatraz (Escape from Alcatraz,* Don Siegel, 1979), *La gran pelea (Any Which Way You Can,* Buddy van Horn, 1980), *Ciudad muy caliente (City Heat,* Richard Benjamin, 1984) y *En la cuerda floja (Tightrope,* Richard Tuggle, 1984).

La característica más llamativa del período estriba en el habitual protagonismo femenino de Sondra Locke, una joven actriz con la cual Eastwood se emparejó durante el rodaje de *El fuera de la ley.* Por lo demás, constituye la etapa menos interesante y más egocéntrica en la trayectoria de Eastwood, con éste siempre en cabeza del reparto y ningún otro intérprete conocido dentro; exceptuando, por tratarse de las últimas películas del período, *Ciudad muy caliente,* en la que comparte cartel con Burt Reynolds, y *En la cuerda floja,* donde Geneviève Bujold encarna un papel destacado. También hay que señalar que James Fargo, Buddy van Horn y Richard Tuggle debutaron en la realización merced a las antedichas películas Malpaso. Asimismo, en 1981 Robert Daley, el productor ejecutivo en Malpaso desde 1969 tras la muerte de Irving Leonard, es sustituido por Fritz Manes, amigo de Eastwood desde la juventud, recuérdese, y que por ello había trabajado en la productora desde su formación, con cometidos diversos. También debe destacarse que Malpaso se abre a nuevos guionistas (Michael Butler, Dennis E. Hackin, Alex Lasker, etc.), sin que Eastwood escriba nunca ni una línea, como tampoco lo había hecho antes ni lo hará después, al igual que los cineastas que de alguna manera prolonga (John Ford, Howard Hawks, etc.). Con palabras del propio Eastwood: «Obtener una historia de la nada tiene mucho mérito. Yo nunca he tenido el talento suficiente para escribir, para tomar una hoja en blanco y sacar una historia de la nada. De verdad que me hubiera encantado ser capaz de hacerlo»[1].

Son los años en que Hollywood acusa una transformación radical como pocas en su historia, que revoluciona de forma progresiva e irreversible el concepto del *entertainment* fílmico. Tal como resume Alberto Pezzotta:

> Lucas y Spielberg logran el milagro de crear el producto *de autor* (nada más reconocible que la huella de estos directores) *de masas* [...]. Según la fórmula Lucas-Spielberg, para que un film arrase en taquilla debe ser algo menos (menos ambiciones y provocaciones) que una película de autor y algo más (más ironía y complicidad) que una película de género. El éxito desmedido de sus productos termina por quitarle espacio tanto al cine de autor como al de género[2].

Mientras, Estados Unidos intenta superar la vergüenza nacional provocada por la dimisión del nefasto Richard Nixon en 1974, a raíz del escándalo Watergate, bajo los designios de dos nuevos presidentes, Gerald Ford, de 1974 a 1977, y Jimmy Carter, de 1977 a 1981.

Al igual que le había ocurrido el año antes con *Licencia para matar,* Eastwood asume a la fuerza la realización de *El fuera de la ley.* Pero si allí el motivo fue el rechazo de Don Siegel al proyecto, en cambio aquí empezó a rodar el director previsto, Philip Kaufman, acreditado en el género merced a la estimable *Sin ley ni esperanza (The Great Northfield Minnesota Raid,* 1972); empero, tras la primera semana, Kaufman es despedido por Eastwood. Con palabras de éste: «Le contraté para escribir el guión y realizar la película. Su trabajo como guionista fue excelente, pero en el rodaje se comprobó que nuestros puntos de vista diferían por completo»[3]. El argumento de *El fuera de la ley* provenía de una oscura nove-

---

[1] Reproducido de Antonio Trashorras, *Clint Eastwood, op. cit.*
[2] A. Pezzotta, *Clint Eastwood,* Madrid, Cátedra, 1997.
[3] Reproducido de Henry Michel, «Entretien avec Clint Eastwood», *Positif,* núm. 287, 1985.

El fuera de la ley (1976).

lita que llegó a la oficina de Malpaso enviada desde Arkansas por su propio autor, supuestamente un indio cherokee que firmaba con el pseudónimo de Forrest Carter. Según Antonio Trashorras, «años después, se descubriría que este misterioso indio, en realidad, no era otro que Asa Carter, un escritor de discursos políticos cuya ideología rondaba lo reaccionario»[4].

En cualquier caso, *El fuera de la ley* surge en una época en que el *western* comienza a escasear alarmantemente en las pantallas, americanas y europeas, y muestra la intención de diferir de las previas contribuciones de Eastwood al género, mas sin apartar, por prudencia comercial, múltiples rasgos reconocibles, en cabeza el carácter lacónico, tajante y virulento del héroe. Ahora bien, el a todas luces megalómano objetivo de

---

[4] Antonio Trashorras, *op. cit.*

articular a lo largo de una trama itinerante una vasta miríada de paradigmas (historia, mito, épica, tragedia, mesianismo, política, romanticismo) desborda de todo punto a Eastwood. Por consiguiente, la voluntad de aglutinar múltiples epítetos, a la manera de un retablo al unísono grandioso y revisionista, no cristaliza sino en un encadenado de ingredientes estereotipados, a la par epidérmico y agotador: la Guerra de Secesión, la rivalidad entre diferentes etnias indias, los comancheros, los cazadores de recompensas, el vendedor de tónicos de pega, un adolescente aprendiendo del maduro experto, una chica dulce dispuesta a suplir a la esposa muerta, la amistad traicionada, la choza acorralada, persecuciones por la ladera, el *saloon* embravecido, el desierto, la montaña y los ríos... Todo ello sin verosimilitud argumental, con una estética confusa, que no ecléctica, y bajo una cargante concepción egomaníaca de la dramaturgia; así, cuando el irrefrenable héroe no aparece en pantalla (pocas veces, a fe), el resto de los personajes no cesa de pronunciar su nombre, hasta que, por activa o pasiva, el Josey Wales de marras le sale al espectador por los oídos. Realmente, *El fuera de la ley* se graba en la memoria sólo a causa de dos razones: el hecho de que Eastwood extienda su habilidad mortífera a las dos manos, manejando *colts* de cañón largo, y la inesperada apología de la causa confederada, de una virulencia ideológica provocativa como nunca se había visto en el *western* americano; sí en el europeo, curiosamente, bajo la perspectiva de Enzo G. Castellari, con intensidad en su *Mátalos y vuelve (Ammazzali tutti e torna solo,* 1968), protagonizada por el americano Chuck Connors y coproducida por nuestro Joaquín Romero Marchent.

Sondra Locke nace en 1947 en Shelbyville, Tennessee, y sobresale ya con su primer papel, en el drama *The Heart Is a Lonely Hunter* (Robert Ellis Millar, 1968), al procurarle la nominación al Oscar a la mejor actriz secundaria. Rubia, pálida y magra, después participa en dos extrañas y estimables películas de horror realista, *La revolución de las ratas (Willard,* Daniel Mann, 1971) y *Un reflejo de miedo (A Reflection of Fear,* William

A. Fraker, 1972). Su primer encuentro con Eastwood tiene lugar cuando en un *casting* opta, en balde, al papel que obtiene Kay Lenz en *Primavera en otoño*. Poco después, logra ya trabajar con él, en *El fuera de la ley*, y durante el rodaje surge la relación amorosa; no obstante, ambos disimulan, habida cuenta de que Eastwood sigue casado con Maggie Johnson, y Sondra Locke había contraído matrimonio en 1968 con un compañero de instituto, Gordon Anderson, homosexual y místico para más señas.

Pese a contar con un papel destacado, Sondra Locke en *El fuera de la ley* queda difuminada dentro de un reparto predominantemente viril, que incluye uno de los protagonistas de *Harry el sucio*, John Vernon, torvos secundarios habituales del género (John Russell, Matt Clark, John Davis Chandler), uno de los actores de *Rawhide*, Sheb Wooley, y el adusto indio canadiense Chief Dan George, descaradamente repescado de la insufrible *Pequeño gran hombre (Little Big Man,* Arthur Penn, 1970); también interviene John Mitchum, hermano sin pena ni gloria de Robert, al que Eastwood conoció asimismo en *Rawhide* y al que contrataría varias veces para sus películas (por ejemplo, es el inspector Di Giorgio en las tres primeras entregas de «Harry el sucio»).

En compensación, Eastwood acto seguido brinda a Sondra Locke un papel coprotagonista con lucimiento continuo. Es más, a fin de que desempeñe tal personaje, Eastwood desdeña el ambicioso objetivo inicial del proyecto, consistente en emparejarse con la mismísima Barbra Streisand, entonces en pleno apogeo.

El film resultante, *Ruta suicida*, encierra la mejor interpretación de la actriz, y su gestación destapa la relación amorosa surgida en el anterior, allanando el camino a los divorcios respectivos. Asimismo, representa una de las obras más significativas de Eastwood, por todos los conceptos.

El protagonista es una especie de Harry el sucio obtuso, obediente y que no ha encontrado un Scorpio que llevarse a la pistola; por ende, carece de satisfacciones que evocar e ilusiones por coronar, bebe demasiado y resulta presa fácil de componendas. La prostituta soez y enérgica, a la par que hon-

Ruta suicida (1977). Con Sondra Locke.

rada y lúcida, que encarna Sondra Locke supone un contrapunto perfecto, que primero le reprocha su inane modo de ser, después deviene un inesperado horizonte vital. La circunstancia que los une y enamora implica una trama policiaca que primero juega a la hipérbole, en relación con el género, y después de modo progresivo comulga, por así decirlo, con el cuento de hadas. La historia es itinerante como en *El fuera de la ley*, pero de modo preciso y sin ínfulas de ningún tipo, y la moral que desprende, a la vez desengañada y esperanzada, no puede ser más propia de Eastwood. Por desgracia, *Ruta suicida* también comete el error de tensar demasiado sus, ciertamente, válidas cuerdas; así, comienza con un férreo control de la propuesta, que incluso a su manera recuerda sugestivamente a Kafka (un gris funcionario, un Josef K con placa y pistola, súbita e inexplicablemente se ve acosado a muerte por doquier), pero desde un momento determinado va perdiendo más y más la verosimilitud argumental, necesaria aun dentro de toda la flexibilidad que se quiera, sin matizaciones de tono que justifiquen los progresivos desbarres, hasta desembocar en un desenlace intolerable.

Con esto y con todo, *Ruta suicida* constituye una película encomiable y sustanciosa, que personaliza muy bien el estilo de *thriller* de acción entonces en boga, y perfila dos protagonistas creíbles incluso cuando la historia deja de serlo. Aparecen reminiscencias de Sergio Leone, por cierto: determinados encuadres de la pareja en la cueva desértica están calcados de los que reunían a Eastwood y Eli Wallach en un similar espacio almeriense en *El bueno, el feo y el malo,* y la chapa metálica que recubre el autobús inevitablemente recuerda la coraza del héroe en *Por un puñado de dólares,* asimismo durante el clímax final. En otro orden de cosas, la espléndida banda sonora de Jerry Fielding, que había debutado en Malpaso con *El fuera de la ley,* incluye un tema genial para los títulos de crédito, donde tocan nada menos que Art Pepper y Jon Faddis.

Estas dos realizaciones de Eastwood, *El fuera de la ley* y *Ruta suicida*, son muy bien acogidas en taquilla; la segunda además se beneficia de un espléndido cartel exultante del gran Frank Frazetta, uno de los ilustradores por antonomasia del *heroic fantasy*. Similar fortuna cosecha una producción Malpaso filmada entre ambas, *Harry el ejecutor,* tercera correría del californiano inspector Harry Callahan. John Milius confiaba en dirigirla, en vista de la cordial relación que le unía con Eastwood, del hecho de haber colaborado en los guiones de *Harry el sucio* y *Harry el fuerte,* y de la buena acogida que recibió su «opera prima», la violentísima *Dillinger*. Pero justo en este tercer punto estribaba el problema. Con sus propias palabras:

> Alguien le sugirió mi nombre para dirigirla, y según parece Clint respondió: «No necesito alguien así. Además, ahora cobra mucho.» Le argumentaron: «Pero es un director muy bueno», y él respondió: «Yo no necesito un director tan bueno. Y cuesta demasiado»[5].

---

[5] Reproducido de L. Barisone y G. D'Agnolo (eds.), *Clint Eastwood, op. cit.*

Harry el ejecutor (1976).

Tal anécdota ilustra dos rasgos inseparables de la trayectoria de Eastwood, aireados por sus adversarios y detractores en Hollywood, que «no son muchos pero sí algunos», como diría Oscar Wilde. Por un lado, su reticencia a contratar directores brillantes, que pudieran opacarle en esta faceta, Siegel aparte; por otro, una tacañería manifiesta tanto en su vida personal cuanto en sus responsabilidades como productor, y ciertamente inconcebible en quien ya era uno de los cineastas más ricos y exitosos del mundo[6].

---

[6] Por añadidura, Eastwood comienza entonces a extender sus actividades a diversos negocios ajenos al cine, en el área de Carmel y con resultados harto lucrativos. En particular, abre el bar-restaurante Hog's Breath Inn, que exhibe pinturas suyas e incluye en el menú el «Dirty Harry Burger» y el «Dirty Harry Slider»; compra un edificio histórico de Carmel, Mission Ranch, y lo convierte en un hotel-restaurante selecto; y crea el lujosísimo y enorme club privado Tehama Golf Club, que incluye restaurante y salón para eventos, cuya entrada/invitación cuesta unos quinientos dólares, y debe estar firmada por Eastwood

Por consiguiente, *Harry el ejecutor* es confiada a James Fargo, con anterioridad ayudante de dirección en una media docena de producciones Malpaso, y Milius debe resignarse a no dirigir a Eastwood[7]. Aunque el guión está escrito entre el oscarizado Sterling Silliphant y Dean Riesner, responsable del libreto definitivo de *Harry el sucio,* y aparezcan actores de ésta (Harry Guardino y John Mitchum, repitiendo personajes; el hosco negro Albert Popwell, visto en las cuatro primeras entregas de la serie, en los correspondientes papeles episódicos), la idiosincrasia de la saga decae hasta la ramplonería sin advertirse mayor esfuerzo de los responsables por evitarlo. Salvo que se quiera ponderar la novedad de que el policía con el que Callahan debe colaborar a la fuerza (como de costumbre, muere en acto de servicio) en este caso sea una mujer, intrépida y feminista, a fin de sorprender al público y ampliar la audiencia. Por lo demás, ahora el enemigo estriba en un grotesco grupo terrorista que se denomina a sí mismo «Acción Revolucionaria del Pueblo», en un producto zafio que rara vez supera el triste nivel de telefilm, aunque más violento de lo consensuado para los parámetros católicos. Huérfana de particularidades más felices, puede recogerse, al menos, que *Harry el ejecutor* supone la primera colaboración de Eastwood con Joel Cox, quien desde entonces y hasta la fecha supondrá su montador de confianza, si bien en esta su etapa inicial con Malpaso todavía comparte la función con Ferris Webster[8].

---

en persona; posteriormente, amplía la actividad Tehama a una línea de ropa deportiva (gorros, camisetas, etc.) así denominada, de venta exclusiva en los comercios más elitistas del ramo.

[7] Milius pudo consolarse, simbólicamente, rodando la mayor parte de sus dos películas más famosas en la Almería que conociera y admirara gracias a la trilogía de Leone con Eastwood: *El viento y el león (The Wind and the Lion,* 1975) y *Conan, el bárbaro (Conan, the Barbarian,* 1982).

[8] Tal como recuerda Cox: «La primera película de Clint en que trabajé fue *El fuera de la ley.* Yo era el ayudante del montador, Ferris Webster. Había un gran problema en la película, y era que el actor indio, Chief Dan George, se equivocaba siempre en los diálogos. Decía un par de palabras y después se quedaba en blanco, o soltaba un "Ahh". Ponían a su alrededor carteles enormes con sus diálogos, y él tenía que leerlos mientras interpretaba. Pero no había manera, se equivocaba siempre. A Webster arreglar todo eso le fastidiaba, así que éste fue mi primer trabajo para Clint. Fue un trabajo enorme», L. Barisone y G. D'Agnolo, *op. cit.*

Antes de retomar la realización, Eastwood finaliza el decenio de los setenta mediante dos sorpresas, que le reportarán los correspondientes frutos, comercial en el primer caso, artístico en el segundo. Se trata de su debut en la comedia, *Duro de pelar,* y el reencuentro con Don Siegel, *Fuga de Alcatraz.* Aunque, bien mirado, la sorpresa mayor estriba en que Eastwood fuera tan osado como para proponer dos películas tan sumamente antitéticas, del humor bufo de la primera al laconismo dramático de la segunda, con apenas un año de diferencia.

Duro de pelar supone la segunda realización de James Fargo, y nace del firme propósito de Eastwood de volver a emparejarse ante la cámara con Sondra Locke, con la cual estaba empezando a convivir, para afirmar así una relación que duró unos doce años; a propósito, el cineasta se separó de su esposa Maggie Johnson en 1979, pero el divorcio no llegó hasta 1984, y le costó a Eastwood, entre unas cosas y otras, cerca de veinticinco millones de dólares. En cuanto a inspiración, *Duro de pelar* procede de *Los caraduras (Smokey and the Bandit,* Hal Needham, 1977), donde Burt Reynolds obtuvo un éxito enorme gracias a satirizar su tipología, a desbordar esa burla de sí mismo que tanteaba desde varios años antes. El parangón es tal que en *Los caraduras* Reynolds personifica un camionero y comparte cartel con su novia actriz, Sally Field, justo como Eastwood en *Duro de pelar* (también comparten en un papel secundario al anciano Hank Worden, visto en tantos *westerns* de la época dorada del género, también en *Rawhide).* Además, el vínculo se estrecha según dos factores externos: por un lado, Eastwood y Reynolds eran amigos desde los años sesenta, y el primero facilitó entonces que el segundo siguiera sus pasos y protagonizara un *spaghetti western, Joe, el implacable;* por otra parte, cuatro años después de Eastwood, Reynolds saltó asimismo a la realización, mediante *Gator, el confidente (Gator,* 1975), si bien pocas veces más reincidiría tras la cámara. Por último, conste que para la secuela de *Los caraduras,* léase *Vuelven los caraduras (Smokey and the Bandit II,* Hal Needham, 1980), Reynolds contrató precisamente a uno de los dos responsables de la banda sonora de *Duro de pelar,* Snuff

Duro de pelar (1978).

Garrett. Amén de que *Vuelven los caraduras* se distribuyó más o menos a la vez que la propia secuela de *Duro de pelar*, por supuesto con los mismos músicos de por medio.

En resumen, el triunfo de la propuesta autoparódica de su amigo Burt Reynolds sugirió a Clint Eastwood emularle, confiando en que este cambio de imagen fuera igualmente bien acogido por ese público que no tanto tiempo atrás le había rechazado como vaquero romántico, en *La leyenda de la ciudad sin nombre*, o militar desalmado, en *El seductor*. Pues bien, en esta ocasión Eastwood acertó. Es más, *Duro de pelar* representa uno de los mayores éxitos económicos de su carrera, y generó una secuela dos años después, *La gran pelea*, así como una novelización a cargo de Gerald Cole, en estos mismos años coautor, además, de un libro sobre Eastwood.

Si en su filmografía previa Eastwood había demostrado una gran destreza en diversas actividades (desenfundando y cabalgando, corriendo y escalando, conduciendo coches y motos, manejando armas de todo tipo, etc.), aquí amplía el repertorio al boxeo, para lo cual tomó clases de Al Silvani, uno de los mejores y más veteranos entrenadores del sector, que, en lo que al cine respecta, había colaborado en las primeras entregas de la mentecata serie «Rocky» que encumbró a Sylvester Stallone. Con todo, *Duro de pelar* no constituye una comedia en términos absolutos; de hecho, significativamente cuando pretende serlo es cuando peor funciona. El guión, pobre y monótono, no brinda mucho más que una plana celebración de la «América profunda» mediante unos personajes que caricaturizan sin mayor relieve lo que ya de por sí son estereotipos. Intercala un guiño a los duelos de la «trilogía del dólar» (penoso, mucho peor que el de *Los violentos de Kelly*), dentro de un *silly* sentido del humor que, sobre el papel, remite al *cartoon* pero, en pantalla, en general irrita en vez de divertir. De puro mala, *Duro de pelar* confirma paradójica e involuntariamente el parecer sobre la cultura *country* que emite la estudiante del inicio: «Algo entre idiota y mortalmente aburrido.»

La única virtud estriba en los nuevos matices de la imagen del ídolo, que ya empezaban a abundar en la obra de Eastwood y que abren una vía desmitificadora que, no obstante, siempre será moderada, relativa. En este caso, consisten en enamorarse de una mujer que hace todo lo posible por evitarle a lo largo de la trama. Así, por ejemplo, las imágenes, a la par melancólicas y grotescas, de Eastwood sufriendo por el abandono, mientras pasea de noche de la mano de un bufonesco orangután, en su día debieron resultar increíbles, materialmente inconcebibles en el implacable Harry el sucio. También supone una buena idea que no se aclare la razón última de la promiscuidad del personaje de Sondra Locke (¿busca el amor en un hombre tras otro? ¿se prostituye? ¿es ninfómana? ¿satisface el *voyeurismo* de su extraño novio?). «¿Todavía no lo entiendes?», le pregunta ella, sufriendo, a él, acongojado, al final. Eastwood no puede responder, el espectador tampoco. Salvo estos aciertos puntuales, *Duro de pelar* es insufrible.

La esperada, para empezar por ellos mismos, reunión entre Eastwood y Siegel difiere por completo de sus cuatro colabo-

Fuga de Alcatraz (1979).

raciones previas bajo dos premisas básicas, en los niveles respectivos. El industrial, por suponer la única colaboración de Malpaso con Paramount, tras encarrilar ocho años antes su acuerdo con Warner Bros. El conceptual, pues parte de un hecho verídico, la primera fuga en la historia del presidio de Alcatraz, perpetrada por tres penados en 1960; la primera y también la última, porque determinó la clausura del penal, al estimarse fallida su seguridad. Por lo demás, en este caso es Siegel, ilusionado desde catorce años atrás por llevar el suceso al cine, quien le propone el proyecto a Eastwood, según un guión escrito por Richard Tuggle basándose en el célebre libro-encuesta que J. Campbell Bruce había publicado al respecto.

Eastwood encarna, pues, una persona real, Frank Morris, de quien tras la evasión nada se supo, tampoco de sus dos cómplices; se les consideró ahogados durante la fuga en las aguas circundantes del presidio, levantado sobre una islita llamada «The Rock», pero jamás aparecieron los cadáveres. Y así Eastwood, voluntaria o inconscientemente, se mimetiza con el Lee Marvin de la fascinante, genial *A quemarropa (Point Blank,* John Boorman, 1967).

Siegel ya había abordado el drama carcelario durante su etapa en la Serie B, mediante *Riot in Cell Block 11* (1954); empero, ahora su tratamiento es distinto, pues compagina el naturalismo agreste del *thriller* americano con una abstracción tonal típicamente europea, la cual, curiosamente, recuerda a la obra maestra del género, *La evasión (Le trou,* Jacques Becker, 1959). Por primera vez desde *Un botín de 500.000 dólares,* Eastwood encarna un delincuente, pero en este caso nada se sabe de su persona, tampoco las razones de su reclusión, y él nunca habla de su pasado (ni de nada). En el papel del alcaide, Patrick MacGoohan —asociado para siempre con su protagonismo de la formidable serie televisiva *El prisionero* en los años sesenta— resulta algo decepcionante, mientras Eastwood acentúa su proverbial sobriedad, a tono con el conjunto. Los sistemas a la par rudimentarios y sofisticados, pura voluntad e ingenio, que urden los tres reclusos para escapar despiertan la admiración de Siegel, es evidente. Pero su firme decisión de no ir más allá, ni más acá, en la película, es decir, su determinación de estilizar al máximo el conflicto, está a punto de traicionarle, pese a brillar cuando gira hacia el suspense, puesto que el tratamiento resulta tan sumamente seco, incluyendo el desdén de cualesquiera tentaciones críticas o ideológicas, no sólo las sentimentales, que a veces distancia más que seduce, y amenaza el interés del espectador por los personajes y su suerte. No falta, por cierto, tampoco resulta forzado, el homenaje al *jazz,* en esta estoica fábula viril de final coherentemente ambiguo y que, eso sí, desentonó con fuerza, insolente y admirable fuerza, en el *mains-*

tream del Hollywood coetáneo, tras obtener una buena acogida en el festival de Venecia.

Antepenúltima película del gran Siegel, *Fuga de Alcatraz* representa asimismo su última obra interesante. Respecto a las otras hechas con Eastwood, la calidad equidista, aunque no con exactitud: es muy superior a *La jungla humana* y *Dos mulas y una mujer*, pero bastante inferior a *El seductor* y *Harry el sucio*.

Dado que *Duro de pelar* cerró el trabajo de James Fargo con Malpaso, en la secuela, *La gran pelea*, debuta como director otro profesional de confianza de Eastwood, Buddy van Horn, sobre todo porque había trabajado estrechamente en el rodaje de aquélla. Llamado en realidad Wayne van Horn, tras empezar en el medio en plena juventud, trabajando sin cesar en el seno de Universal, devino el «hombre de acción» de Malpaso desde la formación de la compañía; es decir, el doble de los actores y coordinador de los *stunt men* para las escenas con riesgo físico; asimismo, había desempeñado otros cometidos, de comparsa a director de la segunda unidad. Ni mejor ni peor realizador que James Fargo, o sea malo, con todo quizá no proceda reprocharle seriamente a Buddy van Horn que la secuela resulte todavía peor que el original, pues no interesaba aliviar la ordinariez de la primera, Warner Brothers de ningún modo podía consentir que Eastwood contradijera tan sonado éxito. Repiten los intérpretes-personajes centrales (Eastwood, Locke, Geoffrey Lewis, Ruth Gordon, con la ausencia de Beverly D'Angelo y la incorporación de William Smith y Harry Guardino, captado de la serie «Harry el sucio»), mientras baja el nivel de violencia pugilística y sube la chabacanería del humor, ahora con un orangután nuevo, dado que el anterior falleció entre el rodaje de ambas. Debe destacarse, musicalmente hablando, que *La gran pelea* acoge las intervenciones de dos glorias de la música americana en plena madurez, nada menos que Fats Domino y Ray Charles. No sólo: Eastwood hasta se atreve a cantar con Charles, que desde luego ya es atreverse, el tema principal de la película, *Beers to You*, directa y descaradamente machista, cuya compartida letra finaliza en «Ray, bebamos otra; Clint, invito yo»;

también es cierto que en *Bronco Billy* Eastwood había cantado ya junto a otro mito musical, aunque sin la popularidad allende fronteras de Ray Charles, en concreto, Merle Haggard. Por lo demás, el fruto en taquilla, repitiendo la estrategia de mercado (estrenar primero en el circuito rural, obvio *target* del díptico, y dejar las capitales para después) estira el negocio, habida cuenta de que si *Duro de pelar* costó unos cuatro millones de dólares y recaudó más de cincuenta (de los cuales quince le correspondieron a Eastwood), *La gran pelea* superó los cuarenta.

El siguiente dueto Clint Eastwood-Sondra Locke emerge justo entre *Duro de pelar* y *La gran pelea*, pero la realización la asume su protagonista en persona. No desentona demasiado de los antedichos, se titula *Bronco Billy*, y hasta hace bien pocos años Eastwood siempre la destacaba como la película preferida de su vasta filmografía. La predilección se comprende, dado que nunca se había visto al ídolo congeniar con su personaje hasta tal grado; un cuarentón testarudo y enérgico, obcecado en sobrevivir recreando con un espectáculo ambulante una serie de personajes y sucesos emblemáticos del *Far West*, en un contexto, los Estados Unidos modernos, que desdeña todo aquello salvo como entretenimiento fácil para niños, viejos y locos. El planteamiento desde luego es magnífico, puesto que permite una oportuna y agridulce reflexión, tanto sobre el crepúsculo de determinados valores y gustos como respecto a la propia línea cinematográfica seguida por Eastwood, cada vez menos conforme con los parámetros de Hollywood. La mixtura de tonos y registros, al amparo del *americana*, y la cristalina limpidez de la realización representan virtudes añadidas[9]. Sin embargo, la película patina, en

---

[9] Industrialmente hablando, *Bronco Billy* presenta dos rasgos singulares en la filmografía de Eastwood. El primero, que no está producida por Malpaso, debido a ciertos intereses económico-administrativos de Eastwood, derivados del peligrosamente lento curso de su divorcio; por ende, creó al efecto la productora Second Street, sobre el papel a cargo de su entonces inseparable, pero ya por poco tiempo, Robert Daley. El segundo, que contó como director artístico, en el último trabajo de su larga filmografía, con nada menos que Eugène Lourie, tiempo atrás decorador en películas de cineastas como Charles

Bronco Billy (1980).

particular cuando apuesta por el humor, ora para evocar, penosamente, la gloriosa tradición del *screwball* (con Sondra Locke en una pésima, hasta embarazosa, mímesis del tipo de papeles que bordara, digamos, Katharine Hepburn), ora retomando, por el contrario, la burda comicidad de *Duro de pelar* (encarnada por el insufrible personaje de Geoffrey Lewis, ya presente en aquélla). Además, *Bronco Billy* molesta al desatar, durante un desarrollo previsible para colmo de males, la vanidad y el egocentrismo de Eastwood, por lo visto necesitado entonces, y alarmantemente, de una intensa autoafirmación personal y profesional: ¿es su personaje el que grita a los otros o él a su equipo recurrente cuando, al principio, les espeta

---

Chaplin, Samuel Fuller, Robert Siodmak, Max Ophuls y, sobre todo, Jean Renoir; Lourie también abordó en varias ocasiones la realización, siempre en *monster movies*, la primera, y más célebre, *El monstruo de tiempos remotos (The Beast from 20.000 Fathoms,* 1953).

que no valen nada y deben estar agradecidos por trabajar a sus órdenes, aun ganando poco? ¿es su personaje o él durante la apoteosis final en el circo, parangón orgásmico incluido, al demostrar espectacularmente que, bromas aparte, y «por sus pistolas», significa lo mejor de lo mejor? A propósito, presentar el interior de la carpa forrado de banderas americanas no sobraría precisamente en una de las coetáneas películas de Sylvester Stallone.

«Soy el que quiero ser», afirma, en un plano singularmente franco, por la expresión, y perfectamente biunívoco, en el sentido; desde luego, pocas veces personaje y autor se habían definido al unísono con tal rotundidad y grado de compenetración. Empero, una gran diferencia, una diferencia trascendente, los separa: Bronco Billy sobrevive, mal, escenificando sus fantasías «de género», mientras Clint Eastwood vive, lujosamente, gracias a filmar las propias. De este modo, el personaje, como tantas veces en la obra de Eastwood, encarna la peor pesadilla del autor, el fracaso que pudo sufrir su vida al no cristalizar sus «westernianos» objetivos. La identificación, así, en su caso significa acuerdo, en teoría, y superación, en la práctica.

Aquí estriba el principal, casi único, foco de interés de *Bronco Billy*, en la insólita brutalidad con que ratifica este peculiar rasgo, si se quiere psicoanalítico, de la obra de Eastwood. Por lo demás, la película, aun con sus hallazgos, entra por méritos propios en la frustrante categoría de grandes oportunidades malgastadas; en este caso, la de representar una especie de americanista variante, *mutatis mutandis*, del sublime clásico europeo *Lola Montes* (Max Ophuls, 1955).

Curiosamente, *Bronco Billy* no alegra las taquillas americanas en la misma medida que *Duro de pelar* y *La gran pelea*, ni mucho menos. No menos curiosamente, mientras los cines comparten este tríptico *hillbilly* a cargo del muy urbano Harry el sucio, se estrena todo un homenaje a la «trilogía del dólar», en imprevista clave de cómic futurista: *1997: Rescate en Nueva York (Escape from New York*, 1981). Su director, John Carpenter, ya había evocado la tipología de Eastwood en el personaje de Napoleón Wilson de la película, formidable película, que le reveló, *Asalto en la comisaría del distrito 13 (Assault on Precint 13*, 1976). Sin embargo, en ésta se vuelca, para rendir un homenaje indirecto pero directo, vibrante y apasionado, que estalla en el papel central. Recuperando un texto propio:

> Se apellida Plissken, pero prefiere olvidarlo y que le reconozcan como *Serpiente,* y de hecho acabaremos descubriendo que su torso exhibe un tatuaje en forma de cobra, al igual que *Cerebro* (soberbio Harry Dean Stanton) ha dejado atrás su nombre de Harold. Su cadura moral no es preferible a la de sus contrincantes, pero debe combatirles al igual que, quizá, en otras circunstancias se hubiera alineado entre ellos (si bien cierta dignidad física le diferencia tajantemente). Apenas habla, va mal afeitado. Nadie se enamora de él, tampoco él se enamora de nadie, carece de tiempo material y ánimo sentimental para detenerse en ello. Unos y otros le consideraban muerto, una leyenda de años anteriores («lo estoy», llega a responder una de las veces que se lo señalan), y nadie se alegra de que no sea así. Su pasado permanece en la incógnita, su futuro es pura entelequia. Su vestuario responde a criterios fetichistas (botas altas, cazadora raída, muñequera), el parche que oculta su ojo izquierdo no entraña únicamente un homenaje cinéfilo (los grandes tuertos de la historia del cine, admirados por Carpenter y por cualquiera: John Ford, Fritz Lang, Raoul Walsh, Nicholas Ray), no aporta sólo un detalle visual fascinante en sí, despierta mudas aprensiones sobre su origen, acerca de las previas y a buen seguro trepidantes actividades de su dueño. ¿Reconocemos ya que aquel Joe/El Manco/El Rubio que inmortalizó Clint Eastwood para Sergio Leone ha resucitado cuándo y dónde menos se esperaba?[10].

Contando significativamente con un cerúleo Lee van Cleef en el reparto, *1997: Rescate en Nueva York* no fue muy apreciada en su momento, pero poco a poco y con toda justicia iría convirtiéndose en una película de culto. Hasta el punto

---

[10] C. Aguilar, *Sergio Leone, op. cit.*

de sugerir a Carpenter, quince años después, una secuela, *2013: Rescate en L.A. (Escape from L.A.,* 1996), en ciertos aspectos inferior pero en otros superior, con Kurt Russell, lógicamente, repitiendo el papel de Plissken el Serpiente, además de implicarse en la producción. Mas no finaliza aquí el vínculo entre ambos cineastas: Carpenter hizo lo imposible para que Eastwood protagonizara uno de sus proyectos más ambiciosos, *La Cosa (The Thing,* 1982), obviamente sin lograrlo (y a Kurt Russell volvió a corresponderle el personaje). Además, de nuevo le tuvo bien presente a la hora de perfilar el (anti)héroe de *Vampiros (Vampyres,* 1998), encarnado por un James Woods que, curiosamente, al año siguiente trabajaría para el propio Eastwood, en *Ejecución inminente (True Crime,* 1999). Por su parte, Eastwood ha correspondido a tantas atenciones de Carpenter de forma un tanto ambigua, al menos en la pantalla: *Vampiros* es la película que ve en televisión, a solas y en la oscuridad, el demente Tim Robbins de *Mystic River* (2003).

En estos primeros años ochenta, con el ex actor Ronald Reagan convertido en el nuevo presidente nacional, llueven asimismo nuevos premios sobre Eastwood; por ejemplo, en 1981 el del mejor actor, por el organismo People's Choice, o el de «estrella del decenio», en la Showest Convention de 1982. Al empezar la década también, concretamente en 1980, el Modern Art Museum de Nueva York organiza la primera retrospectiva que, desde entonces, conocerá su filmografía. Lo cual implica que en Estados Unidos ya Eastwood empieza a ser admitido, culturalmente, como director.

En otro, muy otro, orden de cosas, esta misma época esconde uno de los pasajes más turbios de la faceta personal y política de Eastwood: su implicación en la «Operation Lazarus». Ardua y escabrosa de desentrañar, en pocas palabras fue una iniciativa privada para rescatar soldados americanos que combatieron en Vietnam de prisiones en Laos, para lo cual formaron al efecto un comando paramilitar. El cerebro era James G. «Bo» Gritz, un teniente coronel retirado, de furibundo patriotismo-anticomunismo, ex boina verde, y los principales lugartenientes fueron el mercenario francés Bob Denard

Firefox (1982).

y el traficante de armas Mitchell Werbell III. Eastwood conoció el plan gracias a su gran amigo de juventud y estrecho colaborador Fritz Manes, y aceptó participar en la financiación aportando cincuenta mil dólares, según unas referencias, y treinta mil, escuchando a otras. En cuanto al papel desempeñado por Ronald Reagan, las fuentes discrepan en mayor medida; algunas sostienen que conocía esta «Operation Lazarus» de boca del propio Eastwood, y que prefirió mantenerse al margen; otras defienden su sinceridad cuando, tras salir el caso a la luz pública, afirmó desconocerlo por completo. En cualquier caso, la misión fracasó (ningún *marine* rescatado, bajas por parte del oficioso comando americano), tanto en su primera ofensiva, en noviembre de 1982, como en la siguiente, en enero de 1983. En consecuencia, la «Operation Lazarus» fue cancelada[11].

La siguiente realización de Eastwood, y primera que firma como productor en los créditos, propone un cambio de rumbo en una filmografía que comienza a abundar en ellos. Se trata, en cierto modo, de recuperar el espíritu de *Licencia para matar*, pero puesto al día, en general, y con un protagonista bastante distinto, en particular. Así, Eastwood vuelve a tocar el género del espionaje según un *best seller* (en este caso, del británico Craig Thomas), mas ahora lo hace amparándose en la nueva Guerra Fría que vuelve a desquiciar a Occidente, por causa de la fricción entre la agonizante Unión Soviética y los dictados del americano presidente Reagan. Pero *Firefox*, la producción de mayor envergadura económica abordada por Malpaso hasta la fecha, cerca de veinte millones de dólares, es incluso peor que *Licencia para matar*, pues ésta al menos contenía un héroe pintoresco, menos ponzoña ideológica, cierto tono de Serie B y un precedente literario más inventivo. La modernización estriba en que Eastwood, por primera vez y sin que su idiosincrasia fílmica lo requiera, comulga con el despliegue de efectos especiales que desde algunos años atrás está convirtiéndose en un género propio para Hollywood; al respecto, contrata al mismísimo John Dykstra, responsable de los trucajes de *La guerra de las galaxias (Star Wars*, George Lucas, 1976). Por otra parte, el héroe aquí es un aviador retirado, con pesadillas acerca de su experiencia en la guerra de Viet-

---

[11] Otra celebridad del espectáculo, William Shatner, intervino en la «Operation Lazarus» mediante diez mil dólares, empero en concepto de derechos cinematográficos. Ni él ni nadie hizo después película alguna al respecto, pero a todas luces este oscuro caso representa el inconfesado germen de, escogiendo entre lo más célebre, las coetáneas *Más allá del valor (Uncommon Valor,* Ted Kotcheff, 1983), *Desaparecido en combate (Missing in Action,* Joseph Zito, 1984) y *Rambo: Acorralado, 2.ª parte (Rambo/First Blood,* George Pan Cosmatos, 1985). Las cuales, claro está, invirtieron de arriba a abajo los resultados verdaderos de la «Operation Lazarus», en un festival de demagógico revanchismo nacionalista que alborozó las taquillas de la América de Reagan.

nam y a quien el servicio secreto americano le solicita una última misión, entrar en la URSS para robar el Firefox, el avión bélico más letal y sofisticado que se recuerda, con prestaciones que acercan la película a la ciencia-ficción (puede superar cinco veces la velocidad del sonido, el armamento se acciona mediante la mente del piloto). Si la trama es risible, el maniqueísmo nacionalista ofensivo (el rodaje, por cierto, coincide con la «Operation Lazarus») y el desarrollo progresivamente pesado (plúmbeo en la parte final, cuando dominan los efectos especiales), con todo *Firefox* posee cierta relevancia en la trayectoria de Eastwood, a causa de dos factores, tanto más llamativos considerando que ésta constituye una de las películas menos interesantes y personales del autor. El primero, que únicamente se aplica en la primera parte, pese a su mediocridad preferible a la segunda, apunta a la consolidación de esa estética tenebrista que Eastwood anunciaba desde tiempo atrás (aunque en algún caso puntual, léase *El seductor*, había determinado la obra en su integridad), paréntesis hecho del previo tríptico humorístico. El segundo estriba en que *Firefox* implica un paso adelante en la orientación de la tipología de Eastwood hacia los héroes torturados por el pasado y desequilibrados en su madurez, pero finalmente victoriosos gracias a su especial entraña. «¿Sabe pilotar un Firefox?», le preguntan. «Soy el mejor», responde.

Ahora bien, si resulta desconcertante que Eastwood emprenda *Firefox* tras *Duro de pelar*, *Bronco Billy* y *La gran pelea*, no es menos asombroso que acto seguido realice consecutivamente *El aventurero de medianoche* e *Impacto súbito*, puesto que, aunque ambas retoman sendos paradigmas abordados, el *americana* en la primera y Harry el sucio en la segunda, lo hacen desde unas perspectivas novedosas que implican un cierto riesgo comercial. La primera, al superar la tentación de la comedia y ambientar la historia en los años treinta, durante la Depresión. La segunda, al ensombrecer, en todos los sentidos, la saga del inspector Callahan, por primera vez con realización del propio Eastwood.

Sondra Locke, ausente del reparto virtualmente masculino de *Firefox*, participa en ambas. En *El aventurero de medianoche* tras la cámara, como *coach* de Kyle Eastwood, el primogénito de Clint y secundario actor infantil en alguna de sus películas previas, por ejemplo, *Un botín de 500.000 dólares* y *El fuera de la ley*. En *Impacto súbito* de coprotagonista, mediante una actuación inferior a la que brindó en *Ruta suicida*, pero superior, y mucho, a las vistas en *Duro de pelar*, *Bronco Billy* y *La gran pelea*.

Escrita por Clancy Carlile según su propia novela, *El aventurero de medianoche* presenta a Eastwood en el insólito papel de un cantante *country* con oficio pero sin beneficio, a la par pícaro y patético, ni joven ni viejo, que tiene los días contados y lo intuye. Combina propiedades de genuinas figuras míticas del sector (Hank Williams, Red Foley, por supuesto Bob Wills), mas con un espíritu propio, a la medida de un Eastwood dispuesto a tantear cierta fragilidad en su tipología y que, en cierto modo, ya piensa en negro. Con sus propias palabras:

> Aunque fuera un músico *country* blanco, este hombre podía haber sido un músico de *jazz* negro. Cierto, es blanco y, como tal, tiene ventajas. Pero no las aprovecha. Ésta es la razón por la cual a los músicos negros no les gustaba demasiado Chet Baker. Tenía talento, tocaba bien, era guapo y era blanco. Y los negros le preguntaban: «¿Por qué te drogas? ¿Por qué estás convirtiéndote en un adicto? Tienes todas las ventajas del mundo. Eres guapo, las chicas te persiguen, tocas bien, cantas bien, ¿de qué te quejas?» Pienso que les irritaba. Hasta hace pocos años, en América a los negros no se les daba muchas oportunidades. Por eso los músicos negros pensaban que un colega blanco no tenía derecho de destruirse[12].

Las referencias temáticas y visuales incluyen desde recuerdos infantiles del propio Eastwood a clásicos del cine americano de la época evocada, en especial de John Ford y King Vidor, amén de la literatura de William Faulkner y John Steinbeck y las fotografías de Walker Evans, en un desbordante

---

[12] L. Barisone y G. D'Agnolo, *op. cit.*

El aventurero de medianoche (1982).

dechado de *americana* con una disposición argumental oportunamente *on the road*; empero, esta película recuerda sobre todo a la muy apreciable *Esta tierra es mi tierra (Bound for Glory,* Hal Ashby, 1976), realizada sólo cinco años antes, con David Carradine encarnando el mítico cantante *country* Woody Guthrie, el ídolo y modelo de Bob Dylan, justo durante el mismo período histórico. Inspiraciones ajenas aparte, *El aventurero de medianoche,* por desgracia, a veces retoma el dudoso sentido del humor del antedicho tríptico *Duro de pelar, Bronco Billy* y *La gran pelea,* si bien refinado por motivos de tono y contexto, incluyendo una puntual parodia del *western* que a todas luces significa una concesión comercial. Asimismo incorpora, merced a la relación entre el cantante maduro y su sobrino adolescente, todos los tópicos habidos y por haber de los relatos de iniciación a la madurez; si bien, ciertamente, lo hace con una gran frescura, tanta que casi parece la primera vez que los vemos. En cualquier caso, lo previsible que va siendo el desarrollo, y lo mal que canta Eastwood, suponen los peores defectos de una película, por lo demás, muy interesante, en cuanto que delata con intensidad el amor crítico del autor por su patria, mientras demuestra que como artista cinematográfico está aprendiendo a plasmar esa sensibilidad a la cual, infructuosamente, ya intentara acceder varios años atrás. En particular, la mortuoria parte final es magnífica, irrefutablemente el mejor bloque de cine que Eastwood había rodado hasta entonces; su modo, a la par sobrio y emotivo, de plasmar el fallecimiento del protagonista por causa de la tuberculosis, sin recrearse pero sin eludirlo, merece la admiración más alta, y anuncia el extraordinario tercio postrero de *Million Dollar Baby (Million Dollar Baby,* 2004).

El inesperado fracaso comercial de *El aventurero de medianoche,* en cuyo reparto Kyle Eastwood sale airoso y destaca la bienvenida recuperación del anciano John McIntire (veinticinco años atrás, había coincidido con Eastwood en el reparto de *Away All Boast!),* abre deprisa el camino a la cuarta aventura de Harry Callahan. La crítica americana, y sobre todo la europea, ya reconoce que Clint Eastwood es, también, un director, y, a la vista está, un autor. Pero hasta *Gran Torino* ya no volverá a morir ante la cámara. Los americanos no han querido ver las dos películas en que lo ha hecho, *El seductor* y *El aventurero de medianoche.*

El germen de *Impacto súbito* no resultaba precisamente prometedor. Consistía en retomar el personaje Harry Callahan, cuya anterior entrega fue lamentable y había aparecido nada menos que siete años atrás, con el descarado ánimo de reflotar a Eastwood en la taquilla tras el fracaso de *El aventurero de medianoche,* además de forma que su amante cupiera en el reparto. Sin embargo, Eastwood respondió brindando la única secuela realmente estimable y sustanciosa de *Harry el sucio.*

El inicio es convencional y desalentador. Sin embargo, cuando la trama se desplaza desde el recurrente San Francisco a una localidad costera, y el personaje femenino importa progresivamente, *Impacto súbito* adquiere su peculiar cualidad, atractiva más allá de las reiteraciones, arbitrariedades y desequilibrios del desarrollo. El proverbial compañero de Callahan ahora es un perro grotesco, único detalle humorístico del conjunto, mas no trivial: remite a las entregas anteriores por-

Sondra Locke en *Impacto súbito* (1983).

que muere de modo cruento, pero con anterioridad su instinto animal salvó al héroe de caer en una emboscada. Por su parte, el argumento comulga, dignificándolo, con un subgénero típico de los años setenta, actualmente denominado, con oportuna brutalidad, «Rape & Vengeance» («violación y venganza»), que había brotado de la execrable *La última casa a la izquierda (The Last House on the Left*, Wes Craven, 1972), y justo la temporada anterior a *Impacto súbito* originó la más respetada de sus entregas, *Ángel de venganza (Angel of Vengeance*, Abel Ferrara, 1981). ¿Puede añadirse que el hecho de incluir *flash backs* de la violación que justifica la trama deriva irrefutablemente de *La muerte tenía un precio*?

El interés de *Impacto súbito* late en la relación que se entabla entre la pareja estelar, distinta de la que mantenían en las cinco películas que habían protagonizado juntos, y vinculada por un desprecio de las normas que ahora es literalmente violento; dentro de la ley, en el caso del policía; fuera, en el de la pintora. Una relación tensa y oscura, de acuerdo con el tono sórdido de la película, una relación nacida del horror pero donde aflora el amor, y que posibilita una soberbia, electrizante, insólita idea de suspense moral: ¿el espectador quiere que triunfe él, resolviendo el caso, o ella, cumpliendo antes sus mortíferos objetivos? Pareja aparte, el resto de los ingredientes se simplifica, demasiado, para que resalte la relación entre estos dos personajes, inaceptables socialmente en mayor medida que nunca lo fueron en la filmografía Eastwood-Locke: él se reconoce obsoleto y fracasado, está asqueado por saber que su sangrienta cruzada contra el crimen le desborda, nunca finalizará; ella está ejecutando, sin prisa pero sin pausa, una venganza particular que considera legítima y de la cual nadie puede apartarla. Ella ha dado, pues, el paso adelante que él siempre evitó; por consiguiente, y con coherencia, al final Callahan miente para salvarla, afirmando que el autor de los asesinatos es uno de los criminales muertos. E irrumpe así uno de los mejores desenlaces de la obra de Eastwood. La convicción, moral, de que la Justicia, natural, debe triunfar sobre la Ley, artificial; la hermandad, íntima, en la radical aplicación de la violencia; y la atracción, amorosa, entre un hombre solitario y una mujer desquiciada abrazan los patéticos personajes y se aúnan a la perfección en un formidable clímax ético-emocional, que desaconseja cualquier valoración ideológica, pues la ridiculiza.

Eastwood nunca había llegado tan lejos a la hora de ejemplificar su ideario. Ni volverá a hacerlo, aunque parece improbable que la razón fuera el abultado número de acusaciones de «fascista» que recibió, por la película en general y el desenlace en concreto, empero al calor de un considerable éxito comercial. A propósito, *Impacto súbito* es la película donde Eastwood escupe el celebérrimo diálogo «Alégrame el día» *(Make My Day)*, que mucha gente todavía atribuye erróneamente a *Harry el sucio*, y del cual se apropió hasta el propio Reagan, en un debate público televisado.

Las dos producciones Malpaso que cierran esta etapa vuelven a ser tan inesperadas, en general, y antitéticas entre sí como poco antes lo habían sido *Duro de pelar* y *Fuga de Alcatraz*. Rodadas ambas en 1984, cabe advertir que además proceden de las mismas fuentes respectivas, puesto que el giro de Burt Reynolds hacia la comedia permite *Ciudad muy caliente*, y la creatividad de Richard Tuggle origina *En la cuerda floja*. Existe, por añadidura, un relevante vínculo entre ambas, cual es la introducción de Lennie Niehaus como compositor musical de Malpaso, tras trabajar en la orquestación en varias bandas sonoras de películas previas de la compañía. Así, Eastwood, acaso forzado por la muerte accidental de Jerry Fielding, asciende a otro colaborador de confianza a cabeza de departamento, y con tal satisfacción que desde entonces Niehaus será el compositor de la práctica mayoría de sus películas. Es más, apenas ha trabajado para el cine fuera de Malpaso, y en las escasas ocasiones que lo hizo la trascendencia fue nula. La amistad entre Eastwood y Niehaus, por cierto, databa de mucho tiempo atrás, puesto que se habían conocido en la base donde prestaban el servicio militar, literalmente en la piscina. Por lo demás, no puede extrañar, antes al contrario, que, al igual que Lalo Schifrin, Niehaus procediera del *jazz*. En su caso, había destacado como saxofonista y arreglista, sobre todo en la orquesta de Stan Kenton, además de liderar grupos propios, en los cuales había contado con músicos tan magníficos como el pianista Hampton Hawes, el bajista Red Mitchell y, sobre todo, el soberbio Pepper Adams, sin duda el único ejecutante de saxo barítono a la altura, o casi, del justamente mítico Gerry Mulligan.

El propósito de Reynolds respecto a *Ciudad muy caliente* era, desde luego, explosivo; reunirse con el prestigioso director Blake Edwards, tras el trabajo mutuamente satisfactorio en *Mis problemas con las mujeres (The Man Who Loved Women*, 1983), y emparejarse con su amigo Clint Eastwood, para una comedia policiaca suntuosamente ambientada en los años treinta, bajo el título, provisional, de *Kansas City Blues*. Eastwood acepta, y se implica en la producción, dispuesto a parodiar su registro ahora de forma más directa que en su trilogía *country*, pues encarna un policía, una elegante paráfrasis retro de Harry Callahan. Sin embargo, apenas empezado el rodaje, la

Ciudad muy caliente (1984). Con Burt Reynolds.

relación entre Reynolds y Eastwood, cordial desde los años sesenta y con algún que otro parangón en el lado profesional, como ya hemos visto, degenera en franca enemistad; por consiguiente, Edwards, incómodo ante la obligación de trabajar bandeando día tras día tal contratiempo, dimite (o es despedido, según la versión). La filmación continúa a trancas y barrancas, dirigida por el ex actor Richard Benjamin, mientras el guión se modifica sobre la marcha. Tras concluirse por fin, *Ciudad muy caliente* no gusta a ninguno de sus artífices, tampoco al público, y cae en el olvido apenas empieza a circular.

Sin embargo, no es tan desdeñable como predica su mala fama, y bien merece una recuperación, puesto que, al menos durante la primera hora, el homenaje desenfadado a la tradición literaria y cinematográfica del *thriller* de los años treinta emana cierto encanto metagenérico, con algo de fantasmagoría, incluyendo gratas referencias *jazzísticas*, justificadas por su ambientación en una de las cunas del *jazz* y el *blues*, la ciudad de Kansas que prestaba su nombre al título inicial, y óptimamente traducidas en la banda sonora gracias al talento de Niehaus. Después, la película sin duda se vulgariza, pero sin caer en la chabacanería. Además, *Ciudad muy caliente* encierra un plano tan desternillante como revelador dentro de la obra de Eastwood: hacia el final, tras matar a un abultado número de personas en los noventa minutos previos, se sienta ante el piano en un club y, relajado, comienza a tocar una pieza de *jazz;* la heroína, perpleja, le comenta: «No conocía yo esta faceta tuya», y él responde sonriendo: «Pero si yo odio la violencia.» ¿Sería demasiado simple deducir que Eastwood usa la pistola para enriquecerse y la música para disfrutar?

En la cuerda floja prolonga el bienvenido, y valiente, afán de Eastwood de colorear su tipología con tintes nuevos, pero en particular acuña la decisión de hacerlo a la luz del paso del tiempo y de la mayor o menor vinculación del héroe a un núcleo familiar, ya apuntada en *El aventurero de medianoche*. Así, por primera vez su personaje no vive solo, ni por elección personal ni porque su mujer haya fallecido violentamente; se trata de un maduro policía divorciado, que convive con sus dos hijas. El fracaso matrimonial le ha despertado una sexualidad morbosa, lo cual termina de apartar a este personaje de todos los que Eastwood personificara antes, en general, y, si de policías hablamos, de Harry Callahan, en concreto. Sin duda, flota una lectura edificante de la turbia sexualidad del héroe, que culpa no sólo a la soledad y/o el divorcio, sino también a la ex esposa («No estaba interesada en la ternura», afirma él), y muestra cómo el protagonista supera felizmente tal tendencia al entablar una relación amorosa ortodoxa (con el personaje a cargo de la gran Geneviève Bujold). Por lo demás, representa un ciudadano ejemplar, que compagina sus obligaciones de padre, adorado por las niñas, con el cumplimento del deber, dentro del cual supone un policía modélico. Hasta recoge perros callejeros; bien hecho, porque uno le salvará la vida, al igual que en *Impacto súbito* (esta referencia, y el hecho de que el asesino porte una máscara similar a la de Scorpio, suponen algunos de los, pocos, vínculos de *En la cuerda floja* con la saga «Harry el sucio»). No obstante, pese a todos estos puntos a favor, en su día resultó altamente turbador, por inconcebible, ver a Eastwood, por ejemplo, en la cama acariciando a una joven prostituta esposada al cabecero, de espaldas y desnuda. Si su imagen sobrevivió a esta escena, es que ya era indestructible.

La lujuria bizarra que agobia al héroe, cual adicción, es justo el recurso que usa el criminal para angustiarle progresivamente, tanto en el plano psicológico cuanto de cara a colgarle sus crímenes, todo un malicioso hallazgo de guion, original del propio director Tuggle. No obstante, la auténtica novedad de la película estriba en suponer una insólita incursión de Eastwood en el *thriller* de horror, cuya inspiración, para mayor sorpresa, no apunta tanto al cine americano —aunque copie ideas de la soberbia *El cabo del terror* (*Cape Fear*, J. L. Thompson, 1962), treinta años después objeto de un deleznable *remake* por parte de Martin Scorsese— cuanto al italiano *giallo*: trucos argumentales, crueldad lasciva, fetichismo de los objetos, atmósferas nocturnas, sordidez a ultranza..., la mímesis es flagrante en la escena del almacén de máscaras, donde, por añadidura, la banda sonora de Niehaus abandona su tenaz espíritu *jazzístico* para copiar a Ennio Morricone. *En la cuerda floja*, así, es importante porque constituye la segunda, aunque puntual, aclimatación por parte de Eastwood de un paradigma italiano: tras Sergio Leone, Dario Argento (que trabajó para Leone, dicho sea de paso). Por lo demás, está bien ritmada e interpretada, aunque falta valor para profundizar en lo que apunta, abundan los tópicos y sobran demasiados minutos. Una última observación, de otra laya: *En la cuerda floja* contiene sendos trabajos de las dos primeras hijas de Eastwood; Alison como actriz, encarnando la hija mayor del héroe, y Kimber en el equipo técnico. Kimber, por cierto, estaba embarazada de un niño que nacería poco después, Clinton. Es decir, poco después de terminar *En la cuerda floja*, Clint Eastwood, con cincuenta y cuatro años, ya es abuelo.

Mientras finaliza esta etapa, aparecen más libros sobre Eastwood. Pero ahora no sólo en Inglaterra y Estados Unidos; se publican también en Bélgica, Francia, Italia y uno, en dos tomos, en Japón. Incluso un club de admiradores británico, CEAS (Clint Eastwood Appreciation Society), fundado y dirigido por Dave Turner, publica una revista íntegramente dedicada a su persona, *Magazine 44 Magnum*, editada entre 1979 y 1989.

Su adúltera relación con Sondra Locke, aireada por todos los medios de comunicación, ha puesto a prueba el respeto y la admiración del pueblo americano, con resultados triunfales. El escándalo de la «Operation Lazarus» tampoco le ha salpicado de modo preocupante; además, de cara a sus admiradores irracionales, implica la aplicación en la vida real de las decisiones drásticas y elecciones individualistas típicas de sus personajes.

Por otro lado, se reconcilia con Sergio Leone, cuya obra, y el *spaghetti western* en general, desde mediados de los años ochenta experimenta una entusiasta y creciente reivindicación mundial. Se rumorea incluso que asumirá un papel de colaboración en la superproducción americana de Leone, *Érase una vez en América (Once Upon a Time in America*, 1984)... El rumor, por desgracia, se queda en tal, aunque Eastwood aprovechó el rodaje en Estados Unidos de la película para reencontrarse cordialmente con Leone.

Rechaza más proyectos señalados, por ejemplo *Los gritos del silencio (The Killing Fields*, Roland Joffé, 1984), como siempre para atender los propios. Ahora bien, uno de ellos, propuesto precisamente por el productor de *Érase una vez en América*, Arnon Milchan, procedía del mismísimo Orson Welles, *The Big Brass Ring;* su personaje era un turbio político americano que, en el transcurso de un viaje a España, deja a sus acompañantes para volar a un pequeño estado africano, a fin de reunirse con su viejo maestro y mentor. El guión está publicado. Y duele profundamente pensar que por culpa del rechazo de

Eastwood, tan especial y deliciosa fantasía cinéfila (¡Clint Eastwood a las órdenes de Orson Welles, a caballo entre España y África!) no se concretó, cuando podía haber cuajado sin mayor problema, con la facilidad financiera supuesta por el protagonismo de la mayor estrella mundial. El Séptimo Arte jamás podrá perdonar a Clint Eastwood esta egoísta negativa.

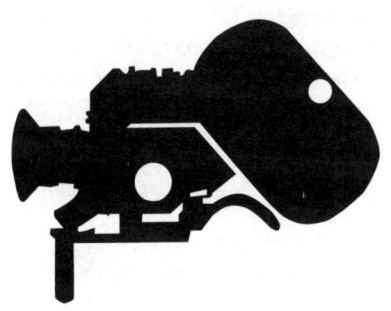

Todavía sí (1985-1992)

> Los films de Eastwood poseen hoy la rara e informativa virtud de captar o refractar el espíritu nacional de su país en el momento que aparecen. Y eso no se debe a que traten de complacer el gusto popular, sino a que, como decía Edmund Wilson de Hemingway, su autor se ha convertido de alguna manera en medida de moral (José Luis Guarner, *Historia del cine americano*, vol. 3: *Muerte y transfiguración (Hollywood, 1960-1992)*, Barcelona, Laertes, 1993).

«Las principales aportaciones de los Estados Unidos a la cultura del siglo xx son el *western* y el *jazz*.» Ésta supone una de las afirmaciones más emblemáticas, y reiteradas, de

Clint Eastwood a través del tiempo. Por supuesto, es irrefutable, y a todas luces ha nutrido la obra de Eastwood desde los mismísimos inicios, en las manifestaciones y niveles correspondientes; ahora bien, en esta nueva etapa la aplica mediante un empeño particular, cristalizando así sus respectivos efectos con mayor enjundia y fortuna que en todas las demás, anteriores o posteriores. La prueba estriba en que las puertas que abren y cierran el período corresponden respectivamente a los dos mejores *westerns* jamás producidos, realizados y protagonizados por Eastwood, *El jinete pálido (Pale Rider,* 1985) y *Sin perdón (Unforgiven,* 1992), mientras que, rodada entre medias, *Bird (Bird,* 1988), que sólo produce y dirige, sigue significando el cenit del *jazz* en el Séptimo Arte.

Es más, estas tres películas brillan más allá del período, por cuanto implican tres cumbres en la obra de Eastwood en términos globales, sin distinción de géneros o épocas. Sin embargo, y extrañamente, el resto del trabajo del autor en esta fase es no ya inferior, sino mediocre. Comprende, por una parte, *El sargento de hierro (Heartbreak Ridge,* 1986), *Cazador blanco, corazón negro (White Hunter, Black Heart,* 1990) y *El principiante (The Rookie,* 1991), en las cuales aúna las funciones de productor, director y actor; por otro lado, *La lista negra (The Dead Pool,* 1988) y *El cadillac rosa (Pink Cadillac,* 1989), ambas dirigidas por Buddy van Horn, con Eastwood limitado a la producción y actuación; finalmente, aparecen tres sorpresas: *Ratboy* (1986) y *Thelonius Monk Straigh No Chaser* (1988), pues suponen sus primeras producciones sin protagonismo y con realización ajena, la una de Sondra Locke y la segunda, con la cual Eastwood debuta en el campo del documental, de otra mujer, Charlotte Zwerin; y *Vanessa en el jardín (Vanessa in the Garden,* 1985), dado que implica su debut como director en el medio televisivo.

Cine aparte, dos acontecimientos marcan sonoramente estos años. El primero era impredecible, por ende implica otra de las múltiples sorpresas que jalonan la vida y obra de Clint Eastwood; se trata de su incorporación a la política, traducida en un período de dos años, 1986-1988, en los que ejerce el cargo de alcalde en Carmel. Por el contrario, el segundo se veía venir, consiste en la separación, nada cordial, de Sondra Locke.

Eastwood emprende su nuevo *western* tras nueve años alejado del género y a sabiendas de que el público sigue asociándole con su imaginería. Nuevos mercados de difusión fílmica (el vídeo doméstico, el incremento de canales televisivos) están revitalizando sus previas incursiones al respecto, por doquier y entre todas las generaciones. La confianza añadida que le confieren, por un lado, la mejoría en su valoración crítica y, por otra parte, su experiencia de quince años dirigiendo acentúan este estímulo de regresar al género que le alzó de la pobreza y el anonimato. Por consiguiente, a inicios de los años ochenta propone al dúo de guionistas de *Impacto súbito*, Dennis Shryack y Michael Butler, que le escriban un *western*, pero que reivindique las fuentes clásicas y difiera, en la medida de lo que permite su imagen, de *Infierno de cobardes* y *El fuera de la ley*.

Surge así en 1985 *El jinete pálido*, probablemente el mejor *western* del autor. Asombra en unas carteleras en las que, con el género ya refugiado casi por entero en la producción televisiva, curiosamente coincide con otro intento de resucitarlo, *Silverado (Silverado,* Lawrence Kasdan, 1985). Éste, por cierto, revela a Kevin Costner, años después, no menos curiosamente, protagonista de una película del propio Eastwood, así como colega suyo en el propósito de que el *western* nunca desaparezca del Séptimo Arte, aunque los resultados no resisten la comparación. Ni mucho, muchísimo, menos.

Cuantitativamente, *El jinete pálido* es un dechado de autorreferencia, empezando por el propio título, tomado de un capítulo de *Rawhide* titulado *Incident of the Pale Rider,* que Christian Nyby rodó en 1963 con guión, vaya por dónde, de Dean Riesner. Sin embargo, su entraña consiste precisamente en trascender esta cualidad de autohomenaje, mediante la determinación de incorporar, como primera medida, el argumento y la esencia estético-moral de un clásico del género, *Raíces*

El jinete pálido (1985).

profundas (Shane, George Stevens, 1953), que no por nada supuso la película que consolidó el arquetipo del pistolero enigmático llegado de no importa dónde y dispuesto a resolver con las armas el conflicto argumental, arquetipo al que recurriera el propio Leone para *Por un puñado de dólares.* Gracias a tal premisa, los dos referentes en la obra de Eastwood que el guión maneja en mayor medida *(El seductor,* debido a que el carisma del protagonista revoluciona emocionalmente una comunidad; e *Infierno de cobardes,* a causa del rasgo ultraterreno del héroe y el peso dramático de una venganza de ultratumba) pierden el epíteto escabroso, y hasta sórdido, de aquéllos para adquirir un atributo rematadamente positivo. Este reajuste de sentido se activa mediante un tono que aglutina el cuento de hadas con la parábola bíblica, lo que afirma el vínculo sobrenatural existente entre ambos paradigmas: el anónimo «predicador» protagonista encarna tanto la fantasía de una linda impúber cuanto el milagro que aguarda una pacífica comunidad cristiana, merced a una aparición, metafórica y literal, cuyo significado último, magnificando ambos conceptos en un solo crisol, no es sino la conveniencia, la necesidad íntima, cultural y antropológica de no renunciar nunca a los mitos ni dejar de creer en los ídolos. La perfecta verosimilitud de los personajes y ambientes autoriza esta perspectiva según el sabio axioma de E. T. A. Hoffman:

> La base de la celeste escalera por la que se asciende a las regiones superiores debe estar firmemente anclada en la vida y ser accesible a todo el mundo. Así, el que apoye sus pies en ella, cuando al subir se vea más y más metido en un fantástico país encantado, creerá que este país forma también parte de su vida; es más, creerá que constituye la más preciosa parte de ésta[1].

El único intérprete de *El jinete pálido* que había trabajado antes con Eastwood, además en papeles brevísimos, es el otoñal John Russell, habitual del *western,* tanto en cine como en televisión, y recordado sobre todo por su villano rijoso de *Cielo amarillo (Yellow Sky,* William A. Wellman, 1948); Russell, fallecido seis años después, desempeñó aquí su penúltimo trabajo. Pero tampoco él estaba previsto, pues Eastwood intentó que su personaje lo personificara el mismísimo Lee Van Cleef. El pésimo estado en que encontró a éste, por culpa del alcoholismo, sugirió al autor adjudicar a Russell este papel, bien que caracterizándole de forma que evocase inequívocamente a Van Cleef. La idea, por supuesto, estribaba en invocar a Leone durante el enfrentamiento del «predicador» contra la formación de hieráticos enemigos ataviados con guardapolvos. Y se logra, evidentemente, merced a una valoración del vestuario, el sonido y los espacios que recuerdan situaciones análogas de *El bueno, el feo y el malo* y *Hasta que llegó su hora.*

---

[1] Reproducido de Rafael Llopis, *Historia natural de los cuentos de miedo,* Madrid, Júcar, 1974.

Realista y feérico por igual, muy bien regulado en una riqueza de ingredientes donde la violencia combate con el lirismo, de impecable narrativa y formalmente desarrollado mediante un criterio estético que confronta la naturaleza ubérrima de los exteriores con el tenebrismo pictórico de los interiores, *El jinete pálido,* por último, sugiere también una lectura autometafórica desde su matiz crepuscular: el «predicador» surge cuando nadie contaba con él, actúa de la manera previsible y desaparece en su propio pasado. A mediados de los años ochenta, este planteamiento bien podía significar la despedida de un maduro Eastwood del agonizante *western,* como si dijera «otra vez, pero la última», consciente de que su categoría de figura especial del género justificaba esta nueva incursión, mas sin posibilidad de prolongaciones.

La taquilla responde, sin entusiasmo pero afirmativamente, y la crítica mundial termina de admitir a Eastwood como director, más allá de la legítima satisfacción por el afortunado regreso del *western* a las pantallas gracias a la económicamente arriesgada acción de uno de sus mayores iconos[2]. Con todo, la respuesta más singular e inesperada que obtuvo *El jinete pálido* fue su incorporación a la mismísima sección competitiva del festival de Cannes... No ganó premio alguno, pero la historia todavía no se ha recuperado de la irritada perplejidad que invadió a los sectores críticos más rancios y pedantes: ¡Un *western* en el festival de Cannes! Vergonzoso, se consideró... si bien su autor, durante el evento, fue nombrado Chevalier des Arts et Lettres por el ministro de cultura francés, y obtuvo así su primer homenaje fuera de Estados Unidos, además de una categoría cultural que trasciende el puro sector cinematográfico. Aunque, si de Francia se habla, debe añadirse, aunque no sea más que la típica *boutade* del director, que en el mismo año la insoportable *Detective (Detective,* Jean-Luc Godard, 1985) empezaba mediante

---

[2] El lado fenicio de Eastwood optimizó raudamente la repercusión de la película creando una marca de cerveza, la «Pale Rider Ale», que fue comercializada durante los quince años posteriores al estreno.

una dedicatoria a John Cassavetes, Edgar G. Ulmer y Clint Eastwood[3].

Sendas notas a pie de página, por así decirlo, cierran la relación profesional de Clint Eastwood con Sondra Locke: consecutivamente, ella protagoniza el telefilm *Vanessa en el jardín* y realiza y protagoniza el largometraje *Ratboy*. En el primer caso, Eastwood dirige, sin más; en el segundo, produce y aporta su equipo entonces recurrente (Bruce Surtees en la fotografía, Lennie Niehaus en la música, Edward Carfagno en la escenografía, Joel Cox en el montaje).

Ninguno de los dos trabajos, en efecto, encierra mucho más valor que el histórico-anecdótico, pues adentran a Eastwood en las correspondientes facetas nuevas. *Vanessa en el jardín*, además, posee la relevancia de sellar la primera colaboración entre Eastwood y el todopoderoso Steven Spielberg, productor de este telefilm, perteneciente a una serie de cuarenta y cinco episodios, *Amazing stories,* emitida por la cadena NBC a lo largo de dos temporadas, 1985-1987, y cuya meta consistía en recrear el entrañable espíritu de la ciencia-ficción catódica de los años cincuenta, justo en la línea de esa mítica *Zona crepuscular* que el propio Spielberg venía de traducir, sólo dos años antes, a la pantalla grande, en una superproducción compuesta, lógicamente, por varios segmentos, *En los límites de la realidad (Twilight Zone, The Movie,* Steven Spielberg, John Landis, George Miller y Joe Dante, 1982). La selección de cineastas contratados por Spielberg para esta serie *amazing stories* era un tanto ecléctica, por no decir estrafalaria (Martin Scorsese, Tobe Hooper, Burt Reynolds, Peter Hyams, Joe Dante, Danny De Vito, Irvin Kershner, Paul Bartel, East-

---

[3] Al calor del éxito internacional de *El jinete pálido*, surge, extrañamente, una especie de secuela de *El fuera de la ley,* escrita empero por el autor de la novela original, el misterioso Forrest Carter, pero sin nada que ver con Eastwood. Se trata de la modestísima *The Return of Josey Wales* (1986), que de momento constituye la única realización, con protagonismo propio, de Michael Parks, un actor, digamos, *trash,* que en los últimos años ha ganado cierta fama *freak* por el hecho de aparecer en varias películas con Quentin Tarantino de por medio en alguna manera.

wood...), y, a la postre, con los tres episodios que parecieron más conseguidos se montó el largometraje *Cuentos asombrosos (Amazing Stories,* Steven Spielberg, Robert Zemeckis y William Dear, 1987). *Vanessa en el jardín,* escrita por Spielberg en persona, suscribe el romanticismo *post mortem* propio del género gótico, merced a una historia ambientada en New Hampshire hacia finales del siglo XX, cuyo protagonista es un pintor incapaz de admitir la súbita muerte accidental de su amada. Desgraciadamente, no se explicita como sería de desear esa atractiva sensibilidad *fantastique* que habían insinuado varios trabajos anteriores de Eastwood, sin ir más lejos *El jinete pálido,* por lo cual *Vanessa en el jardín* se queda en lo superficial, en lo inane, en la peor aplicación crítica del término «televisivo»; se deja ver, eso sí, con la misma curiosidad, ya que no más, que despierta encontrar a las órdenes de Eastwood dos actores tan lejanos de su cine como Harvey Keitel, encarnando el pintor, y Beau Bridges, como su representante, junto a una Sondra Locke discreta en el papel de Vanessa.

En cuanto a *Ratboy,* supone un oportunista derivado, hasta en el título, de la tan poco antes exitosa *El hombre elefante (Elephant Man,* David Lynch, 1980), con toques puntuales nada menos que de *King Kong* (Ernest B. Schoedsack y Merian C. Cooper, 1933); versa sobre el empeño de una periodista por ganar la gloria profesional merced a un muchacho con rostro y miembros de rata, que vive en las alcantarillas de Los Ángeles. Fábula sobre el derecho a la diversidad y la desalmada ambición propia de la sociedad capitalista, por desgracia carece de mayor inventiva argumental, y para colmo de males, la realización es anodina, cuando no insolvente. Puede entenderse que apenas lograra distribución, ni con Eastwood-Malpaso por delante, si bien los aficionados incondicionales del cine fantástico la tienen en cuenta porque la caracterización del *Ratboy* fue obra de Rick Baker, uno de los divos de la especialidad, Óscar incluido.

La campaña de 40.000 dólares desplegada por Eastwood con vistas a obtener la alcaldía de Carmel, donde habitaba desde inicios de los años setenta, fructifica con una mayoría absoluta, el 72 por 100 del censo. Así, el 8 de abril de 1986 sale clamorosamente elegido, copa la atención de todos los medios de comunicación y recibe la enhorabuena pública del propio presidente Reagan. El nivel turístico del área, como era de esperar, creció mucho, así como, por extensión, la economía local. La decisión de Eastwood, al menos según sus declaraciones, partió del ánimo de mejorar la ciudad donde era feliz. Sin embargo, respecto a su gestión propiamente dicha, existen dos posturas enfrentadas. La positiva afirma que efectuó admirables reformas, sobre todo respecto a la optimización de la sanidad y la disminución de toda laya de burocracia; la negativa sostiene que potenció los intereses de los empresarios con una virulencia digna de sus personajes fílmicos, y recuerda que dictó leyes municipales delirantes (por ejemplo, la prohibición de comer helados en la calzada). En cualquier caso, esta faceta representó el enésimo imprevisto en su trayectoria, y su particularidad sugirió a muchos que Eastwood, acto seguido, seguiría los pasos del, precisamente, ex actor Reagan, cuyo último trabajo para el cine, curiosamente, había aparecido en un *thriller* de Don Siegel, *Código del hampa (The Killers,* 1964), *remake* del soberbio *Forajidos (The Killers,* Robert Siodmak, 1946). No obstante, el paso de los años ha borrado tal sospecha y ha confirmado lo que Eastwood declarara entonces: «Mis ambiciones políticas empiezan en Carmel y acaban aquí. Dejad a Reagan hacer su trabajo, que yo haré el mío»[4]. Pero en su día las especulaciones estaban servidas. Por añadidura, y para mayor escabrosidad, la entrada en la política de Eastwood coincidía con una decadencia en su relación con Sondra Locke que no le dejaba precisamente en buen lugar: ya era público que, mientras continuaba la convivencia, Eastwood había entablado relaciones con una azafata, Jacelyn Reeves, con la cual, encima, tendrá descendencia, Scott, nacido en este 1986, y Kathryn, en el 1988 en que cede el cargo por voluntad propia.

Constituye, pues, ésta una etapa singular y altamente crítica para Clint Eastwood. Echando leña al fuego, su siguiente pe-

---

[4] Reproducido de Antonio Trashorras, *Clint Eastwood, op. cit.*

El sargento de hierro (1986).

lícula, *El sargento de hierro,* emprendida apenas dos meses después de ser elegido alcalde, en vez de seguir la estela de *El jinete pálido,* retrocede a la entraña de *Firefox,* para suscribir otra vez las directrices militaristas y nacionalistas del gobierno de Reagan, nuevamente con la colaboración del US Defence Department. En otro orden de cosas, este film recoge dos importantes relevos en Malpaso. Por un lado, durante la preproducción, la vieja amistad entre Eastwood y Fritz Manes finaliza de mala, muy mala manera; por ende, le sustituye en el cargo David Valdés, que precisamente se había curtido en Malpaso trabajando a las órdenes de Manes, al igual que éste a su vez lo hiciera con Robert Daley. Por otra parte, supone el fin, no menos imprevisto, del trabajo en la productora del director de fotografía Bruce Surtees; así, desde *El sargento de hierro* hasta *Space Cowboys (Space Cowboys,* 2000), ambas incluidas, la fotografía de todas las producciones Malpaso corresponde a Jack N. Green, que había empezado a trabajar para Eastwood como operador de cámara, a mediados de los años setenta[5].

Estrenada en diciembre del propio 1986, *El sargento de hierro,* previamente, es decir tras el pase privado de rigor, había perdido el apoyo de las mismas autoridades militares que facilitaron su producción. Oficialmente, porque pintaba la vida castrense y la psicología de los soldados con una crudeza esperpéntica y en absoluto verídica. Posiblemente, a causa de la rematada vulgaridad, en todos los sentidos, del resultado (militares, pero no necios).

El guión está escrito por un ex marine, James Carabatsos, y no revela mayor mérito, a lo largo de su previsible y te-

---

[5] Considérense estas apreciaciones de Green: «Clint cuando rueda tiene un talento extraordinario para armonizar el movimiento de la cámara con el de los actores. Así obtiene un fantástico sentido del ritmo, y en el montaje sus planos casan sin artificios, porque el ojo los guía. Por eso, sigo sus criterios de toda la vida, y cuando nos planteamos el trabajo de fotografía y cámara, sea para la película que sea, rara vez usamos el teleobjetivo, y preferimos los objetivos con focales medias y cortas. Porque el ojo humano no funciona como un teleobjetivo, sino como un gran angular. Así, logramos introducir al público dentro de la película, convertir el ojo del espectador en el objetivo de la cámara», reproducido de L. Barosone y G. D'Agnolo, *Clint Eastwood, op. cit.*

dioso encadenado de tópicos, en gran medida deudor de *Doce del patíbulo*. Ahora bien, interesa destacar que contiene dos ingredientes sugeridos por las respectivas obsesiones de Eastwood. El primero, y menos relevante, consiste en un protagonista que, por segunda vez en la obra del cineasta, es un héroe de la guerra de Corea (en concreto, merced a sus méritos en la batalla que presta el título en la versión original, *Heartbreak Ridge),* si bien desde entonces ha permanecido en el ejército, al contrario del ladrón Thunderbolt de *Un botín de 500.000 dólares.* El segundo, de mayor enjundia, estriba en una trama que no es sino una variante de la «Operation Lazarus», asimismo verídica pero en este caso con éxito en el resultado, para albricias del gobierno Reagan; se trataba de la intervención de cinco mil marines en la isla de Granada el 25 de octubre de 1983, bajo el pretexto de salvar a presuntos rehenes americanos de manos de Maurice Bishop, presidente de un gobierno revolucionario filocubano.

Fuera de este sublimador ajuste de cuentas del autor con manchas de su pasado, poco más puede comentarse, al menos encomiable, salvo el detalle cinéfilo de que «el sargento de hierro», el menos interesante de los personajes de Eastwood en toda su trayectoria, que ya es decir, evoca, si bien desorbitado y con jaez crepuscular, al que encarnara su amigo John Wayne en *Arenas sangrientas (Sands of Iwo Jima,* Allan Dwan, 1949). Y el «Dios os bendiga» que susurra embelesada la camarera, cuando los soldados marchan del bar tras beber un refrigerio, traduce el juicio de la película y de Eastwood sobre el ejército: un mal necesario.

A estas alturas de la carrera de Clint Eastwood, ya podía esperarse cualquier cosa. No obstante, el incansable cineasta californiano se superó a sí mismo: tras estrenar un bodrio, y de la ralea de *El sargento de hierro,* y mientras continuaba desempeñando el cargo de alcalde de su ciudad, en el mismo año de 1988 materializa en la pantalla su pasión por el *jazz* merced a sendos homenajes a músicos, por añadidura negros y un tanto dementes: el pianista Thelonious Monk y el saxofonista Charlie Parker. Hollywood se quedó atónito, la América de Ronald Reagan prefirió no enterarse.

Eso sí, el momento era idóneo. Tanto por la vía del documental como desde la ficción, los años inmediatamente previos del cine, tanto en Europa como en Estados Unidos, habían abonado, y muy bien, el terreno. Desde la primera perspectiva, mediante trabajos como *A Night in Havana: Dizzy Gillispie in Cuba* (John Holland, 1987), *Machito: A Latin Jazz Legacy* (Carlos Ortiz, 1987), donde interviene Gillespie, o *Let's Get Lost* (Bruce Weber, 1988), sobre Chet Baker, los cuales alborozaron justificadamente a los amantes del *jazz*. Respecto al segundo prisma, *Alrededor de la medianoche (Round Midnight,* Bertrand Tavernier, 1986), distribuida por la Warner Brothers inseparable de Eastwood, estaba cosechando una buena respuesta crítico-comercial, presidida por una actuación inesperadamente verosímil, en términos interpretativos, del saxofonista negro Dexter Gordon. El hecho de que *Alrededor de la medianoche* signifique la más emblemática composición de Thelonious Monk, por un lado, y, por otro, la aparición de un documental sobre Charlie Parker, *Bird Now* (Marc Huraux, 1987), acaso allanaron en particular los caminos por los que Eastwood accedió a Monk, con el documental *Thelonious Monk: Straight No Chaser,* y a Parker, con la película biográfica *Bird*. En cualquier caso, los resultados de ambos films Malpaso honran sus respectivas premisas, desde el vínculo que representa la responsabilidad de Monk y Parker en la creación del *bebop,* el estilo que revolucionó la historia del *jazz* en los comienzos de los años cuarenta, a raíz del estancamiento del *swing*.

El documental, por supuesto, es mucho más modesto. El único crédito inicial, letras blancas sobre fondo negro, es «Clint Eastwood Presents»; la realización y montaje son de Charlotte Zwerin, en su segundo trabajo para el cine. A lo largo de una duración de unos noventa minutos, que condensa una gran cantidad de horas rodadas y recopiladas, *Thelonious Monk: Straight No Chaser* alterna actuaciones de Monk, entrevistas (el saxofonista Charlie Rouse, el *road manager* Bob Jones, Thelonious Monk Jr., etc.) y filmaciones diversas (desde varias giras al funeral, celebrado en 1982), en un conjunto amalgamado con cierto gusto pero no exento de altibajos rítmicos; incluye asimismo versiones de dos de los temas mayores de Monk, *Well, You Needn't* y *Misterioso*, a cargo de sendos pianistas gloriosos, aunque sin el toque de rara genialidad que distinguió al autor, respectivamente, Tommy Flanagan y Barry Harris. Samuel E. Wright, que encarnará a Dizzy Gillispie en *Bird*, asume la voz narrativa, otro vínculo, pues, entre ambos largometrajes, y la música incidental está compuesta por Dick Hyman, habitual responsable de las bandas sonoras en la filmografía de Woody Allen, compuestas a base de recopilar estándares por lo común de los años treinta-cuarenta. Obsérvese que esto remata un vínculo puntual entre Allen y Eastwood: dos cineastas americanos, estrellas-directores, apasionados por el *jazz*, que con frecuencia han esgrimido su popularidad internacional para sacar adelante ciertos proyectos que, en otras manos, serían inviables.

Bird constituye la segunda producción-realización de Eastwood sin él ante la cámara, tras aquella *Primavera en otoño* realizada quince años atrás. El guión era de Joel Oliansky, databa de 1980 y desde entonces pertenecía a Columbia, que sin embargo no se decidía a producirlo. Eastwood, apenas enterarse de la existencia del proyecto, convenció a Warner Bros. de que lo adquiriera, a fin de asumirlo mediante Malpaso, para satisfacer una emoción juvenil; recuérdese que en 1947 admiró maravillado una actuación de Parker. Su meta apuntaba a realizar la película, con mayúsculas, que tácitamente el cine debía al *jazz*, bajo un novedoso, y arriesgado, criterio: ninguna estrella en el reparto, estructura antitradicional, desprecio de los tópicos al uso en las películas biográficas, ritmo preferentemente melódico que narrativo. Cerrado el trato, si bien bajo la innegociable condición de que Eastwood protagonizara acto seguido dos films de acción, la película se rueda mediante un presupuesto que ronda los nueve millones de dólares, con el entonces desconocido Forest Whitaker encarnando a Charlie Parker, alias Bird. Lennie Niehaus, lógicamente responsable de la

Rodaje de *Bird* (1988). Con Jack N. Green.

banda sonora, y que también escuchó a Parker en su día, además era pertinente como pocos para instruir a Whitaker, aunque también lo hizo con el resto de los actores, ya que durante su etapa *jazzística* estaba especializado en el saxo alto, el instrumento de Parker que implantara el *bebop* (junto con la trompeta de Dizzy Gillispie, el piano de Thelonious Monk y la batería de Max Roach, generalizando groseramente). A propósito, la credibilidad de Whitaker como Parker es prodigiosa, al igual que, en segundo término y aun con inferior brillantez, la de Samuel E. Wright y Michael Zelniker como Gillispie y el trompetista pelirrojo Red Rodney, respectivamente. Pero no sólo en términos recitativos y físicos, que ya es decir, sino también respecto a una dinámica personal en las actuaciones, a una específica alma *jazzística* en la expresividad corporal, que supera todo lo que se había visto en actores que personificaron *jazzmen:* Whitaker en manos de Eastwood realmente es un músico de *jazz*, aunque Parker en sus actuaciones era algo más estático que el actor[6].

Este primoroso celo emerge asimismo en los demás aspectos de *Bird*, justamente, dado que Eastwood jamás había reflejado en su cine una persona real, salvo el enigmático Frank Norris que él mismo encarnase en *Fuga de Alcatraz*, ni la estructura de ninguna película suya fue tan compleja; según resume Alberto Pezzotta, «una narración no lineal claramente comparable a una pieza de *jazz* (aunque más bien de John Coltrane o de Ornette Coleman que de Parker), con numerosas digresiones-improvisaciones a partir de un núcleo temático»[7]. Pero no por ello *Bird* desentona de la esencia que, ya entonces, podía depurarse de la filmografía previa de su autor, al contrario: el verídico Charlie Parker comulga con los ficticios personajes de Clint Eastwood, sobre todo el cantante de *El aventurero de medianoche*, al tratarse de un hombre a la par mujeriego y sentimental, atípico y autodestructivo, viril e irónico, al unísono por encima y por debajo de la sociedad; según la definición de José Luis Guarner, «un genio musical con un apetito gargantuesco de comida, alcohol, tabaco, drogas y sexo, un Don Quijote en el cuerpo de Sancho Panza, un artista incapaz de prostituirse aun queriendo»[8]. Con todo, entre la diversidad de elementos y aciertos sobresale la especial perspectiva del maduro, en todos los sentidos, cineasta sobre el complejo, humana y musicalmente, protagonista; en el sentido de que descarta estereotipadas mitificaciones y fáciles celebraciones, así como refleja su drogadicción con pudor y sin efectismos, desgranando tanto respeto humano como aprecio estético. Una admiración *cool* de un músico *hot*, metafórica y literalmente.

Aunando su entusiasmo por el proyecto con la experiencia profesional acumulada, Eastwood coronó encomiablemente

---

[6] La espléndida *Ghost Dog. El camino del samurai (Ghost Dog. The Way of the Samurai*, Jim Jarmusch, 1999) incluye un simpático homenaje a dicho rol de Whitaker, mediante una escena en que éste entra en una tienda de animales denominada... ¡Birdland!

[7] A. Pezzotta, *Clint Eastwood, op. cit.*

[8] «St. Louis Lumière Blues», en *Imatges del Jazz*, Valencia, Filmoteca, 1991.

el propósito; sin estar del todo logrado, *Bird* supone un film bello y honesto, lúgubre y envolvente, el más meritorio y arriesgado trabajo del autor hasta entonces, aunque su excesiva duración, consecuencia del fervor, aun controlado, de Eastwood, no comporta mayor desarrollo o profundización, sino que implica subrayados y reiteraciones, y aquí estriba uno de sus lastres. Por su parte, los amantes del *jazz* integristas, aun celebrando el resultado, reprocharon, no sin razón, ciertas licencias e inexactitudes históricas, el hecho de que se potenciara la relación de Parker con su esposa Chan en detrimento de la que sostuvo con otras mujeres (debido a que ella asesoró el guión), el desdén de la colaboración de Parker con un incipiente Miles Davis, la simplificación de Dizzy Gillespie, y, sobre todo, la concepción técnico-musical de la banda sonora, consistente en aislar, mediante tecnología digital, los auténticos solos de Parker para acompañarlos con ejecuciones nuevas del resto de los instrumentos (a cargo, eso sí, de *jazzmen* de primera línea, como el bajista Ray Brown, que había tocado con el propio Parker, el pianista Barry Harris y el trompetista Jon Faddis, así como el mismísimo Red Rodney, que falleció pocos años después de estrenarse la película).

Tal como cabía esperar en buena lógica, *Bird* fracasó en la taquilla, entusiasmó a la crítica (hasta el famoso y despiadado Rex Reed, desde siempre sangrantemente contrario a Eastwood, la elogió sin reservas) y ganó diversos premios, entre los cuales sobresalen el del mejor actor en el festival de Cannes y el del mejor director en los Golden Globe, así como, un tanto absurdamente, el Oscar a la banda sonora.

En consecuencia, Eastwood añade el prestigio cultural al respeto como director con el que ya contaba. Por ejemplo, lenguas maliciosas comentaron que *Bird* era tan buena que no parecía una película de Clint Eastwood...

Los dos films de acción pactados con Warner a cambio del anunciado fracaso económico de *Bird* son la quinta aventura de «Harry el sucio» que aporta *La lista negra* y *El cadillac rosa*. Ambos están realizados por Buddy van Horn, y por cierto incluyen sendas intervenciones episódicas del poco después es-

El cadillac rosa (1989). Con Bernadette Peters.

telar Jim Carrey. Su realización y distribución, por lo demás, coinciden con el tormentoso final de la relación de Eastwood con Sondra Locke; se separan definitivamente en 1989, cuando el cineasta se empareja sin ambages con otra actriz rubia y delgada, Francis Fisher, presente en la segunda de las películas antedichas.

Conceptualmente, el vínculo entre estas dos películas descansa en una cierta voluntad de modernizar, en tono y contenido, el estilo de *thriller* popularizado por Eastwood a lo largo de los años setenta. Pero si ya el propósito es dudoso, la falta de talento aplicado termina de frustrar la operación; para colmo, el propio Eastwood, cercano a los sesenta años, empieza a parecer fuera de onda compitiendo con sus pésimos epígonos fornidos, por mucha dosis de guasa, personal y genérica, que aplique.

La lista negra recupera para la saga «Harry el sucio» a Lalo Schifrin en la banda sonora y San Francisco de escenario. Partiendo de esta base autorreferencial, su ánimo de contemporizar incluye referencias diversas al *horror cinema* para adolescentes propio de esos años del *direct to video,* así como una denuncia, por el contrario concreta y hasta agresiva, de los efectos nocivos de los medios de comunicación; constituyen los dos, teóricos, puntos sustanciosos que procuran, en vano, elevar de la trivialidad un argumento burdo en sí mismo, y risible en su intención de despertar intriga alrededor de la identidad del criminal, un demente que ha incluido al inspector Callahan en su «lista negra» de celebridades a las cuales pretende asesinar. Por lo demás, las escenas de acción y persecuciones resultan fastidiosas, incluso cuando pretenden ser originales; tampoco Eastwood parece implicarse demasiado, fuera de la meta de convencer en su papel por excelencia delatando múltiples arrugas y un pelo ya ralo y canoso. El error de que el reparto no incluya ningún actor de las cuatro entregas previas refuerza la impresión en *La lista negra* de secuela forzada e inoportuna.

El público, naturalmente, responde más bien poco a tan insatisfactoria resurrección de un personaje mítico. Pero *El cadillac rosa* funciona en las taquillas todavía peor, hasta el punto de representar el mayor fracaso comercial de Eastwood desde *El seductor.* Lógico, porque reitera con menos eficacia que nunca aquella mixtura genérica que había alborozado años atrás las arcas de Malpaso: acción-humor, con un argumento itinerante a la sombra del *americana* y música *country;* incluso aparece Geoffrey Lewis, el compadre del héroe en el exitoso díptico del orangután. Ahora bien, si el planteamiento no es precisamente halagüeño, el resultado lo empeora, de puro zafio y plano. Tampoco el personaje de Eastwood, un cazador de recompensas moderno, duro pero galante, capaz de asumir diferentes personalidades y disfraces en los respectivos ambientes, arroja el irónico saldo previsto sobre el papel, en absoluto.

Con todo, aunque ambas películas son malas, el desinterés que mostró el público americano en alguna medida también fue fruto de la separación entre Eastwood y Sondra Locke. Por primera vez, la imagen pública del ídolo estaba resintiéndose, mucha gente ahora no quería verle «ni en pintura». La actriz hacía toda clase de declaraciones adversas en los medios, y éstos normalmente asentían, solidarios con ella; muy pronto llegó la denuncia por la vía legal. Los primeros fracasos en los tribunales no desanimaron a Sondra Locke, y por fin terminó ganando su meta de obtener una millonaria pensión de Eastwood, con base en dos argumentos fundamentales que el cineasta no pudo refutar: daños morales, por negarse a tener descendencia con ella, así como por obligarla a abortar dos veces y someterse a una ligadura de trompas, mientras él secretamente tenía descendencia con su amante azafata; y daños profesionales, por pagar altas cifras a Warner Brothers para que no produjeran más películas de ella tras *Ratboy*, despreciando ilegalmente un contrato, con objeto de cortar su futuro como realizadora. Ocho años después, Sondra Locke publicó una autobiografía de título explícito y burlón, *The Good, the Bad and the Very Ugly: A Hollywood Journey*, en la cual, entre otros contenidos, relata su relación con Eastwood. En resumidas cuentas, le describe como un hombre despótico y engreído, patológicamente infiel, de naturaleza vengativa y con ramalazos de paranoia; también comenta, entre otras lindezas, que Eastwood le pedía en la intimidad que lo llamara «papá».

En cualquier caso, tras la separación la carrera de Sondra Locke significativamente se derrumba, como actriz y como directora. Respecto a Eastwood, estabiliza su idilio con Frances Fisher y extrae raudas conclusiones del fiasco de *La lista negra* y *El cadillac rosa*: descarta para siempre de su cine las farsas *on the road* y la música *country*, al igual que a «Harry el sucio». En cuanto a Buddy van Horn, le mantiene en su función de coordinador de los *stunt men*, pero no vuelve a confiarle realización alguna. Es más, desde entonces Eastwood ya sólo volverá a ponerse a las órdenes de otro director una última vez.

La división de opiniones con que los *mass media*, y la propia industria del cine, zarandean la imagen, humana y profesional, de un Eastwood que acaba de ceder el cargo de alcalde de Carmel, con no menos polémica al respecto, se contrarresta un tanto mediante parabienes diversos; entre ellos, la publicación de nuevos libros en América y Europa, la producción de documentales laudatorios —como *All Star Party for Clint Eastwood* (Dick McDonough, 1986), donde aparecen leyendas vivientes del calibre de Cary Grant y James Stewart, así como un no menos anciano Don Siegel— y la concesión de más premios, verbigracia el de la National Association for the Advancement of Colored People, debido a la dignidad con la que presenta los personajes afroamericanos en sus películas. También un par de comedias incorporan *gags* en alusión a su imagen en el *western,* con ironía admirativa, en concreto *Regreso al futuro III (Return to the Future III,* Robert Zemeckis, 1990) y *Permanezca en sintonía (Stay Tuned,* Peter Hyams, 1991).

En esta singular tesitura, acaso la más espinosa y controvertida de su vasta trayectoria, Eastwood reacciona, como siempre, esgrimiendo una maniobra desconcertante: la producción-realización-interpretación de tres películas antitéticas, *Cazador blanco, corazón negro, El principiante* y *Sin perdón,* a razón de una por año.

El fruto de tal estrategia en verdad fue estimulante: *Cazador blanco, corazón negro* se agrega con personalidad en la filmografía del cine sobre el cine (cuyos ilustres y dispares precedentes incluyen a Josef von Sternberg, Vincente Minnelli, Federico Fellini, Billy Wilder, Robert Aldrich, Rainer Werner Fassbinder, François Truffaut y Wim Wenders, nada menos) y concursa en el festival de Cannes; *El principiante* demuestra que, tras los tropiezos de *La lista negra* y *El cadillac rosa,* Clint Eastwood todavía puede ser rentable como divo del cine de acción; por último, *Sin perdón* precipita toda una apoteosis, al reunir el triunfo comercial, la aclamación crítica y el refrendo del propio Hollywood supuesto por nada menos que cuatro Oscars.

Con el inicio de los años noventa, Clint Eastwood, pues, ha vuelto a ganar. Desde entonces, su posición en la industria es desafiantemente marginal a la par que absolutamente gloriosa. Singular, incomparable. Todo un modelo de independencia exitosa e hiperactividad otoñal, en una época en la que empieza a ser común que, tras los pasos de Eastwood, los

Cazador blanco, corazón negro (1990).

nuevos divos de Hollywood registren sus propias productoras y tanteen la realización (Kevin Costner, Danny DeVito, Nicholas Cage..., al igual que extranjeros instalados en la «meca del cine», verbigracia el cubano Andy García, el británico Hugh Grant, el español Antonio Banderas y el australiano Mel Gibson). Justo mientras la cinematografía americana inicia una vertiginosa, fétida, irreversible decadencia artística.

Cazador blanco, corazón negro adapta el libro homónimo, publicado en 1953 y original de Peter Viertel, «hijo de arte» (el padre, Bertold Viertel, guionista, director de cine y teatro; la madre, Salka Viertel, una escritora que colaborase con Bertolt Brecht). Manejando pseudónimos, refleja la febril relación de amor-odio que unió al autor con el cineasta John Huston, sobre todo referente al rodaje de *La reina de África (The African Queen,* John Huston, 1952), la mejor y más célebre de las tres películas en las que colaboraron. Tras un primer intento frustrado de llevarlo al cine por parte de Burt Lancaster (dispuesto a producir, dirigir e interpretar, como haría luego Eastwood), a mediados de los años setenta entre Burt Kennedy y James Bridges escriben una adaptación; éste fue el guión que años después compró y utilizó Eastwood, y contrató al propio Viertel a fin de que lo retocase expresamente para la película.

El interés de Eastwood por el proyecto implica un loable ánimo de enriquecer su filmografía mediante la encarnación de un personaje del todo distinto a cualesquiera interpretados antes; en concreto, un director de cine de los tiempos gloriosos del Séptimo Arte, por añadidura trasunto del novelesco, y sobrevalorado, John Huston. No obstante, al igual que en otros casos ya comentados de la filmografía Malpaso, esta nueva película también entraña un subrepticio careo del autor con un viejo cargo de conciencia: durante el rodaje de *Licencia para matar,* el *stunt man* inglés David Knowles falleció aplastado por una enorme roca. Según sostienen los enemigos de Eastwood, por culpa de la vanidad y el autoritarismo de éste. Fuera cual fuera la razón, Eastwood se identifica con Huston mediante una intimidad que trasciende el mero nivel argumental, si se considera que el clímax de *Cazador blanco, corazón negro,* no por azar justificación del bello y sonoro título, consiste en la muerte de un hombre por culpa de un capricho del cineasta protagonista, dominante y mujeriego para más señas.

Curiosamente, el principal lastre estriba en el propio Eastwood como actor, puesto que, pese a su visible buena voluntad y patente esfuerzo, sobre todo para impostar el acento, resulta inverosímil interpretando a un director de cine..., aunque paradójicamente lo sea, sin que ayude que no se trate de un director al uso, para encajar en la personal galería de personajes excepcionales de Eastwood. En cuanto al resto del reparto, es simplemente gris, lo cual acentúa el trazado lineal y simplista de los personajes.

Película fallida en conjunto, sobre todo por el inoperante *dramatis personae* antedicho y las no menos primarias consideraciones éticas y hasta filosóficas, algo tediosa también, con todo constituye una rareza estimable, tanto en la obra de Eastwood como en la filmografía metacinematográfica. Admira sobre todo su determinación de despreciar las tentaciones fáciles y/o comerciales (del reflejo exótico-turístico del paisaje africano a la aventura propiamente dicha, amén de la evocación de los años cincuenta y de la mítica pareja, apenas entrevista, Humphrey Bogart-Katharine Hepburn que protagonizara *La reina de África*) para decantarse antes bien por un tono entre intimista y obsesivo, oscuro en todos los sentidos, y sin apenas lances argumentales. Asimismo, impresiona de modo indeleble su ya referido desenlace, tan bien traducida en términos fílmicos está su trágica implicación personal, que reduce todo lo anterior a sus justas y frustradas proporciones. Ya que no admiración, *Cazador blanco, corazón negro* despierta respeto[9].

Suerte de *test* por parte de Warner Brothers para comprobar si Clint Eastwood podía seguir resultando comercialmente vá-

---

[9] Merece la pena señalar que, sólo dos años después de estrenarse *Cazador blanco, corazón negro*, otro escritor que durante los años cincuenta había sufrido problemas trabajando con John Huston, en concreto el mítico Ray Bradbury en *Moby Dick (Moby Dick*, 1956), publicó un libro al respecto. Es homologable hasta el título: *Sombras verdes, ballena blanca*.

El principiante (1991).

lido en el terreno de las *action movies*, entonces copado por actores mucho más jóvenes, *El principiante*, cuando menos, superó las bajísimas recaudaciones obtenidas por *La lista negra* y *El cadillac rosa*. Asimismo, como película es harto más sólida, en virtud tanto de la buena realización cuanto de su socarrona, casi crítica-autocrítica, perspectiva sobre un tipo de producto comercial que comenzó a decaer apenas surgido pocos años antes, tan limitadas eran sus posibilidades: el *thriller* de acción protagonizado por dos hombres más o menos antitéticos, según el argot profesional *buddy movie*. Así, Eastwood comparte estrellato por primera vez desde *Ciudad muy caliente*, ahora con el anodino Charlie Sheen (curiosamente hijo de ese Martin Sheen que debía su exitoso papel de *Apocalypse Now* al rechazo de Eastwood), contratado con miras a captar un público juvenil para el cual el cine de Eastwood, en comparación con los parámetros coetáneos de Hollywood, resultaba casi de «arte y ensayo». Pero la propuesta desbarra, principalmente por la desidia del trazado argumental; en palabras de Lee Pfeiffer y Boris Zmijewsky, «copia tantas secuencias de películas mucho mejores que parece un tráiler de dos horas de películas viejas»[10]. Ahora bien, su simpática desfachatez, incluyendo referencias dispares a la serie «Harry el sucio», y el equilibrio entre realismo y farsa, con una secuencia de sexo escabroso en cierto modo deudora de *En la cuerda floja* y a mayor gloria de la tempestuosa actriz brasileña Sonia Braga, sostienen el desarrollo mejor que peor, y justifican cierta indulgencia para una película que, en general, fue masacrada por la crítica; citando un crítico de *Variety*, Bril: «Clint Eastwood siempre ha intercambiado largometrajes de acción con Warner Brothers como pago por suscribir sus aspiraciones artísticas, pero nunca se había rebajado a hacer algo tan rematadamente estúpido como esto.»

Por último, no sobra comentar que un tema de la banda sonora, *Red Zone*, está compuesto por un Kyle Eastwood que comenzaba a afirmarse en la escena de *jazz*[11]. Asimismo, dentro de un reparto que incluye el chiste de que el puertorriqueño Raúl Julia encarne un villano alemán que odia a los latinos, Mara Corday cerró aquí su vinculación con el cine de Eastwood; se conocieron en el rodaje de *Tarántula*, donde ella era la heroína y él poco más que un extra, y veinte años después Eastwood comenzó a contratarla para papeles menores en varias películas *(Ruta suicida, Impacto súbito, El cadillac rosa)*, de las cuales ésta fue la última. ¿Cabe interpretar en este sentido que en cierta secuencia de *El principiante* aparezca un televisor emitiendo *Tarántula*?

> No estoy haciendo penitencia por todos los personajes de películas de acción que he interpretado hasta ahora. Pero he llegado a una etapa de mi vida, hemos llegado a una etapa de nuestra historia, en la que creo que la violencia no debería ser una fuente de humor o entretenimiento[12].

---

[10] L. Pfeiffer y B. Zmijewsky, *Todas las películas de Clint Eastwood*, Barcelona, Odín, 1994.
[11] Por el momento, y aparte de las colaboraciones con el cine de su padre, lleva grabados tres discos —*From There to Here* (1998), *Paris Blue* (2005) y *Now* (2006)— y ha brindado múltiples conciertos, tanto en Estados Unidos como en Europa.
[12] Reproducido de Keesey Douglas, *Clint Eastwood, op. cit.*

Sin perdón (1992).

Sin perdón constituye el primer, y más contundente, fruto de la antedicha reflexión de Eastwood, como consecuencia de la reconsideración, madura en términos personales y sociales, del sentido que aplicase durante su filmografía previa, dentro de las fluctuaciones hasta aquí referidas, al epíteto que le había catapultado hasta la cumbre: la violencia.

Significativamente, el guión databa de 1977, y curiosamente Francis Ford Coppola fue el primer cineasta que se había interesado por él. Empero, Coppola no tarda en perder la opción firmada, y en 1983 el guión llega a las oficinas de Malpaso. Entusiasmado, Eastwood lo adquiere a toda prisa y, acto seguido, lo archiva; por primera vez en su carrera, estima que no está preparado para determinado proyecto, pese a su contrastada experiencia en el género al que pertenece, el *western*. Prefiere madurar, como director y persona, para corresponder merecidamente a las grandes posibilidades de la historia, primero llamada *The Cut Whore Killings*, después *The William Munny Killings*, definitivamente

Unforgiven[13]. Y así Eastwood congela el proyecto durante nada menos que nueve años, y emprende mientras otras, bastantes otras películas.

Cuando por fin se rueda *Sin perdón*, el ignoto joven que escribiera el guión tanto tiempo antes, David Webb Peoples, ya no es tan joven y además está bien situado en Hollywood, en concreto desde que participó en el libreto de *Blade Runner (Blade Runner,* Ridley Scott, 1982). Y Eastwood ha cumplido sesenta y un años, bien patentes; de hecho, su sempiterno desdén hacia el uso de cualquier tipo de maquillaje, nunca en ninguna película, aquí lo extrema hasta el punto de mostrarse con la faz cerúlea, demacrada.

Por primera ocasión asimismo en su filmografía, Eastwood contrata célebres actores sobresalientes para secundarle, nada menos que Gene Hackman, Richard Harris y Morgan Freeman. Citando otra vez a Pfeiffer y Zmijewsky: «Al igual que Eastwood, estos hombres han olvidado más acerca de cómo actuar de lo que muchos actores jóvenes llegarán a aprender»[14]. En particular, asombran Gene Hackman y Richard Harris, puesto que, bajo las órdenes de Eastwood, pierden su proverbial tendencia al exhibicionismo autosuficiente, sin desbordar jamás los límites histriónicos marcados por la verosimilitud de sus personajes; Harris, sobre todo, es encarrilado con vistas a que el pintoresquismo de su papel, un pistolero inglés en el Oeste, con el subyacente bagaje cultural europeo, no degenere hasta un grado caricaturesco.

Sergio Leone había muerto en 1989 y Don Siegel en 1991. A ellos dedica Eastwood *Sin perdón,* más por lo que representaron en su carrera que para reconocer una hipotética influencia aquí, si bien ésta no falta de forma soterrada, argumental más que formal: el protagonista que regresa para diez-

---

[13] Eastwood copia el título de otro *western, Los que no perdonan (The Unforgiven,* 1959). No puede ser casual que su director fuera justo el John Huston que Eastwood había recreado sólo dos años antes en *Cazador blanco, corazón negro.* Además, su protagonista era Burt Lancaster, el primer cineasta que intentó llevar al cine *Cazador blanco, corazón negro.*

[14] L. Pfeiffer y B. Zmijewsky, *Todas las películas de Clint Eastwood, op. cit.*

mar a los enemigos que creían haberlo matado remite a *Por un puñado de dólares;* dos *westerns* de Siegel sin Eastwood, *La ciudad sin ley (Death of a Gunfighter,* 1969) y *El último pistolero (The Shootist,* 1976), revelan puntuales parangones en la trama. Trama que, Leone y Siegel aparte, en los puntos correspondientes también evoca un par de clásicos del género, *El hombre del Oeste (Man of the West,* Anthony Mann, 1958) y *El hombre que mató a Liberty Valance (The Man Who Shoot Liberty Valance,* John Ford, 1962), y en otros al primer *western* con producción-realización-interpretación del propio Eastwood, *Infierno de cobardes,* con el cual además comparte el director artístico, Henry Bumstead, y un actor secundario, el torvo Anthony James.

El inesperado éxito de *Bailando con lobos (Dances with Wolves,* Kevin Costner, 1990) en cierta forma favoreció el estreno de *Sin perdón.* Resultó inevitable la comparación entre ambos *westerns* producidos y realizados por sus protagonistas estelares cuando el género parecía extinto, ciertamente; y así el engendro de Costner, tan inocuo como henchido de mala conciencia ideológica, resaltó la impensable crudeza de *Sin perdón,* nada inferior, si acaso superior, a la sordidez del *dirty western* de los años setenta.

Ante todo, asombra positivamente que Eastwood, mediante otro rasgo nuevo en su obra derivado de la madurez humano-profesional, concibiera la película aglutinando tres grados de reflexión: el *western* como género, el papel que él arrastraba en su interior y su propia trayectoria como estrella de la violencia. Además, procede con sentido del equilibrio, sin discordancias en tal aleación. En consecuencia, es decir, respecto al primer factor, el *western* pierde toda connotación mítica o heroica, y se convierte en un encadenado de conflictos repugnantes entre unos seres primitivos que no encajan en arquetipos maniqueístas. Antes bien, suponen un patético manojo de personas que se equivoca, trágicamente, creyendo que hace lo correcto, llanamente; el personaje menos reprobable y más honesto, por comparación, curiosamente es el *sheriff* encarnado por Gene Hackman, un funcionario que administra la ley de la forma que estima eficaz, sin ánimo de lu-

Richard Harris en *Sin perdón* (1992).

cro personal y cuya brutalidad no es sino la del contexto. En cuanto al segundo factor, Eastwood aparece como el reverso achacoso, prosaico y patético del «hombre sin nombre» y sus derivados (aunque en ocasiones se cale el sombrero como le enseñó Leone, y por última vez calza las botas que estrenara en *Rawhide*); en pocas palabras, es un granjero sin recursos ni salud, que vela por sus hijos como puede y guarda fidelidad al recuerdo de su esposa muerta, dado que el tierno amor de ésta le hizo abandonar esa tremenda personalidad de beodo asesino cruento que recupera en la parte final.

Ahora bien, si el autor, en estos dos niveles antedichos, convence a la perfección, al ofrecer un lúcido e intenso discurso crepuscular, con una valoración de la muerte particularmente dolorosa, en cambio decepciona, por falta de coraje como productor, en el tercero. Es decir, *Sin perdón* habría resultado más desoladora, y singular, y coherente, si el personaje de Eastwood, en lugar de volver al pueblo para vengar aparatosamente al de Morgan Freeman, regresara al hogar, abatido por la muerte del amigo pero con la recompensa en el bolsillo. La lectura autometafórica derivada de esta innegable concesión comercial entraña, significativamente, el tercer nivel de sentido: el gran divo de la violencia quiere deponer las armas de una maldita vez, para desaparecer y disfrutar con la familia del dinero ganado a sus expensas..., pero la industria, el público, le exigen volver a disparar, quieren admirarle de nuevo matando a unos y otros. De lo contrario, no hay taquilla, no hay película..., y tampoco discurso contra la violencia.

Pese a que no se atreve, pues, a extremar la propuesta hasta sus últimas consecuencias —como en cambio sí lo había hecho, en su medida, *El jinete pálido*, incluyendo también el correspondiente factor autometafórico— y a cometer defectos de otra índole (ante todo, el exceso de diálogo y la errónea determinación de subrayar los componentes pútridos y escatológicos, que por ende rozan unas veces la redundancia y otras la artificiosidad), *Sin perdón* constituye una película admirable. El hecho de que fuese alabada por la industria y aplaudida por el público, además, resultó milagroso, y delicioso, en una época en la que Hollywood ya apostaba decidida y masivamente por la aparatosidad huera, la banalidad, la idiotización.

Asumiendo su otoño, mejor dicho enarbolándolo en cuanto criterio en todos los sentidos y niveles, Eastwood, mediante *Sin perdón* culminó sus casi cuarenta años de fructuosas relaciones con el *western*. Ni las mentes más calenturientas habrían profetizado que algún día realizase una película de tal entidad y calado el vaquero jovencito de *Rawhide*.

Su imagen pública, en consecuencia, reflota y limpia la mala fama, y prensa, que arrastraba desde no poco tiempo atrás, traducida en una serie de juicios pobres y esquemáticos, aunque no infundados: cineasta comercial, hombre de negocios de dudosa integridad, seductor sin escrúpulos, fascista.

A partir de entonces, diríase que Eastwood asume el siguiente *haiku* de Matsuo Basho: «No sigas las huellas de los antiguos, busca lo que ellos buscaron»[15].

---

[15] Albert Liebermann (ed.), *El árbol de los haikus*, Barcelona, Océano, 2006.

El tigre en invierno
(1993-2002)

> Eastwood significa una gran esperanza para nosotros, los directores más jóvenes, porque ha hecho sus mejores películas tras cumplir los sesenta años (Steven Spielberg, en «Speciale Clint Eastwood», suplemento de *Il Mucchio Selvaggio*, núm. 619, 2006).

Mientras persiste el eco de los numerosos premios que cosecha *Sin perdón*[1] y la crítica mundial, sin apenas excepciones,

---

[1] Del total de nueve nominaciones, nada menos, para los Oscar, obtiene cuatro (mejor película, mejor director, mejor montaje y, para Gene Hackman

reconoce por fin en su autor a uno de los mejores cineastas del momento, Clint Eastwood vuelve a sorprender, naturalmente: en la cima de su prestigio y por primera vez en veintitrés años, en concreto desde *Los violentos de Kelly*, acepta protagonizar una película por cuenta ajena, *En la línea de fuego (In the Line of Fire*, Wolfgang Petersen, 1993), y se aparta puntualmente, por extensión, de Warner Brothers, de cuyo seno no se había apeado desde *Fuga de Alcatraz*.

Por supuesto, la excepcional categoría que ahora detenta Eastwood rige y condiciona el proyecto, con mucho mayor relieve de lo que sucediera en *Los violentos de Kelly*. De este modo, en lo que a colaboradores respecta, si en aquélla introdujo al productor asociado y al director de fotografía, respectivamente Irving Leonard y Gabriel Figueroa, recuérdese, en ésta impone al productor ejecutivo, David Valdés, y coordinador de especialistas, Buddy van Horn, dos de los pilares de Malpaso, como asimismo se recordará. En cuanto a concepto, el guión, escrito muchos años antes y rechazado en su día por, entre otros, Robert Redford y Sean Connery, en esta su versión definitiva agrega tantos rasgos de previas películas de Eastwood, de la saga «Harry el sucio» al propio *Sin perdón*, que, a la postre, *En la línea de fuego* bien podría pasar por una producción Malpaso, aunque menos tenebrista en la fotografía. Obviamente, el papel central está reescrito a la medida de Eastwood, hasta en los menores detalles. Se trata de un solitario guardaespaldas maduro, Frank Horrigan, incapaz de superar el trauma, profesional y patriótico, supuesto por su fracaso en proteger la vida del presidente Kennedy en el atentado de Dallas, treinta años atrás; aficionado al *jazz*, con debilidad por el bellísimo *Kind of blue* de Miles Davis, alérgico a burócratas y tecnócratas, milagrosamente halla esa «segunda oportunidad» tan cara a la cultura estadounidense, gra-

---

mejor actor secundario), lo cual supone un espectacular acceso de Eastwood a los premios cinematográficos por antonomasia. Además, Eastwood obtiene otros reconocimientos a su realización, concretamente del Director's Guild of America, la National Society of Film Critics, la Showest Convention y los Golden Globe (estos asimismo premian a Gene Hackman).

cias a que un desquiciado ex agente de la CIA, Mitch Leary, pretende asesinar al actual presidente. Como era de prever, Horrigan acaba con Leary («el sentido y el resentido», según la graciosa definición efectuada por Ángel A. Pérez Gómez en *Cine para leer),* y el presidente sobrevive. De propina, el otoñal escolta obtiene una novia joven y acolchadita, perteneciente asimismo al servicio secreto.

Los focos de interés que prometía *En la línea de fuego,* desde luego, no radicaban en su trama, tan poco imaginativa que roza lo despreciable, sino antes bien en dos aplicaciones, todavía, del trabajo de Eastwood con Leone. Por un lado, la música de Ennio Morricone, en su reencuentro con Eastwood desde *Dos mulas y una mujer.* Por otro, el choque entre el protagonista y el adversario, expresado, física y dramáticamente, en términos de antinomia recitativa; de nuevo, pues, *underplaying* vs. *overacting* (el hieratismo y aplomo de Eastwood encarado con el nervio y la exuberancia de Gian Maria Volonté en *Por un puñado de dólares* y *La muerte tenía un precio,* y con la afectación y los gongorismos histriónicos de John Malkovich, aquí).

A película vista, el primer atractivo potencial decepciona, porque la partitura delata poco esmero, rara vez penetra; los cinéfilo-melómanos, al menos, pueden entretenerse captando cuánto copió Morricone de sus propias bandas sonoras para los años dorados del *thriller* italiano, sobre todo de la excelente *Revólver (Revolver,* Sergio Sollima, 1973). En cambio, la disparidad entre Eastwood y Malkovich sí arroja el saldo de esperar, e incluso supone el único soporte sólido de la película, dado que *En la línea de fuego* no quiere desarrollar las diversas e interesantes sugerencias latentes en la confrontación de estos dos personajes; se conforma con esbozarlas a modo de soporte para el interpretativo «duelo de titanes», mientras, argumental y dramáticamente, prefiere las vías más cautas o convencionales.

Por lo demás, el clasicismo de la realización impuesto/garantizado por Eastwood, cuya astronómica remuneración según parece fue insólita en la historia de Hollywood, sostiene con cierta elegancia una película que, aunque insustancial y desaprovechada, por comparación refulge entre los, directamente, pésimos *thrillers* de acción que entonces proliferaban en el cine americano.

Apenas finalizar el rodaje de *En la línea de fuego,* Eastwood retoma la actividad con Malpaso, sin concederse más infidelidades hasta la fecha.

Empero, flotó por aquel entonces un proyecto ajeno a su productora. Un proyecto en verdad delirante, calenturiento, tanto que ni siquiera llegó a prepararse en sentido estricto. Consistía en abordar la producción más cara y ambiciosa de la historia del cine, para cuya financiación varias *majors* debían negociar por fuerza, pensada al socaire del resurgir del *western* que parecía augurar el triunfo internacional de *Bailando con lobos* y *Sin perdón.* Era nada menos que una nueva versión de *Los siete magníficos,* planteada para superar en espectacularidad todo cuanto el Séptimo Arte recordaba, incluso con creces. Empezando por el trío estelar, pues los papeles que inmortalizaron Yul Brynner, Steve McQueen y Horst Buchholz serían retomados por... ¡¡Clint Eastwood, Kevin Costner y Tom Cruise!!

El proyecto, claro está, no tardó en abandonarse. ¿Razones? El presupuesto, sumando todas las partidas, ascendía hasta tal extremo que resultaba prácticamente imposible que la película pudiera amortizarse en su distribución, por mucho éxito que obtuviera en los cinco continentes. Ni siquiera a largo, vertiginosamente largo, plazo.

En efecto, la historia suena a fantasía de cinéfilo enfermizo. Pero se consideró la posibilidad, realmente.

El decenio que comprende esta etapa en la trayectoria de Eastwood implica la consolidación definitiva de su obra, por un lado, y de su posición en Hollywood, por otro, mientras revela significativas matizaciones en el ideario y el estilo.

Así, el humanismo entraña ya, de una vez por todas, la auténtica y definitiva sustancia del cine de Eastwood, con independencia del mayor o menor peso del resto de los ingredientes. Un humanismo en absoluto reñido con una firmeza ética privativa y reconocible, y para llegar al cual el autor flexibiliza o relativiza, dentro de un orden, lo que sea menester, desde la lógica narrativa a la coherencia argumental, pasando por la psicología de los personajes.

Este prisma, por igual tolerante y contundente, por ende personalísimo, penetra en el espectador merced a una excelsa depuración de la sabiduría cinematográfica acumulada a lo largo de las décadas. Con palabras del propio Eastwood, comentando mediante su proverbial llaneza la irreductible pureza de su aproximación al lenguaje cinematográfico:

> Hay que tener el valor de mantener un encuadre, de saber mirar y orientar la mirada mientras contamos una buena historia. Recordemos la maravillosa *Pasión de los fuertes*, con Henry Fonda sentado en una mecedora en un porche, apoyando los pies en las vigas. Es un plano largo, a plena pantalla, que dice un millón de cosas y cuenta un millón de historias. Actualmente, unos directores harían un *zoom* sobre su rostro, otros un *travelling* a su alrededor, otros fragmentarían el momento en diferentes planos... y además lo harían a toda velocidad. ¿Por qué perder el tiempo haciendo cosas así, si puedes expresar de todo mediante una imagen única, preciosa? Por eso, procuro que no se noten los movimientos de cámara. No me asusta mantener la cámara fija, y me niego a proceder como en la publicidad y los videoclips, donde la cámara no para de moverse a fin de vender el producto, para que el espectador se convenza de lo importante que es. Yo planto la cámara y dejo que el espectador mire, que absorba las imágenes, que capte las emociones[2].

Parecía inevitable que el camino de Eastwood tarde o temprano se cruzara con el de Kevin Costner. Ambos habían coincidido en el espejismo de revitalización del *western* en 1985, el uno mediante *El jinete pálido* (como se recordará, con realización, producción y protagonismo propios), el otro con *Silverado*, donde encarnaba uno de los héroes. Y volvieron

---

[2] Reproducido de L. Barisone y G. D'Agnolo (ed.), *Clint Eastwood, op. cit.*

a hacerlo, en un segundo espejismo al inicio del siguiente decenio, pero ya en igualdad de condiciones, puesto que mediante *Bailando con lobos* Costner aglutinó las mismas funciones de actor, director y productor que por lo corriente aúna Eastwood. El doble vínculo, pues, se desprende a todas luces; una estética, el *western,* que implica, en la ética, una perspectiva particular sobre el *american dream,* sus anhelos, propiedades y frustraciones. Por añadidura, Costner acababa de encarnar, en *El guardaespaldas (The Bodyguard,* Mick Jackson, 1992), un papel en cierto modo similar al de Eastwood en *En la línea de fuego.*

Abortado el elefantiásico *remake* de *Los siete magníficos,* ambos se reunieron en la nueva producción-realización Malpaso, *Un mundo perfecto.* Pero por decisión antes de Costner, que quiso protagonizar la película apenas conocer el proyecto, que de Eastwood, quien prefería un actor negro, a ser posible Denzel Washington, entonces relativamente desconocido.

Warner Brothers, en cualquier caso, fuerza la decisión del director a favor de Costner, que no en vano está de moda; retomaba Eastwood el proyecto, por cierto, del mismísimo Steven Spielberg, justo como volvería a hacer al año siguiente, con *Los puentes de Madison.* Ahora bien, el guión, escrito por John Lee Hancock, no propone un *western,* como cabía esperar de la reunión de ambas estrellas, sino un *thriller,* si bien perfectamente rural, empapado de *americana* y ambientado en Texas a inicios de los años sesenta. La inspiración argumental, hasta cierto punto, remite a *Los valientes andan solos (Lonely Are the Brave,* David Miller, 1962), tal como admitió Hancock y captó enseguida Eastwood, dado que ambos admiran esta película tan injustamente olvidada.

Tras alguna vacilación, Eastwood asume el segundo papel, y figura, por ende, después de Costner en los créditos; recuérdese, algo así no sucedía en su filmografía desde *La leyenda de la ciudad sin nombre,* donde quien le precedía era Lee Marvin. Completa el reparto, en un papel de criminóloga, Laura Dern, hija de Bruce y a ojos cinéfilos asociada siempre con la filmografía del polifacético David Lynch.

Rodaje de *Un mundo perfecto* (1993). Con Kevin Costner.

El personaje de Eastwood prolonga las matizaciones de su arquetipo que iniciase apenas comenzar a producir y dirigir, y recupera la estrella en la solapa que no lucía desde *Cometieron dos errores*. Se trata de un *ranger* de segunda fila, no demasiado inteligente y, por añadidura, partidario preferiblemente de las componendas que de la acción. Sin embargo, al igual que en previas producciones Malpaso, acierta incluso cuando había procedido incorrectamente. Así, el prófugo al que debe capturar, guapo y graciable, en su día encarcelado por un nada legal manejo del propio *ranger* y que huye con un niño de rehén, esconde un terrible potencial psicopático, que estalla de forma espantosa en casa de una modesta familia negra. Esta ambigüedad básica, un caso de injusticia que a la postre quizá no lo fuera, responde a los tintes oblicuos que cobrará desde entonces el *thriller* según Eastwood, por supuesto en sus mejores manifestaciones, con el correspondiente, y poco optimista, cuestionamiento de lo que, en rigor, es legítimo o ilegítimo, positivo o negativo.

La acción se acoge al formato *road movie*, y el hecho de que suceda pocos meses antes del asesinato del presidente Kennedy no significa una inocua referencia a *En la línea de fuego*, sino que alude a un cierto «estado de gracia» nacional a punto de desmoronarse, con el fin de añadir un amargo matiz historicista; por el contrario, el tono y el estilo apuestan por una suerte de intemporalidad, que en algunos aspectos evoca lo mejor de la Serie B americana de los años cincuenta. Hay componentes iniciáticos, lógicamente, a lo largo de la relación paterno-filial despertada entre el prófugo y el niño, la cual entronca con la película de Eastwood más *americana*, *El aventurero de medianoche*, pero también emerge un rasgo psicoanalítico que, en cambio, resulta nuevo en la filmografía del autor. Se aprecian asimismo toques de *american gothic*. Y naturalmente no faltan, entre otras connotaciones, ecos de *western*, que originan, verbigracia, una soberbia secuencia nocturna con el *ranger* y la psicóloga confiándose a la luz de la lumbre.

Kevin Costner, por descontado, resulta demasiado plano y monocorde para la complejidad exigida por su ambiguo personaje; con todo, dirigido por Eastwood, al menos supera el lamentable nivel medio de sus interpretaciones.

Sin embargo, el emparejamiento entre ambos divos no bastó para animar la película de cara a la taquilla. Prolija y parsimoniosa, nada complaciente, sin apenas acción ni violencia, en absoluto atrae a ese mismo público que sólo un año antes había aplaudido la mucho más acre, y harto viscosa, *Sin perdón*. Así, por desgracia, *Un mundo perfecto* cae en el olvido nada más estrenarse. Toda una injusticia, puesto que supone una de las películas más arriesgadas, personales y sutiles de Eastwood en toda su trayectoria; solar en las imágenes, oscura en el contenido, a la par carnal y metafórica, en última instancia desoladora, sutilmente apasionante.

El fracaso comercial, que no crítico, de *Un mundo perfecto*, sumado al nacimiento de una nueva hija en ese mismo 1993 (Francesca Ruth Fisher, de la relación con Frances Fisher), aplacan durante unos meses la actividad de Eastwood. Al año siguiente, en otro orden de cosas, acepta presidir el jurado del festival de Cannes; es la edición donde gana la Palma de Oro *Pulp Fiction* (1994), lo cual ratifica el puesto no ya de primera línea sino hasta estelar raudamente alcanzado por un director joven, y antitético de Eastwood, Quentin Tarantino; dicho sea de paso, éste considera *El bueno, el feo y el malo* la mejor película de la historia, y la elogió en el desenlace de su «opera prima», *Reservoir Dogs* (1991).

Con todo, Eastwood reacciona pronto, y además lo hace desplegando una productividad no muy inferior a la que revelara durante su etapa previa. Siete producciones más, así, completan esta fase. Cinco de ellas aglutinan las funciones de productor, director y protagonista; son *Los puentes de Madison (The Bridges of Madison County*, 1995), *Poder absoluto (Absolute Power*, 1997), *Ejecución inminente (True Crime*, 1999), *Space Cowboys (Space Cowboys*, 2000) y *Deuda de sangre (Blood Work*, 2002). En otra, produce y dirige, *Medianoche en el jardín del bien y del mal (Midnight in the Garden of Good and Evil*, 1997). Por último, se limita a la producción en *The Stars Fell on Henrietta* (James Keach, 1995).

Cabe destacar que de las siete, cinco adaptan novelas coetáneas. Respecto a las presididas por su protagonismo, en las que recupera, pues, el liderazgo en los créditos sacrificado en *Un mundo perfecto*, comparten un vínculo que a primera vista parece frívolo, pero no lo es tanto, apenas se examine su significación: Eastwood encarna personajes que piden un actor con unos diez años menos. Él mismo, de acuerdo, y sin ir más lejos, pero durante la etapa anterior. En *Los puentes de Madison*, supera este inconveniente gracias a la cualidad estilizada, casi onírica, del conjunto. En *Space Cowboys* y *Deuda de sangre* lo asume en cuanto ingrediente cardinal de la dramaturgia, disimulándolo así. Sin embargo, tal discordancia chirría un poco en *Poder absoluto*, y mucho en *Ejecución inminente*.

¿Sería demasiado fácil colegir que Eastwood necesita a la sazón demostrar/demostrarse que su carisma estelar suple cualquier barrera, que su poder de convocatoria personal continúa impertérrito, que no envejece realmente por inexorable que sea el paso del tiempo? Las películas, mejores o peores, invariablemente autorizan esta lectura. Contrariarla implica desorbitar o tergiversar sus respectivas propuestas, incurriendo en esa «sobreinterpretación» que entonces comienza a saturar la bibliografía sobre Eastwood; particularmente, como cabía esperar, en Francia, y, en segundo término, Italia.

Por segunda vez, tras *En la línea de fuego*, Clint Eastwood retoma un personaje que pudo haber encarnado Robert Redford, y, después de *Un mundo perfecto*, dirige una película descartada por Steven Spielberg. El Séptimo Arte, irrefutablemente, salió ganando. Puesto que, a buen seguro, con Redford en el papel protagonista y/o Spielberg tras la cámara *Los puentes de Madison* habría suscrito la naturaleza lacrimógena y moralizante del mediocre *best seller* que adapta, escrito por Robert James Waller.

Por el contrario, Eastwood, según un guión de Richard LaGravanese que respeta la novela original con una fidelidad razonable, y comercialmente prudente, personaliza las propiedades de la trama, con ánimo de brindar otra de las, a estas alturas, incontables sorpresas que jalonan su obra. En este caso, el asombro brota de una perspectiva narrativa radicalmente insólita en su filmografía, puesto que descarta el compás viril y la lineal disposición cronológica hasta entonces corrientes en la obra de Eastwood. Así, la trama está relatada por una mujer, una sencilla ama de casa de origen italiano en la «América profunda» de los años sesenta, en forma de unos *flash blacks* temblorosos y entrecortados, correspondientes a la lectura de ciertas confesiones íntimas que dejó escritas a sus dos hijos, hombre y mujer, y que éstos leen con motivo del testamento. El efecto, primero irritante y doloroso, después dulce y positivo, que las cartas, que confiesan un adulterio de cuatro días, surten en sus atónitos lectores entraña el otro segmento narrativo, paralelo, de *Los puentes de Madison*.

Spielberg no renunció del todo al proyecto, y compartió la producción con Malpaso; a buen seguro, por ello, la música, aunque sea de Lennie Niehaus, resulta un tanto machacona y redundante, sobre todo en el tercio final, habida cuenta de que ninguna película de Eastwood, anterior o posterior, revela tal subrayado comercial. Aparte, no se detectan mayores in-

Meryl Streep en *Los puentes de Madison* (1995).

jerencias de la personalidad de Spielberg, por lo común reconocible, hasta tal punto *Los puentes de Madison* emana el carácter, en todos los sentidos, de su director y protagonista. Aquí estriba el mérito cardinal de la película, en la forma tan brillante, a la par que sobria, que Eastwood revela de expandir su arquetipo proverbial dentro de un marco genérico y estructural completamente nuevo, donde, en particular, la violencia no tiene cabida; es decir, el protagonista, aunque tenga nombre, Robert Kincaid, y profesión, fotógrafo, vuelve a ser un silencioso y carismático «jinete pálido», que aparece de improviso y desaparece literalmente. De este modo, el autor superaba el fracaso de su viejo patinazo en el resbaladizo terreno del melodrama, aquella fallida *Primavera en otoño*, mediante la destreza y seguridad tras la cámara aportadas por los muchos años transcurridos desde entonces. Pero debe recalcarse e insistirse en que el mérito último de la operación estriba en que Eastwood coronaba su objetivo con base en el más inesperado de los planteamientos; es decir, sustituyendo la perspectiva viril de *Primavera en otoño*, compartida por el autor pese a no interpretar al protagonista, por el punto de vista de una mujer, la cual, por añadidura, rechaza formalizar la relación con su amado, al que ahora ya sí que encarna Eastwood. El vínculo básico entre ambas películas estriba no tanto en el manto genérico al que se acogen, cuanto en el hecho de contar idilios entre gente antitética, aun tratándose de casos diferentes.

Las secuencias que transcurren en el presente revelan una pátina realista, bajo cierta matización poética; en ellas Annie Corley y Victor Slezak alcanzan el gran mérito de brillar encarnando personajes anodinos, los hijos de la protagonista. En cambio, las escenas rememoradas son líricas, mas sin óbice de un naturalismo con atributos pictóricos, que prorroga a su manera la solar intemporalidad *americana* de *Un mundo perfecto*, y fluye al son de una banda sonora que incorpora sabia y oportunamente diversos estándares del *jazz* (pongamos por caso, *This Is Always* y *For All We Know*, cantado por el propio Eastwood en uno de sus discos juveniles). En estas escenas, Meryl Streep, bien contenida en su innata tendencia al exceso, y Eastwood bordan los personajes con tal magisterio dramático y credibilidad física que el espectador olvida que no son sino muertos, evocados treinta años después, encarnados según las emocionadas letras de una difunta.

Aquí estriba el epíteto dramático, ético y artístico de *Los puentes de Madison*, en la bella delicadeza con la que evoca un suceso no por fugaz, cuatro días, menos trascendente, dado que significó el amor ideal y superlativo, que surgió demasiado tarde, mas lo hizo de modo contundente e indeleble; objetivando lo subjetivo, en las imágenes, y subjetivando lo objetivo, en su valoración, mediante un juego dramático-narrativo entre presente y pasado que detiene un tiempo privilegiado que rehúsa finalizar, pues inmortaliza un idilio cuya entidad, romántica y existencial, sobrepasa y exalta de modo sublime la llaneza, social e intelectual, de los enamorados, sin temor a que un barniz fúnebre recubra lo bello, por el contrario, magnificando bajo esta perspectiva lo noblemente pasional. No en vano *Los puentes de Madison* puede interpretarse perfectamente como un cuento de fantasmas, los cuales reivindican, con firmeza pero sin soberbia, su derecho a difundir su pequeña-gran historia antes de volatizarse para siempre, fieles para la eternidad a esas pocas horas que todo lo significaron, pero también aliviados gracias a la confesión póstuma y sus dignamente aleccionadores efectos sobre los seres queridos.

La superación inteligente de la mediocridad del libro en manos de un Eastwood fiel a sí mismo a la par que dispuesto a enriquecer su filmografía, admirablemente maduro, en todos los sentidos, y que no oculta la influencia de varios de los mejores melodramas de la historia del cine —aquí y allá, acude el recuerdo de, sobre todo, *Breve encuentro (Brief Encounter*, David Lean, 1946) y *Carta de una desconocida (Letter from a Unknown Woman*, Max Ophuls, 1948)— conforma, pues, una película excepcional, con momentos indelebles; es imposible olvidar a Eastwood llorando descompuesto bajo la lluvia, mientras Meryl Streep, en el coche, duda entre marchar con él o permanecer junto a su familia. Más allá de desentonar en la obra de su autor, *Los puentes de Madison*, antes bien, lo hizo, y estrepitosamente, en el Hollywood de entonces. Incluso puede afirmarse que por el momento representa el último gran melodrama de la historia del cine.

En su peculiar aportación a la filmografía de los amores imposibles, la pareja formada por Clint Eastwood y Meryl Streep asombra por doquier; en general por la disparidad existente respecto al tipo de cine que representan, en particular porque las pantallas habían perdido la costumbre de acoger al divo compartiendo un protagonismo pasional, desde su ya lejana etapa con Sondra Locke[3]. El gran triunfo crítico-comercial de la película estuvo a punto de proporcionar el Oscar a Meryl Streep, que admitió que jamás había trabajado de tal manera; es decir, con sólo tres tomas, a lo sumo, para cada plano, incluso usando a veces las del ensayo. Este éxito sin duda fue determinante para que Eastwood recibiera dos de sus premios mayores, ambos a la totalidad de la carrera, el Irving C. Thalberg, en la ceremonia de los antedichos Oscar, y el Life Achievement Award que concede el American Film Institute. Acaso también precipitó que crease su propio sello discográfico, Malpaso Records; lógicamente, el primer disco editado fue la banda sonora de *Los puentes de Madison*. Asimismo, en 1996 tiene lugar un homenaje a Eastwood al son del *jazz*, nada menos que un concierto en su honor, denominado *Eastwood After Hours: Live at Carnagie Hall*, que reunió, por supuesto bajo la coordinación musical de Lennie Niehaus, un número copioso de divos del sector: Barry Harris,

---

[3] El éxito de *Los puentes de Madison*, y una estructura idónea, propiciaron una rauda versión teatral. En Francia se representó en 1997, en el Teatro Marigny de París, a cargo nada menos que de Alain Delon, actor y productor, que recuperó al efecto a su ex esposa Mireille Darc para el papel de la protagonista. Se corroboraban así ciertos parangones entre Eastwood y Delon; dos actores que aunaban apostura y rudeza, belleza y cinismo, entronizados por el peculiar, y brillante, cine europeo de los años sesenta. Además, a partir de un cierto punto de su carrera, Delon también abordó la producción y la realización, bien que de modo puntual, y jamás ha ocultado su adherencia ideológica a la derecha. Vínculo último con Eastwood, asimismo, compagina negocios diversos ajenos al cine; entre ellos, la perfumería, con la creación de una colonia masculina denominada, en honor a uno de sus papeles más célebres, «Le Samourai».

Joshua Redman, Steve Turre, Slide Hampton, James Moody, Charles McPherson... y su hijo Kyle, que, por cierto, aparecía tocando el contrabajo en la secuencia del Jazz Club de *Los puentes de Madison;* como era de esperar, el punto culminante estriba en la aparición del propio Eastwood al piano, tocando, con el soporte de los gloriosos invitados, un tema propio, *Clint Eastwood Blues*. Se trataba, en definitiva, de inmortalizar a todo lujo la honda pasión que Eastwood y su cine desde siempre habían revelado por el *jazz*, pero también sus progresivos y estimables pinitos en la composición, pues varias de sus películas más recientes incluían ya temas propios, con resultado notable en las tres inmediatamente anteriores, *Sin perdón*, *Un mundo perfecto* y *Los puentes de Madison*, titulados *Claudia's Theme*, *Big Fran's Baby* y *Doe Eyes*, respectivamente[4].

---

[4] Este concierto fue organizado por Bruce Ricker, que asimismo lo rodó para su comercialización en el mercado del vídeo doméstico en 1997. Ricker, por cierto, supone el brazo derecho de Eastwood en su faceta musical, en concreto desde que se implicara en la producción de *Thelonious Monk: Straight No Chaser*. Así, por ejemplo, ha coordinado el disco *Music for the Movies of Clint Eastwood* (2001) —que recopila temas significativos de toda su trayectoria, empezando por *Rawhide*, e incluye una suite de Niehaus, *Clint Eastwood: An American Filmmaker*—, fue el asesor de las bandas sonoras de *Los puentes de Madison* y *Mystic River*, y ha realizado recientemente *Tony Bennett: The Music Never Ends* (2007) y *Johnny Mercer: The Dream's On Me* (2009). Además, ha rodado el documental *Clint Eastwood: Out of Shadows* (2001), narrado por Morgan Freeman y que incluye declaraciones de los directores Bertrand Tavernier y Martin Scorsese. Eastwood aparte, y siempre dentro del *jazz*, Ricker es autor de los documentales *The Last of the Blue Devils* (1979), que incluye al quinteto de Charlie Parker con Dizzy Gillispie, y *Jim Hall: A Life in Progress* (1998). Por lo demás, entonces Eastwood, en plena fiebre *jazzística*, produjo el documental *Monterey Jazz Festival: 40 Legendary Years* (1998), con guión y realización de William Harper, a fin de celebrar, inmortalizándolo, el cuadragésimo aniversario de un festival emblemático como pocos, imágenes del cual había incorporado, veinticinco años antes, en *Escalofrío en la noche*. Incluyendo apariciones del propio Eastwood, este documental recoge intervenciones de auténticas leyendas del sector (Louis Armstrong, Billie Holiday, Dizzy Gillispie, Ella Fitzgerald, Count Basie, Dave Brubeck...). Pero si de música se habla, bien puede agregarse el calado de Eastwood fuera del *jazz*. Por ejemplo, en el *reggae* (Leo Perry grabó un tema titulado *Clint Eastwood*), el *heavy metal* (un grupo sueco se autodenominó The Clint Eastwood Experience) o la llamada «virtual» (la banda Gorillaz tiene los temas *Clint Eastwood* y *Dirty Harry*).

También en 1996 Eastwood cambia de pareja. Pero esta vez para casarse, por segunda vez. Su nueva mujer tiene unos treinta años menos que él, se llama Dina Ruiz y es una periodista de origen latinoamericano que trabaja en el medio televisivo. A finales de este mismo año, aporta una hija más a Eastwood, Morgan Colette. Poco antes, en 1994, había sido abuelo por segunda vez, merced al nacimiento de Graylen, hija de Kyle.

La producción Malpaso *The Stars Fell on Henrietta*, estrenada a finales de 1995 al igual que *Los puentes de Madison*, todavía contiene a Frances Fisher en el reparto, encabezado por ese adusto Robert Duvall que más de veinte años atrás representara el contrincante de Eastwood en *Joe Kidd*. No es de extrañar que pasara desapercibida, en su día, y que nadie se haya ocupado de reivindicarla, después. Ambientada en Texas durante la Depresión, ofrece, mediante una narración retrospectiva, una *americana* carente de mayor interés o creatividad, un drama de esfuerzo personal y empresarial donde todo suena a «ya visto», y en el cual los ecos de ciertos films dirigidos por el propio Eastwood resultan inoperantes. La realización corre a cargo del habitualmente actor James Keach, hermano del más célebre Stacy, y la esposa del director, la otrora popular Jane Seymour, efectúa un fugaz *cameo;* también intervienen el imponente Brian Dennehy, encarnando un millonario, y la hija de Eastwood y Frances Fisher, Francesca (el nombre por cierto de Meryl Streep en *Los puentes de Madison)* Ruth. Dicho sea de paso, el título es un chistecito a costa del viejo tema musical *The Stars Fell on Alabama,* de Frank S. Perkins y Mitchell Parish, del que existe una versión magnífica a cargo precisamente de ese Cannonball Adderley que apareciese en el tramo final de *Escalofrío en la noche*.

Por el contrario, las siguientes producciones Malpaso despiertan un cierto eco, mayor o menor, si bien ninguna de ellas supera, ni siquiera roza, la calidad, y los beneficios, de *Los puentes de Madison*.

Las tres primeras, *Poder absoluto, Medianoche en el jardín del bien y del mal* y *Ejecución inminente*, devuelven a Eastwood al gé-

Poder absoluto (1997). Con Ed Harris.

nero policiaco, cada una de la manera correspondiente, y adaptan las novelas homónimas, respectivamente de David Balducci, John Berendt y Andrew Klaman.

Poder absoluto, con sus defectos y limitaciones, es la mejor, incluso con diferencia. En principio, constituye una producción Castle Rock, por ello para la distribución pertenece a Columbia y no a Warner Brothers, escrita por uno de los guionistas más prestigiosos de su generación, William Goldman. Empero, Eastwood, al igual que en otros casos ya reflejados, nada más conocer el proyecto entra como coproductor, director y protagonista, seducido por la impactante premisa argumental, nada menos que el enfrentamiento entre un ladrón otoñal, Luther Whitney, noble a su manera, y el mismísimo presidente de los Estados Unidos, Alan Richmond, malvado e hipócrita. Fiel a la novela, el libreto acaba con la muerte de Whitney. Sin embargo, Eastwood, ante todo, pide a Goldman que lo reescriba de modo que sea éste quien triunfe y sobreviva; el guionista accede, perplejo porque pensaba que, lógicamente, Eastwood quería interpretar al policía a cargo del caso, Seth Frank, puesto que en la novela, y por consiguiente en la primera versión del guión, más o menos es el protagonista.

De este modo, Eastwood encarna un delincuente por primera vez desde *Fuga de Alcatraz*, y a través de la insólita denigración del llamado «padre de América» (Gene Hackman, en su segundo trabajo para Malpaso, tan bien encarrilado como en *Sin perdón)*, propone una fábula sobre la deseable regeneración ética de su país, la urgente recuperación de ciertos valores, digamos, naturales. Por consiguiente, *Poder absoluto* responde con voz propia y espíritu crítico a una cierta euforia del Hollywood coetáneo sobre el amo de la Casa Blanca, traducida en películas apologéticas, y malas, tipo *Dave, presidente por un día (Dave,* Ivan Reitman, 1993), *El presidente y Miss Wade (The American President,* Rob Reiner, 1995), y *Air Force One, el avión del presidente (Air Force One,* Wolfgang Petersen, 1996), en las cuales revestía las trazas, respectivamente, de unos Kevin Kline, Michael Douglas y Harrison Ford que significan la purísima antítesis del bellaco rijoso aquí personificado por Gene Hackman. Asimismo, en un nivel menos relevante, pero nada banal y bien significativo, conste que en *Poder absoluto* Eastwood ofrece el primer policía en su cine encarnado por otro actor que no es bobo, prepotente o corrupto, que no resulta inútil ni risible, que es reflejado sin paternalismo y con respeto, admiración, hasta simpatía; lo personifica el excelente Ed Harris.

Por desgracia, al igual que sucedía en *Ruta suicida*, la fábula no acaba de asumirse a fondo como tal, y, en consecuencia, el conjunto deviene progresivamente inverosímil en la trama e ingenuo en su ideario. También como en *Ruta suicida,* curiosamente, o en, bajo otro prisma, *En la cuerda floja,* la maldad se hermana con una parafilia, aquí el *voyeurismo,* desde una perspectiva que no puede tacharse sino de gazmoña. No obstante, Eastwood, delante y detrás de la cámara, procede con una convicción propia y un estilo fílmico de tal vigor que *Poder absoluto* remonta sus débiles cimientos y seduce. El proverbial equipo técnico de Malpaso, engrasado de maravilla tras tantos trabajos en común, responde a la perfección («Si hay problemas, Clint ni se entera. Tenemos tanta complicidad y confianza entre nosotros que podemos resolverlos sin consultarle», tal como resumió años después el director de fotografía Tom Stern). Impecable asimismo se revela un reparto completado por Scott Glenn (peculiar cruce de James Coburn y David Carradine, dicho sea de paso) y un anciano E. G. Marshall, y dentro del cual cubren papeles secundarios las dos primeras hijas del autor, Kimber y Alison. Debe señalarse, por último, que la identificación de Eastwood con su personaje incluye incorporarle rasgos de varios otros encarnados a lo largo de sus etapas anteriores, desde la lejana *Licencia para matar* a la cercana *Sin perdón;* roza así el autor la fácil compilación tipológica, en efecto, pero sin incurrir en ella, pues, contra lo que cabía esperar, su personaje se muestra asexuado como sólo lo fue en las películas de Leone, y, humanamente hablando, apenas le preocupa más que recuperar el cariño de su hija y encarrilarla hacia un futuro digno.

Si en *Poder absoluto* las sorpresas eran relativas, en *Medianoche en el jardín del bien y del mal* son absolutas. Empezando por el hecho de que Eastwood no desempeñe papel alguno, algo que no sucedía desde casi diez años antes con la muy diferente *Bird*, y, sobre todo, aborde la última, o casi, temática que podía esperarse de un cineasta con su marcada, marcadísima, trayectoria viril, en lo personal y en lo profesional: el caso verídico de un crimen homosexual, cometido en la famosa ciudad sureña de Savannah a mediados de los años ochenta, en la persona de un joven y violento «chapero» por parte del más rico, y socialmente ponderado, de sus clientes habituales. Para su producción, Malpaso vuelve a acogerse bajo el manto económico de Warner Bros., que no abandonará hasta diez años más tarde. El guionista de *Un mundo perfecto*, John Lee Hancock, asume adaptar el *best seller* publicado al respecto por John Berendt en 1994, y el rodaje tiene lugar en la propia Savannah, lo cual permite que Eastwood disfrute agasajando en la banda sonora al gran músico local Johnny Mercer, con cerca de seis temas suyos.

Empero, Eastwood, previsiblemente, no congenia con su protagonista homosexual, James Williams, un apasionante personaje de esteta millonario y sofisticado, cultivado y sutil, turbio bajo las apariencias, que habita una mansión cuya fastuosa entidad cultural es digna de un museo, erigida precisamente por un antepasado del antedicho Johnny Mercer, y al cual interpreta de forma eminente Kevin Spacey, lo que acentúa su interés. Antes bien, Eastwood se ocupa del periodista neoyorquino John Kelso (encarnado por un John Cusack muy irregular), un personajito a medio camino entre el estereotipo y la vulgaridad, convencido de que escribir la historia de la investigación que está viviendo activamente le facilitará el Premio Pulitzer, y cuyo idilio con una joven local (una muy aceptable Alison Eastwood) sobra por completo (y origina una escena ridícula, con ambos en sendos columpios). Aquí estriba el error básico de una película que, por otro lado, llama la atención por la antitética eficacia de sus dos bloques narrativos. Es decir, la parte inicial, puramente descriptiva y sin apenas incidencias, musical incluso en su ritmo lánguido, emana no poco atractivo; por el contrario, cuando la trama va definiéndose, y después empieza el juicio, paradójicamente el film decae, y resulta monótono, en general, afectado, por momentos, y fallido, a la postre.

Para mayor desgracia, la determinación de Eastwood de convencer para que se interprete a sí mismo al travesti local Lady Chablis (que falleció pocos años después de estrenarse la película, y se llamaba Emma Kelly) acaso sea acertada sobre el papel, pero en imágenes no aporta más que un personaje reiterativo y de humorismo tan cargante e ineficaz como el de ese Geoffrey Lewis al que el autor recupera para un papel secundario, en otra malhadada idea, de su ciclo *americana* de los años setenta. Falta asimismo esa sensibilidad especial que requiere el tratamiento de lo fantástico, tanto en las secuencias con magia vudú, malas, cuanto, sobre todo, en el error mayúsculo que supone el desenlace: tras un momento espléndido, y clave, a cargo de Kevin Spacey, que

John Cusack y Kevin Spacey
en *Medianoche en el jardín del bien y del mal* (1997).

aportaría el colofón idóneo, Eastwood, en absurda fidelidad a la novela, lo arruina brindando la muerte de éste por una súbita acción sobrenatural, que se pretende esotérica y bíblica a la par.

«La verdad, como el arte, está en el ojo de quien mira. Tú cree lo que quieras, yo creeré lo que sé.» Tan magnífico diálogo sería inmejorable, repito, como cierre de la película, y por eso lógicamente es reproducido o evocado en todas, o casi todas sus reseñas. Pero el film, aun siendo digno y esforzado, por supuesto respetable, no está a la altura de tan sonora frase, que define y diferencia los dos personajes centrales, sintetizando además el concepto; puesto que Eastwood se revela por igual descentrado y desbordado, y malgasta así la estupenda posibilidad de articular un *thriller* esquivo y turbador, sustentado en las diferencias y semejanzas entre culpabilidad y responsabilidad, en el choque entre cierto tipo de integridad y la relatividad ética que puede envolver determinada acción criminal. Su sintonía, teórica, respecto a

Ejecución inminente (1999). Con James Woods.

ciertas películas previas Malpaso es palpable, eso sí. En suma, *Medianoche en el jardín del bien y del mal*, significativamente, apenas convence más que en el personaje que afirma el antedicho diálogo.

Ejecución inminente surge precisamente del propósito de Malpaso y Warner Brothers de compensar el fracaso económico de *Medianoche en el jardín del bien y del mal* mediante una película, en cierto modo, *mainstream*. Por ende, Eastwood retoma su recurrente tipología de *loser* individualista y autodestructivo, tan irónico como recto, solo contra todos, dispuesto a demostrar por enésima vez que su olfato es infalible por naturaleza. En este caso, encarna un reportero neoyorquino que perdió el empleo a causa de su integridad; ahora sobrevive trabajando en un periódico menor de Oakland, ciudad en la cual, tras superar también el alcoholismo, se ha instalado con su enésima mujer (encarnada por Diane Venora, la esposa de Charlie Parker en *Bird*) y la hija de ambos (Francesca, la referida hija de Eastwood y Francis Fisher)[5]. Ahora bien, los sesenta y nueve años, bien patentes, que ya arrastra Eastwood le traicionan, hasta el punto de que *Ejecución inminente* resulta un tanto risible en su prepotente trasfondo autoafirmativo. La inverosimilitud físico-dramática del personaje, quien cuando menos tendría que estar jubilado, además crece, y de forma embarazosa, por culpa de la decisión de Eastwood de mantener a tan respetable edad su sempiterna y complaciente propensión al desnudo parcial (escena con toallita en la cintura incluida); personifica, para colmo, un mujeriego impenitente, que encandila a todas las féminas sin distinción de edad o condición. El patético dolor, con el subsiguiente divorcio, que provoca en la abnegada esposa la compulsiva e incurable tendencia del protagonista a la promiscuidad, redondea el irrefutable significado de *Ejecución inminente* en cuanto autorretrato metafórico del autor respecto a su personal relación con el sexo femenino, escindido entre la chulería, el remordimiento, el exhibicionismo y el arrepentimiento, con el exceso de pésimo gusto, ya señalado por Irene Bignardi en su crítica, que significa abrir la historia mediante la muerte en accidente de tráfico de una linda jovencita que acababa de rechazar la propuesta amorosa del otoñal protagonista. Este epíteto personalista se refuerza, si cabe, en dos niveles; por un lado, la trama, pues aunque adapte la novela homónima, incorpora demasiadas reminiscencias de varios éxitos previos de Eastwood, desde el lejano *Escalofrío en la noche* al cercano *Sin perdón;* por otra parte, los tentáculos familiares del reparto,

---

[5] Al igual que el reportero protagonista de *Medianoche en el jardín del bien y del mal*, el de *Ejecución inminente* presupone que ganará el Premio Pulitzer apenas publicar la historia del caso. Resulta curiosa, cuando menos, y tristemente significativa, en última instancia, la convicción de muchos profesionales del espectáculo americano de que basta recrear una extraña historia verídica para que la novela resultante sea magnífica, y, sobre todo, merecedora del mayor premio literario nacional. Lo mismo le sucedía, por cierto, al protagonista de la, por otro lado, formidable *Corredor sin retorno (Shock Corridor,* Samuel Fuller, 1963), altamente lúcida, dentro de su tónica delirante y truculenta, radiografía de la mentalidad y la sociedad yanqui. ¿Otro vínculo, pues, entre Fuller y Eastwood?

dado que incluye, además de la antedicha Francesca Fisher Eastwood, a la propia madre de ésta, Frances Fisher, y la nueva esposa del autor, Dina Ruiz, sin olvidar que la ciudad de Oakland donde transcurre la acción es donde Eastwood vivió durante más tiempo en su nómada juventud. Volviendo al reparto, duele que Eastwood desperdicie al gran James Woods en el papel del director del periódico local, filmándole siempre en el mismo escenario, vestido de modo análogo y bramando diálogos similares; por cierto, aparece fugazmente la poco después famosa Lucy Liu.

Tampoco encierra atractivos particulares el argumento, que presenta a un joven negro, recién convertido al cristianismo e intachable hombre de familia, acusado por error de asesinato, y a cuyo través Eastwood no impugna la pena de muerte desde una postura ideológica, sino que aboga por la certeza absoluta sobre la culpabilidad del penado bajo un elemental prisma humanitario. Tal historia además revela una simplicidad indigna de previas aportaciones del autor al *thriller*, sin ir más lejos la inmediatamente anterior *Medianoche en el jardín del bien y del mal*, por fallida que sea, y además abunda en licencias e ingenuidades propias de telefilm. Por todo lo cual, es mérito exclusivo del solidísimo, impecable oficio de Eastwood, específicamente de un clasicismo estilístico que a finales del siglo XX ya resultaba en verdad extraordinario en Hollywood, que una película tan débil en sus propuestas y entraña como *Ejecución inminente* se pueda ver sin fastidio, y no deje mal recuerdo gracias, sobre todo, a su cualidad *old fashioned*. En particular, logra una óptima gradación del suspense en el último tercio, y finaliza mediante un broche inolvidable, a la par tierno e irónico, de todo punto magnífico, que muestra cuán brillante puede ser Eastwood..., cuando lo es.

El espíritu autoafirmativo de *Ejecución inminente* permanece en la siguiente película de Eastwood, *Space Cowboys*. Mas por fortuna despojado de toda referencia personalista, y encarrilado dentro de una significación preferentemente general que particular, que invita a una lectura alegórica de índole crepuscular acerca del viejo Hollywood, en conceptos y profesionales, y su sentido-sinsentido en el cine americano coetáneo.

Caso raro en esta etapa de Eastwood, el guión no adapta ningún libro, sino que es original de sus autores, Ken Kaufman y Howard Klausner. Propuesto por Warner Brothers a Eastwood durante la satisfactoria trayectoria comercial de *Ejecución inminente*, éste en principio vacila, pues ciertos elementos recuerdan dos anodinos *blockbusters* de poco antes, *Apolo 13 (Apollo 13,* Ron Howard, 1995) y *Armageddon (Armageddon,* Michael Bay, 1998), así como al ya algo lejano *Elegidos para la gloria (The Right Staff,* Philip Kaufman, 1983). Accede al fin, cuando se admite su implicación mediante Malpaso, por lo que ello implica de control del proyecto y personalización de la propuesta, aliada así con otras dos productoras, Mad Chance y Village Roadshow. La célebre empresa de efectos especiales de George Lucas, Industrial Light & Magic, asume los trucajes, y, por primera vez en la filmografía de Eastwood, ciertas partes se ruedan con película digital.

Los protagonistas son cuatro pilotos militares, que a finales de los años cincuenta estuvieron a punto de inaugurar la conquista del espacio, ilusión truncada en el último momento por la creación de la NASA y ciertas intrigas subyacentes. Cuarenta años después, cuando están entregados a quehaceres diversos, son reclamados por la propia NASA y el mismo oficial que frustró su sueño para que viajen al espacio a fin de neutralizar un amenazador satélite soviético superviviente de la Guerra Fría, cuya anacrónica tecnología únicamente pueden conocer ellos, en absoluto las jóvenes generaciones de expertos. Reunidos de nuevo los cuatro antiguos camaradas, tras algunos titubeos aceptan la misión, y se convierten así, por fin y en pleno invierno de sus vidas, en astronautas.

Las sorpresas previsibles, valga la expresión, en Clint Eastwood se concentran aquí en dos, antes conceptuales que argumentales. La primera estriba en su propio personaje, pues supone un honesto militar jubilado, feliz y fiel en su matrimonio, y razonablemente dispuesto a colaborar con sus colegas antes que partidario de actuar a su aire. La segunda descansa en las dos promesas implícitas en el título *Space Cow-*

Space Cowboys (2000).

boys: un protagonismo colectivo (Eastwood junto a nada menos que Tommy Lee Jones, Donald Sutherland y James Garner, con idéntica relevancia en los créditos) y una flagrante evocación del *western*.

Respecto al primer aspecto, resulta muy revelador el hecho de que Eastwood no se conforme con encarnar meramente su personaje, sino que evoque pasadas tipologías propias en otros dos, además desde ópticas antitéticas: el profesional individualista, hosco y frustrado, contemplado con escrupuloso respeto (Tommy Lee Jones), y el viejo seductor recalcitrante, visto de forma irónica (Donald Sutherland). A propósito de los personajes, precisamente en la incumplida promesa del protagonismo compartido estriba un perjuicio del film, ya que la trama privilegia la amistad-rivalidad entre Eastwood y Jones; Sutherland (a quien Eastwood conociera durante el rodaje de *Los violentos de Kelly)* no supone más que un reiterativo chiste grosero, y Garner (amigo personal de Eastwood desde que coincidieron en la serie *Maverick* en los años cincuenta, y socio suyo en ciertas propiedades de Carmel) es casi un comparsa. En esta tesitura, si de alguna forma funciona *Space Cowboys,* y sin duda lo hace, se debe antes bien, y casi exclusivamente, a las bienvenidas resonancias del *western,* al declinar con propiedad y estilo rasgos esenciales del género (la trascendencia de la amistad masculina, la llaneza psicológica y ética, la entereza en el envejecimiento y en la muerte, el honor), sobre todo durante la primera parte, antes de que los héroes partan al espacio. Se alivia así un tanto el fastidio provocado por un desarrollo epidérmico y previsible y por la boba apología generacional, si bien la perspectiva de Eastwood al menos sofoca la arrogancia y aparta la autocompasión.

Por desgracia, *Space Cowboys* encierra en la trastienda una carga ideológicamente letal, por ende de todo punto reprobable, que emana de la consabida afinidad de Eastwood con el estamento militar y no desentona precisamente en la América del inefable presidente Bush. Tampoco está tan escondida esta carga, late de principio a fin: los militares son gente recta y noble, cuyos defectos superficiales jamás empañan las virtudes básicas; su único lastre estriba en que deben obedecer a los políticos, y, por supuesto, en tal sector no existe sino corrupción, maldad e intereses mezquinos... De aquí a clamar por un gobierno militar media poco, poquísimo.

Parece preferible, por tanto, detenerse en esa lectura puramente crepuscular, ésta sí digna de todo encomio y solidaridad, referida al inicio del epígrafe, que Francisco Moreno resumía en los siguientes términos, como final de su reseña en *Cine para leer:*

> Resulta inevitable que *Space Cowboys* pueda contemplarse también como una suerte de metáfora acerca de la validez del cine clásico (ése al que representan su cuarteto de intérpretes), del cine de personajes y conflictos adultos, frente a ese otro cine que hoy se empeña en producir la industria de Hollywood, el de los efectos en cascada, los monigotes sin alma y las tramas pueriles. No deja de ser otra virtud que anotar en el haber de esta película tan vigorosamente clásica y contundentemente viva.

Space Cowboys inaugura el festival de Venecia, con la asistencia del propio Eastwood, que recibe la distinción máxima del certamen, el Leone D'Oro, y es objeto de un ambicioso libro colectivo en su honor, donde escriben, entre otros y diversos autores, dos profesionales que trabajaron en «la trilogía del dólar» (Franco Giraldi, Tonino Valerii). Con setenta años ya cumplidos, el cineasta dedica este Leone D'Oro a Sergio Leone... Una reverencia chistosa singularmente fácil, sin duda, mas no por ello menos simpática y de agradecer, sobre todo considerando que tal premio constituye la máxima recompensa que puede obtener un cineasta extranjero en Italia. Dos años antes, Eastwood había recibido en París el César de honor, un año después obtendrá la distinción de la Society of Motion Picture and TV Art Directors.

Pero no todo son parabienes. Mientras *Space Cowboys* regocija las taquillas de América, donde la profesión de astronauta es poco menos que sagrada, irrumpe en el mercado angloparlante un libro tremendamente crítico con Eastwood, a todos los efectos, *Clint. The Life & Legend,* publicado en España en el 2010. Su autor es el prestigioso Patrick McGilligan, conocido sobre todo por ahondar en sus voluminosas biografías en los recovecos escabrosos de glorias del sector (Fritz Lang, George Cukor, Alfred Hitchcock, etc.), sin detenerse a la hora de imputar actos más o menos delictivos. A lo largo de unas seiscientas páginas, McGilligan describe a Eastwood, en resumidas cuentas, como, respecto a lo profesional, una mixtura de habilidad comercial, prudencia empresarial y fabulosa buena suerte, y, en cuanto a lo personal, como un hombre ruin, ingrato y vengativo, experto en manipular (esposas, amantes, hijos, amigos, colaboradores, etc.), adicto al sexo, egomaníaco y patético en su obvio pavor a asumir la vejez. Se extiende en pormenorizar la prolongada y peculiar relación financiera del cineasta con Warner Brothers, y subraya que Eastwood siempre ha tergiversado los guiones para lucimiento propio. Este ensayo, tan hiriente como elaborado, irrebatible en ciertas conclusiones (por ejemplo, que Eastwood odia la cercanía de hombres más altos y guapos, por lo cual estos no existen en su filmografía, y se cree «un regalo de Dios para las mujeres, en el cine y en la vida»), intolerable en otras (sostener que Eastwood no sabe interpretar ni vocalizar, y que, por ende, es injusto que alcanzara el estrellato), despertó no poca controversia en una época en la que el biografiado ya representaba, a todas luces, una venerable gloria patria[6]. Invocando la falsedad de ciertas afirmaciones (en cabeza que durante los años cincuenta golpeaba o violaba, según la ocasión, a su primera esposa, Maggie, soporte además del hogar mediante sus trabajos modestos, cuando él se enfurecía porque nadie le adjudicaba papeles importantes), Eastwood interpuso por calumnia una demanda de diez millones de dólares contra el autor y la editorial. La vista tiene lugar tiempo después, el 13 de agosto del 2004, en la Superior Court de Los Ángeles. Al respecto, se sabe que Eastwood y McGilligan cerraron un acuerdo extrajudicial para suprimir en las ediciones posteriores del libro las partes que el biografiado estimaba objetivamente falsas y/o difamatorias (sin ir más lejos, las antedichas sobre malos tratos). Y, según el escritor, Eastwood no obtuvo ni un dólar de la indemnización reclamada.

Aborta un tercer proyecto de colaboración entre John Lee Hancock y Eastwood. Consistía en honrar cinematográficamente la secular debilidad de Eastwood por el golf, mediante la adaptación de la novela *Golf in the Kingdom*, de Michael Murphy. Con palabras de Hancock,

> Clint me hizo leer el libro poco después de que termináramos *Un mundo perfecto,* es un texto extraño y místico [...]. El protagonista busca en el golf la respuesta para todas las preguntas de la vida, considera que este juego está repleto de significados ocultos pero accesibles. La blancura de la bola, el misterio de los agujeros, etc.[7].

---

[6] Por ejemplo, un artículo sangrante que suscribía punto por punto el parecer de McGilligan, aparecido sin firma en *National News*, proponía un chistoso juego de palabras, que pierde la gracia vertido al español, con el viejo apelativo de «The Man With No Name», al sostener que a Eastwood antes bien habría que denominarle «The Man With No Shame» (el hombre sin vergüenza).
[7] L. Barisone y G. D'Agnolo, *op. cit.*

Deuda de sangre (2002). Con Jeff Daniels.

También entonces se rumorea durante un tiempo que Eastwood podría realizar una adaptación del alabado y desmitificador cómic de Frank Miller *Batman: el señor de la noche*, y encarnar asimismo el protagonista, un Bruce Wayne/Batman anciano, asqueado y artrítico; recuérdese que las dos películas, harto sobrevaloradas, de Tim Burton que revitalizaron exitosamente el personaje —*Batman (Batman,* 1989) y *Batman vuelve (Batman Returns,* 1992)— eran producciones Warner Brothers. Sin la menor duda, este Batman marcadamente crepuscular supone el más delirante, pero no del todo disparatado, de los proyectos, abortados en una fase u otra, que desde siempre han rodeado a Eastwood.

Poco después, Eastwood entra en tratos con Brian Helgeland, un joven polifacético (director, productor, escritor) de preclara debilidad por el género policial y fantástico. Aunque esta debilidad no es precisamente correspondida, al menos hasta la fecha, Helgeland a la sazón supone un valor en alza; sobre todo en el campo del *thriller,* gracias sobre todo al triunfo de la sobrevalorada *L.A. Confidencial (L.A. Confidential,* Curtis Hanson, 1997), que escribe según la novela homónima de James Ellroy, y al hecho de atreverse a dirigir sobre guión propio un *remake,* lamentable, del prodigioso *A quemarropa,* titulado *Payback (Payback,* 1998) y coproducido-protagonizado por Mel Gibson.

Helgeland, así, escribe consecutivamente dos guiones para Eastwood en los que adapta las homónimas novelas correspondientes. Las películas que originan ambos son *Deuda de sangre* y *Mystic River,* y, respectivamente, cierran esta fase y abren la siguiente en la obra de su director. Asimismo, suponen en Malpaso el relevo como director de fotografía de Jack N. Green por Tom Stern, operador de cámara para Eastwood desde *El aventurero de medianoche*.

Deuda de sangre devuelve a Eastwood al *thriller* con protagonismo propio que había cultivado durante los dos años anteriores a *Space Cowboys,* merced a *Poder absoluto* y *Ejecución inminente*. Pero si en éstas encarnaba respectivamente un ladrón y un reportero, aquí vuelve a empuñar la pistola con cargo oficial. La novela adaptada es de Michael Connelly, e introduce el personaje de Terry McCaleb, un maduro y eficaz agente del FBI; Connelly había saltado a la fama a lo largo del decenio anterior mediante su saga sobre el detective Harry Bosch, nacida en 1992 y por el momento sin trazas de finalizar; por cierto, una de sus entregas, *Más oscuro que la noche,* contiene de coprotagonista al antedicho McCaleb, así en su segunda aventura.

El resultado fílmico brinda la peor, con diferencia, de las películas de esta etapa de Eastwood, aunando producción, realización y protagonismo. Aunque adapte una exitosa novela de un autor contrastado, *Deuda de sangre* en realidad parece un precipitado mejunje de previos hitos de Eastwood, en mayor medida que otros films anteriores de esta misma etapa, destinado básicamente a sus admiradores incondicionales. Caben, así, desde los toques de *giallo* de *En la cuerda floja* a rasgos de *En la línea de fuego,* pasando por la emblemática resurrección del héroe, pero cuenta en especial la nostalgia de «Harry el sucio»; de hecho, el arranque es propio de cualquier entrega de la serie, y el desenlace evoca el cierre de *Impacto súbito,* aunque ahora ya nadie se escandalizó por razones ideológicas, cosas del nuevo milenio. Acaso esta historia de un agente otoñal con el corazón trasplantado de una víctima de su criminal adversario, y que entabla un idilio con la hermana de ésta, tal como está dispuesta en el guión no permitía mucho más, de pobre que es el desarrollo y esquemáticos que resultan los personajes. Pero no por ello puede perdonarse que Eastwood confunda la eficacia narrativa en él exigible con una facilidad rutinaria, además a ratos peligrosamente cercana al inocuo lenguaje televisivo; tampoco encierra mayor entidad, muy al contrario, el propósito manifiesto de contemporizar con el público latino. En cuanto al sempiterno romance del héroe con una mujer harto más joven, en este caso diríase que no se lo cree ni el propio Eastwood. Por último, conste a título anecdótico el papel secundario de Anjelica Huston, hija precisamente del legendario John al que Eastwood evocara, no mucho tiempo atrás, en *Cazador blanco, corazón negro.*

Continuará (2003-2010)

> He tenido mucha suerte. He sobrevivido a todos (Clint Eastwood en «Speciale Clint Eastwood», suplemento de *Il mucchio Selvaggio*, núm. 619, 2006).

Clint Eastwood, «el independiente integrado», en óptima definición de Alberto Pezzotta, o «el rebelde conservador», según el no menos admirable título de una de la numerosas monografías a su respecto, inicia esta nueva etapa perfectamente estabilizado, en su vida familiar, e impertérritamente entronizado, en la faceta profesional. Incluso se diría que, más allá del Cine, encarna la conciencia de América. A título, por supuesto, oficioso, pero que a veces deviene, tácitamente, oficial; considérese el significado de su patriótica y sentida intervención televisiva, con desembozadas miras universales, a raíz del espeluznante, y turbio, atentado sufrido en Nueva York y Washington el 11 de septiembre del 2001.

En lo que al cine refiere, su obra se ensombrece, en todos los sentidos y al hilo de la propia vejez del cineasta: los colores merman, las historias gimen, el relato serpentea, la violencia es infecta..., en suma, el humanismo deriva hacia el pesimismo, con excepción de la, por ello, inesperada, y notable, *Invictus (Invictus,* 2009). Considérese, a propósito, esta reflexión del propio Eastwood:

> Cuando ves a Velázquez y lo que hizo durante sus años más oscuros, tiendes a preguntarte por qué hizo eso. Pero estoy seguro de que él no llegó y se dijo «voy a empezar a pintar de forma oscura, voy a iniciar una etapa oscura en mi carrera». Tan sólo lo hizo. Y es en ese preciso momento cuando el verdadero arte se revela y adquiere trascendencia[1].

Emerge pues en Eastwood una personal, lúcida, magnífica estética viril de la desolación, que brinda sus mejores manifestaciones en *Mystic River* (2003) y *Million Dollar Baby* (2004), con *Gran Torino* (2008) a no muy inferior altura; tres obras maestras que dignifican, siquiera puntualmente, un contexto que no se las merecía, el horrible Hollywood de comienzos del siglo XXI.

La formalización mantiene alguna paradoja, o discordancia, anunciada ya en etapas previas, pero no desmerece, ni empaña, las películas. En particular, el desequilibro entre la relevancia dramática concedida a lo explícito y a lo implícito. Es decir, Eastwood acentúa ciertos contenidos hasta incurrir unas veces en el subrayado y otras en el pleonasmo; por el contrario, otros los solapa, pidiendo que el público los rellene a voluntad, por no decir obligándole. Debatiéndose así, película tras película, entre el defecto que supone el exceso de

---

[1] Reproducido de Cal Fussman, «Clint Eastwood», *Esquire,* edición española, núm. 15, 2009.

Sean Penn en *Mystic River* (2003).

evidencia y la virtud, elegante y desusada virtud, que representa confiar en la inteligencia y sensibilidad del espectador, por hipotéticas que sean.

Segunda de sus películas escritas por Brian Helgeland, tras la inmediatamente anterior *Deuda de sangre*, *Mystic River* confirma que Eastwood eleva el grado de ambición en su cine cuando él no protagoniza, excepción hecha de su primera tentativa al respecto, la modesta y justamente olvidada *Primavera en otoño*. A propósito, por estas fechas se propaga el rumor, partiendo de declaraciones del propio interesado, de que Eastwood ya se va a centrar en la producción y la realización. Rumor que a todas luces su filmografía desmiente bien pronto, si bien es verdad que esta etapa contiene menos interpretaciones suyas que ninguna otra anterior.

Para los personajes femeninos principales, Eastwood retoma a Marcia Gay Harden, de *Space Cowboys*, y Laura Linney, de *Poder absoluto*. Ahora bien, el reparto de *Mystic River* alberga dos sorpresas mayúsculas. Por una parte, la recuperación del mismísimo coprotagonista de *El bueno, el feo y el malo*, un anciano Eli Wallach, para un *cameo* de lujo. De otro lado, un trío estelar formado por nada menos que Sean Penn, Tim Robbins y Kevin Bacon, tres actores sobresalientes de la misma generación, contrastados cada cual a su manera y que además habían abordado también la realización, con mayor o menor continuidad y fortuna según el caso. La elección de Kevin Bacon es natural, pues en físico y porte evoca un tanto al propio Eastwood, dado que éste se proyecta en su personaje, consciente de que no puede encarnarlo por inexorables razones de edad. En cambio, lo último que podía concebir nadie era a Tim Robbins y Sean Penn en una película de Eastwood, aunque el prematuramente finado hermano de Sean, Chris, interviniera en *El jinete pálido;* entre paréntesis, Robbins y Penn ya habían trabajado juntos, realización del primero y protagonismo del segundo, en *Pena de muerte (Dead Man Walking,* 1995), un drama amoroso-social que arranca muy bien, desbarra progresivamente en la parte central e irrita en su ridículo último tercio. Pero dejemos al gran Wallach despejar la incógnita:

> Todo el mundo sabe que Clint políticamente es de lo más conservador. Pues bien, contrató para *Mystic River* a Sean Penn y Tim Robbins, que son los dos mayores izquierdistas de Hollywood. Le pregunté la razón el día de rodaje que pasamos juntos, y me respondió «son idóneos para dar vida a lo que quiero decir en esta película»[2].

Enésima confirmación de que Clint Eastwood es honesto y ecuánime, por lo menos a su manera.

La historia adapta, aligerándola, la homónima novela policiaca de Dennis Lehane, en cierta manera marcada por ciertos éxitos del prolífico Stephen King. Con todo, detalles argumentales y tonales recuerdan, quizá no por azar, dos películas dirigidas por el propio Sean Penn, *Cruzando la oscuridad (The*

---

[2] Reproducido de Anita Haas, *Eli Wallach: vitalidad y picardía*, Almería, Festival, 2006.

Crossing Guard, 1995) y *El juramento (The Pledge,* 2001), ambas con Jack Nicholson y la segunda según la gran novela de Friedrich Dürrenmatt *La promesa,* antes adaptada por la prestigiosa coproducción hispano-germano-suiza *El cebo* (Ladislao Vajda, 1958). Aunque, si de buscar parangones se trata, *Mystic River* puede leerse como una contundente paráfrasis viril de esa coqueta (un tanto huera también, por lo general) estética/filosofía de la perversidad que entronizó a David Lynch.

Mystic River triunfa justo donde pocos años antes había fracasado *Medianoche en el jardín del bien y del mal.* Entiéndase, en la determinación de personalizar los rasgos de cierto estilo de *Thriller,* oscureciéndolos con objeto de ahondar sin contemplaciones en la destemplada realidad última de la conciencia y realidad americanas, procediendo mediante la interacción entre una pléyade de personajes verosímiles y representativos, cuyo vínculo facilita el desglose de la trama. Este vínculo procede de los efectos, traumáticos en la manera correspondiente, que han surtido en los tres protagonistas: el rapto y las sevicias sexuales que sufrió uno de ellos, Dave Boyle (Tim Robbins), en plena niñez; el asesinato de la hija de otro, Jimmy Markum (Sean Penn), determina que el tercer amigo de la infancia, Sean Devine (Kevin Bacon), regrese al periférico barrio degradado de Boston donde crecieron, en el cual Boyle y Markum han continuado viviendo, a fin de resolver el caso, en su condición de policía de homicidios. Así, según resume Luis Miguel García Mainar:

> La violencia alcanza hasta el más alejado rincón de las vidas de los personajes: para Dave (Robbins), la violencia del secuestro y posterior abuso sexual significó en su día la destrucción de su personalidad; para Jimmy (Penn) es una forma de vida que lo ata a su comunidad y a su pasado y a la que se puede recurrir en última instancia para hacer justicia, y para Sean (Bacon) significa el peligro que la sociedad intenta mantener a raya mediante la institución policial, pero que en algunas ocasiones puede ser aliado del mantenimiento de la paz y de la justicia[3].

---

[3] *Clint Eastwood, de autor a actor,* Barcelona, Paidós, 2006.

La coherencia respecto a la filmografía previa de Eastwood emerge pues de principio a fin. Si de películas concretas se habla, es flagrante en el antedicho caso de *Medianoche en el jardín del bien y del mal*, más sutil en otras (por ejemplo, el personaje interpretado, muy bien, por Tim Robbins resulta una inesperada variante del que encarnase, bastante mal, Kevin Costner en *Un mundo perfecto).* Atendiendo a obsesiones características, el tema de la ley del Talión y las barreras, morales pero también reales, entre culpabilidad e inocencia cuentan en *Mystic River* acaso con mayor relieve e interés que nunca en la obra de Eastwood, puesto que se vierten merced a una valoración ética de la ambigüedad, y hasta de la ambivalencia, particularmente compleja y sustanciosa. Aunque este punto de vista también puede significar, volviendo a Alberto Pezzotta, «pragmatismo cínico»[4]. En cualquier caso, *Mystic River* trenza una singular y apasionante parábola sobre el Sueño Americano, acerca de la desesperación existencial y crispación personal generadas por una mentalidad determinada y una cultura específica, desplegando sus conceptos a lo largo de una admirable cadencia rítmica y dramática, aunque adolezca de alguna reiteración y fastidien los dos falsos finales, y mediante un tono a la par sórdido e intenso, si bien con una simpática «línea de fuga» *jazzística* en la intervención, precisamente, de Eli Wallach; con palabras de Anita Haas: «la tensión tan bien guardada desde el inicio se alivia inesperadamente mediante la bocanada de aire fresco representada por Wallach, en el rol del gesticulante y parlanchín propietario de una licorería: intercala un estupendo intermedio de purísimo humorismo»[5]. Pero si de actores se habla, conste que la riqueza de las situaciones y la entidad de los personajes cuajan tan bien gracias a la estremecedora verosimilitud recitativa: Sean Penn, sabiamente dirigido para solapar sus sempiternos *tics* de cocainómano irredimible, Tim Robbins, sobrio en un personaje que permitía los peores excesos histriónicos, y Kevin Bacon, mi-

---

[4] *Clint Eastwood*, Milán, Il Castoro, 2007.
[5] *Op. cit.*, nota 2.

Laurence Fishburne, Eli Wallach y Kevin Bacon en *Mystic River* (2003).

metizando, repito, la idiosincrasia del propio Eastwood, en la expresión facial y corporal. Sin menospreciar las actrices, a cuál mejor en su respectivo modo de asumir esa lectura misógina que también conlleva, directa o indirectamente según se mire, la perspectiva viril de *Mystic River*, una fábula negra protagonizada por tres niños-viejos cuyas manchas son impermeables al agua del bostoniano río del título.

El triunfo internacional de *Mystic River* aúna el entusiasmo de la crítica, el público y la industria hasta un nivel que el cine de Eastwood no disfrutaba desde *Sin perdón*. En cuanto a los premios, sobresalen los oscars ganados por Sean Penn y Tim Robbins, y el Golden Globe a la dirección, que Eastwood, además, recibe en ese mismo 2003 en que el Screen Actor Guild le concede el reconocimiento a la carrera.

El hecho de que un *thriller* psicológico, sin apenas acción y nada complaciente con su propia sordidez, guste tanto, y en todas las esferas, alboroza lo indecible a los cinéfilos a la vieja usanza, que por ende depositan en Eastwood las pocas, poquísimas esperanzas que albergan en el coetáneo cine de

Hollywood. Considerando además la irritante decepción supuesta por la impresentable *Fantasmas de Marte (Ghost of Mars*, 2001), última película del confeso devoto de Leone/Eastwood que es John Carpenter, así como la decadencia de otros cineastas de la generación de Eastwood no menos fieles al clasicismo. Léase, Sydney Pollack —que fallece en el 2008 y cuya filmografía, fríamente considerada, en realidad perdió todo interés tras la magnífica *Yakuza (The Yakuza*, 1974), con un soberbio Robert Mitchum—, ese Norman Jewison de quien injustamente ya nadie quiere acordarse, o un Sidney Lumet que entra en el siglo XXI coleando con más voluntad que solidez. Mejor correr un tupido velo, por cierto, sobre las incursiones en la realización-producción de otros populares colegas más o menos coetáneos de Eastwood que, del mismo modo, saltaron a la fama por su atractivo personal en los años 60. O sea, Robert Redford, Warren Beatty y Burt Reynolds. Pues ninguno de los tres cuenta con una sola, siquiera, conjunción protagonista/director/productor realmente memorable, digna de entrar en la historia del cine americano. De esta generación únicamente Woody Allen, nacido cinco años después de Eastwood, cuenta con una trayectoria actor-autor de relevancia irrebatible (aunque sobrevalorada, máxime teniendo en cuenta sus lamentables frutos de los últimos años).

Reforzado pues por el óptimo recibimiento de *Mystic River*, Eastwood despliega una productividad no muy inferior a la que había revelado durante sus etapas previas. Aunando producción, realización y protagonismo, ofrece *Million Dollar Baby (Million Dollar Baby*, 2004) y *Gran Torino (Gran Torino*, 2008). Compaginando producción y realización, propone primero el díptico compuesto por *Banderas de nuestros padres (Flags of Our Fathers*, 2006) y *Cartas desde Iwo Jima (Letters from Iwo Jima*, 2006), con el cual vuelve a colaborar con Steven Spielberg, ausente de su cine desde *Los puentes de Madison*, dos años después *El intercambio (The Changeling*, 2008) —que supone un puntual regreso de Malpaso a Universal, dado que la realización en principio iba a asumirla Ron Howard, a la postre sólo coproductor— y la temporada siguiente *Invictus (Invictus*, 2009). Por último, Eastwood interviene sólo como productor, para facilitar el debut en la realización de su hija Alison, con *Lies & Ties* (2007), un drama protagonizado justo por dos de los intérpretes de *Mystic River*, Kevin Bacon y Marcia Gay Harden, y compone la música para una película, por cierto muy mediocre, con la cual no guarda otra relación, *La vida sin Grace (Grace Is Gone,* James C. Strouse, 2007), sin duda porque el productor mayoritario y protagonista es John Cusack, con quien entablara una buena relación gracias a *Medianoche en el jardín del bien y del mal*.

Ficción aparte, Eastwood rueda el documental *Piano Blues* (2003), uno de los siete episodios de la ambiciosa serie *The Blues*, enfocada al mercado videográfico-televisivo, producida mayoritariamente por la cadena PBS y auspiciada-coordinada por nada menos que Martin Scorsese. Acto seguido, Eastwood produce seis documentales, orientados también hacia los antedichos mercados. Los tres ya mencionados sobre el festival de jazz de Monterey, el cantante Tony Bennett y el músico Johnny Mercer, al que ya agasajara en la banda sonora de *Medianoche en el jardín del bien y del mal*, uno sobre el gran cineasta Budd Boetticher, *Budd Boetticher: A Man Can Do That* (Bruce Ricker, 2005), que conocerá una continuación, *Budd Boetticher: An American Original* (Dave Kehr, 2006), y otro sobre Warner Brothers, *You Must Remember This: the WB Story* (Richard Schickel, 2008), que produce junto al propio director, su biógrafo, digamos, «oficial». A propósito de Boetticher, recuérdese que escribió el primer esbozo de *Dos mulas y una mujer*, y esto no es precisamente lo único que le debe el cine de Eastwood (a quien, por cierto, Boetticher no apreciaba en demasía), tanto en aspectos generales cuanto en detalles concretos; por ejemplo, basta comparar el vestuario de Eastwood en *El fuera de la ley* con el de Lee Marvin en *Seven Men from Now* (Budd Boetticher, 1956), o recordar que el guionista de los mejores *westerns* de Boetticher, Burt Kennedy, escribió el tratamiento básico de *Cazador blanco, corazón negro*.

Por otra parte, esta fase afirma la consolidación de Robert Lorenz en la cúspide de la estructura financiera y logística de Malpaso. Lorenz había empezado trabajando para Eastwood como ayudante de dirección en *Los puentes de Madison;* a partir de entonces prosperó progresivamente en Malpaso, y desde *Deuda de sangre*, incluida, supone el coproductor de todas las películas de la empresa.

Al igual que en etapas previas, varios guionistas de Eastwood logran acceder a la realización: David Webb Peoples, John Lee Hancock, Richard LaGravenese... No obstante, ninguno sobresale en la medida que lo hicieron Michael Cimino o John Milius, ni de lejos, por mucho que luego decayeran estos[6].

Finalmente, conste que la faceta política de Eastwood se relaja de forma notable, si bien, amén de la ya comentada comparecencia televisiva a raíz del 11-S, levanta un cierto revuelo su encuentro con el controvertido Michael Moore en la cena de los premios National Board of Review, en plena distribución del mundialmente exitoso documental *Bowling for Columbine* (Michael Moore, 2002)[7]. Asimismo, Eastwood declaró haber votado consecutivamente al inefable Arnold Schwarzenegger como gobernador de California, en las elecciones del 2003 y del 2006. Respecto al inusitado triunfo electoral de Barack Obama a finales del 2008 para la presidencia de los Estados Unidos, Eastwood comentó: «Yo no le voté. Pero ya que ha ganado, confío que sea positivo para América, porque ahora es mi presidente»[8].

---

[6] El caso más curioso, y lamentable, es el de John Lee Hancock. Guionista de *Un mundo perfecto* y *Medianoche en el jardín del bien y del mal*, osó rodar una película con idéntico título, original, que *El principiante, The Rookie*, estrenada en España, para diferenciarlas, como *El novato* (2002), y se atrevió con el *Western*, mediante *El Álamo (The Alamo,* 2004), bochornoso *remake* del homónimo clásico de/con John Wayne.

[7] Según el artículo *Clint Eastwood: I'Kill Michael Moore*, publicado por Carl Limbacher en *NewsMax*, en febrero del 2005, Eastwood dijo a Moore: «Nosotros tenemos en común apreciar el hecho de vivir en un país donde existe la libertad de expresión. Pero como te vea delante de mi casa con una cámara, te mato». En opinión del periodista, lo que peor le sentó a Eastwood de *Bowling for Columbine* fue el tratamiento infringido al mítico Charlton Heston, a causa de la amistad existente entre ambos actores. Es más, a finales de los años 80 ambos acariciaron el proyecto de protagonizar un *western* juntos, nada menos que una especie de *remake* de *Duelo en la alta sierra*.

[8] Reproducido de: Quarles, Alicia, «Clint Eastwood», en *The Huffington Post*, 10 de diciembre de 2008.

Piano Blues representa el tercer episodio de la serie *The Blues*, una ambiciosa iniciativa de Martin Scorsese acerca de la historia, esencia e influjo de un tipo de música que tardó mucho, demasiado, en alcanzar la merecida respetabilidad, incluso entre la propia población negra donde se incubase. Los capítulos restantes están realizados por Wim Wenders, Richard Pearce, Charles Burnett, Marc Levin, Mike Figgis y el propio Scorsese, que se reservó el segundo, *Feel Like Going Home*.

Duele advertir que el episodio de Eastwood supone uno de los peores. Sobre todo porque no debiera ser así, dado que, por un lado, el piano con sabor negro, eje del documental, representa desde siempre el instrumento predilecto del prolífico cineasta californiano, y, por otra parte, Scorsese le permitió participar en la producción, por supuesto junto a Bruce Ricker, así como rodar en uno de los locales de su propiedad, el Mission Ranch, para mayor comodidad. Quién sabe, acaso a Eastwood simplemente le cegó la pasión, por lo cual se centró en filmar a tantos ídolos en acción, despreocupándose de profundizar en nada de lo que apunta, así como de conferir una mínima forma al conjunto. O quizá le venció la prisa, atrapado entre dos proyectos personales tan ambiciosos como *Mystic River* y *Million Dollar Baby*. Sea por lo que sea, *Piano Blues* constituye un documental desangelado, superficial y átono, sin apenas elaboración ni ritmo alguno.

Eastwood aparece en persona, ora entrevistando ora tocando el piano, vestido con uno de sus típicos «polos» y, como siempre, sin maquillaje alguno que suavice las pronunciadas arrugas que ya dominan su rostro por completo. De todos modos, la estrella predominante es el ya mítico pianista-cantante ciego Ray Charles, fallecido unos dos años después del rodaje. También aparecen y actúan unos ancianos Pinetop Perkins y Jay McShann, así como Dr. John, acreditado además como asesor, sin que falten imágenes de archivo con actuaciones de otras glorias del gremio. Entre ellas Thelonious Monk, lo cual supone uno de los varios guiños que intercala Eastwood a pasadas producciones propias; otro, Ray Charles mediante, evoca *La gran pelea*. Por lo demás, el patriótico final, con Charles cantando *America the Great*, resulta, cuando menos, inoportu-

Piano Blues (2003). Con Ray Charles.

no, por mucho que pueda achacarse, siendo gentiles, a los tremendos efectos en la nación del entonces reciente 11-S.

Eastwood conoce el proyecto de *Million Dollar Baby* por vía del otoñal productor Albert S. Ruddy y del joven director-escritor Paul Haggis. Ruddy era el propietario de los derechos para el cine del libro original, *Rope Burns: Stories from the Corner*, compuesto de varios relatos de Jerry Boyd, un exboxeador-apoderado pugilístico que usó el pseudónimo literario de F. X. Toole y acababa de fallecer; el guión de Haggis reunía tres de estas historias, *Cara de mono*, *Million $$$ Baby* y *Agua helada*, de inspiración más o menos verídica o autobiográfica, como el resto. Tras manejarse en principio el título *Rope Burns*, por fidelidad al libro, finalmente para la adaptación al cine se opta por *Million Dollar Baby*, acaso porque remite a un viejo tema musical, del que existe una versión magnífica a cargo del mítico Dizzy Gillispie, tan bien encarnado por Samuel E. Wright en *Bird*.

Million Dollar Baby (2004). Con Hilary Swank.

Haggis pretende filmar su propio guión, alegando su experiencia al respecto, aun siendo parca y, principalmente, televisiva. Sin embargo, Eastwood se ha enamorado del proyecto hasta el punto de querer rodarlo en persona, además de encarnar al protagonista. En consecuencia, Haggis renuncia a la realización pero se asocia en la producción junto a Ruddy y Eastwood.

Resultaría enfermizo, además de estéril, especular sobre el resultado de *Million Dollar Baby* si la hubiese dirigido Haggis y si Eastwood se hubiera conformado con su trabajo de actor. Empero, es imposible concebir para esta película un realizador más adecuado del que disfrutó.

En efecto, aunque el argumento destaca un inaudito, cinematográficamente hablando, personaje de boxeadora, dispuesta a triunfar en un medio masculino por definición, Eastwood encarrila la historia de manera que, sesgada pero palpablemente, implique una recapitulación crepuscular de esa tipología personal que ha desglosado desde tantos años atrás.

Lo hace merced a su rol de un entrenador otoñal, Frankie Dunn, que regenta un gimnasio de mala muerte y se ha quedado en soledad sin saberse cómo ni por qué. Ahora bien, dado que lo primero que dice a la joven heroína es «¿Conozco a tu madre?» bien puede colegirse que una escasa afición a la fidelidad conyugal podría ser la causa del abandono de la esposa; acaso también, en solidaridad, de esa hija a la cual escribe reiteradamente, sin obtener jamás respuesta... Diríase que Eastwood, generalidades aparte, prolonga, en particular, su personaje de *Ejecución inminente*, dentro de otro contexto profesional, con el recuerdo, boxeo mediante, del díptico compuesto por *Duro de pelar* y *La gran pelea*. Con todo, la referencia cardinal estriba en *Los puentes de Madison*, tanto porque el relato no es sino la entrecortada ilustración de la emotiva carta que escribe uno de los personajes (Eddie Dupree, encarnado magníficamente por Morgan Freeman, cuya razón del vínculo que le ata a perpetuidad con Eastwood tampoco llega a saberse) cuanto por la relevancia coprotagonista del personaje femenino, aunque *Million Dollar Baby* vence la tentación de conferir un añadido pasional a la relación entre la pareja estelar. Mas no sin esfuerzo, pues ciertos momentos insinúan un trasfondo amoroso, si se quiere platónico, en lo que superficialmente diríase un cruce de amistad intergeneracional y afecto paterno-filial. Ahora bien, la singularidad del personaje de Dunn en la obra de Eastwood descansa en que éste, aunque encarna, como de costumbre, un hombre que paradójicamente adquiere categoría moral gracias a sus errores, lo hace desde la perspectiva de la derrota absoluta, demoliendo de forma desoladora uno de sus prototipos recurrentes desde los años setenta; léase, una suerte de líder, a la par ético y laboral, de una pequeña comunidad de gente desclasada, dentro de la cual su gran personalidad garantizaba seguridad, incluso felicidad, para todos. Así, la brújula humana en que todos confiaban, fracasa para los unos, la familia, y los otros, la pupila, sin más salida que fundirse en la oscuridad.

Prolongando pues el fatalismo, el nihilismo de *Mystic River*, en otro molde genérico, Eastwood en *Million Dollar Baby* vuelve a negar cualesquiera soluciones ideológicas a lo largo

Million Dollar Baby (2004). Con Morgan Freeman.

de su nueva reflexión crítica sobre el Sueño Americano, sin admitir tampoco el ilusorio consuelo de la religión. Antes al contrario, el autor suscribe las firmes y tajantes decisiones individualistas por las cuales se ha regido siempre, sistemáticamente, pero ahora desembocan en una victoria pírrica; es decir, en una eutanasia que significa, dura y noblemente, un sacrificio propio y ajeno. Tal parte de la película, que cubre el tercio final y escandalizó a los sectores más retrógrados de América, es realmente prodigiosa, pues casa a la perfección sensibilidad y técnica, desplegando una admirable sobriedad, dignamente conmovedora, a la hora de reflejar el sufrimiento que ambos personajes acusan a su respectiva manera. Sin duda, aporta un bloque sobresaliente, portentoso, en la obra de Eastwood; dicho sea de paso, pone en su lamentable sitio a la española *Mar adentro* (Alejandro Amenábar, 2004), con la cual coincidió por casualidad en las carteleras. Aunque bien puede estimarse *Million Dollar Baby*, en su conjunto y sin más rodeos, como la obra maestra de su prolífico autor, el cenit de su obra, de una especificidad cinematográfica tan pura que chirría dentro de la degradación sufrida por el lenguaje fílmico desde mediados de los años ochenta; una película extraordinaria por encima de los géneros y las épocas, dura y tierna por igual, a la par naturalista y abstracta, austera siempre y fantasmagórica a veces, personalísima pero nada elitista, coherente e impecable de principio a fin.

Rodada en cerca de seis semanas con un presupuesto relativamente bajo, unos dieciocho millones de dólares, *Million Dollar Baby* factura cerca de cien, en virtud de un éxito crítico-económico-industrial que sitúa a Clint Eastwood en la cúspide de la respetabilidad cinematográfica mundial. Apenas estrenarse, es justamente ponderada como una de las mejores y más atípicas entregas del cine localizado en ambientes pugilísticos, teñida de negro como acostumbra el género, del mismo modo que admirada como una imprevista piedra preciosa en el cine americano de inicios del siglo XXI.

Tras *Mystic River*, *Million Dollar Baby* constituye la segunda ocasión en que Eastwood compone en persona la banda sonora en su integridad, en ambos casos, lógicamente, con arreglos y dirección de Lennie Niehaus. Un Eastwood que, por añadidura, actuando pocas veces había estado mejor, acaso ninguna, pues extrae un formidable partido dramático de su desembozada decrepitud física, de su dicción rota y ronca. Sin embargo, de las siete nominaciones al Oscar que recibe *Million Dollar Baby*, el correspondiente al mejor actor protagonista no lo gana Eastwood, tal como auguraba quien más y quien menos, sino, merced a una cabriola del destino, léase la Academia de Hollywood, Jamie Foxx, precisamente por su personificación de ese Ray Charles que el año anterior protagonizó *Piano Blues* para el gran derrotado. Menos chocante resulta que de los cuatro oscars que a la postre obtuvo *Million Dollar Baby*, tres revalidaran los correspondientes que ganara *Sin perdón:* mejor película, mejor director y mejor actor secundario, en este caso para Morgan Freeman. El cuarto correspondió a la protagonista, Hilary Swank, a la sazón apenas conocida. Entre los otros reconocimientos que disfrutó el film, sobresale el del mejor director, concedido por la DGA, el sindicato americano de realizadores.

La segunda colaboración para la pantalla grande entre Clint Eastwood y Steven Spielberg —exceptuando el fugacísimo cameo irónico del primero en *Casper (Casper,* Brad Silberling, 1995), producida por el segundo— en la génesis difiere un poco, tampoco mucho, de la previa, *Los puentes de Madison*. En este caso, ambos habían coincidido en su interés por trasladar al cine determinado *best seller,* pero Spielberg había adquirido los derechos cinematográficos primero, con la intención de rodar en persona la película. Empero, curiosamente poco después decide proponer la realización a Eastwood, compartiendo la producción ambos.

El libro adaptado es *Iwo Jima: seis hombres y una bandera,* y su autor James Bradley, hijo de uno de los seis soldados americanos que alzaron la bandera nacional en la cima del monte Suribachi de la isla de Iwo Jima, el 23 de febrero de 1945, como colofón de la espeluznante batalla que allí se libró[9]; la

---

[9] La batalla de Iwo Jima fue una de las más dantescas de la segunda guerra mundial, con la paradójica particularidad de que sufrió más bajas el bando vencedor, americano, que el perdedor, japonés (respectivamente, 26.000 y 21.000, redondeando las cifras). El cine apenas se había ocupado del caso, aunque un clásico del género bélico lo abordó directamente sólo cuatro años después de la batalla; se trata de *Arenas sangrientas (Sands of Iwo Jima,* Allan Dwan, 1949), con John Wayne en el rol estelar. Debe destacarse que en esta película aparecían, como sí mismos, los tres supervivientes que protagonizan *Banderas de nuestros padres* (John Bradley, padre del autor del libro, Rene Gagnon e Ira Hayes), recibiendo la bandera de manos del moribundo protagonista, un hecho harto relevante, tanto en el plano histórico como en el cinematográfico, que Eastwood omite extraña y deliberadamente en su película; divertida casualidad, en ella también aparecía Martin Milner, el actor que convenció a Eastwood para probar suerte en el cine. Por lo demás, el indio Ira Hayes fue encarnado por Tony Curtis en *El sexto héroe (The Outsider,* Delbert Mann, 1961), cuyo título español alude hábilmente al rol que ocupó entre los seis soldados que clavaron la bandera para la famosa foto. En cuanto a la producción japonesa, apenas existe más que *Iwo Jima (Jukichi Uno,* 1959), protagonizada por un personaje de superviviente, con sus problemas de readaptación social, o una mixtura de reportaje, incluyendo imágenes de la batalla, y dramatización, *Iwo Jima (Izuho Sudo,* 1973), en cuya financiación participó Estados Unidos y cuyo estreno levantó no poco revuelo en el País del Sol Naciente.

fotografía que inmortalizaba el evento, firmada por Joe Rosenthal, apenas publicada se hizo popularísima, ganó el premio Pulitzer de la modalidad y simbolizó la victoria norteamericana sobre el Japón, emblemática a perpetuidad.

Spielberg, a todas luces, pretendía revalidar su triunfo con *Salvar al soldado Ryan (Saving Private Ryan,* 1998), prolongado mediante una derivación catódica, la serie *Hermanos de sangre (Band of Brothers,* 2001), que produjo precisamente junto al protagonista de una película, Tom Hanks. Por su parte, Eastwood posiblemente apreció la oportunidad de abordar un género, el bélico ubicado en la Segunda Guerra Mundial, en el cual sólo había participado como actor, además casi cuarenta años atrás, merced a *El desafío de las águilas* y *Los violentos de Kelly,* como se recordará dirigidas ambas por Brian G. Hutton para Metro Goldwyn Mayer.

La sorpresa a la cual Eastwood, por supuesto, no podía renunciar resulta en verdad superlativa en este caso. Consiste en rodar acto seguido una película que contemple el punto de vista japonés, hablada en este idioma y con intérpretes y técnicos nipones, asimismo según los recuerdos de alguien que sufrió la batalla con especial relieve; en este caso, el derrotado general Tadamichi Kuribayashi, partiendo de las cartas y dibujos que enviaba a su hijo desde el frente, posteriormente reunidos en un libro[10]. El plan estriba en estrenar ambas películas consecutivamente, a fin de que se complementen entre sí con sentido de la ecuanimidad histórico-política, cual sendas caras de una misma moneda sangrienta. Sus respectivos títulos son *Banderas de nuestros padres* y *Cartas desde Iwo Jima.*

---

[10] Ciertamente, hasta entonces ninguna película americana ambientada durante la segunda guerra mundial había concedido protagonismo al ejército japonés. El tope descansaba en la insólita, y admirable, *Infierno en el Pacífico (Hell in the Pacific,* John Boorman, 1968), un film alegórico con sólo dos personajes, sendos combatientes americano y japonés aislados en un atolón, a quienes encarnaron nada menos que Lee Marvin y Toshiro Mifune, mediante un protagonismo equilibrado; precisamente ambos en plena juventud habían participado en la Campaña del Pacífico, lo cual resultó por igual positivo y negativo durante el rodaje.

Banderas de nuestros padres (2006).

En vista de la buena relación entablada gracias a *Million Dollar Baby*, Eastwood ofrece escribir el guión del díptico a Paul Haggis, por añadidura en boga gracias al triunfo crítico-económico-industrial, premios Oscar incluidos, de su segundo largometraje como director, *Crash (Crash,* 2004). Con todo, en *Banderas de nuestros padres*, colabora otro guionista, William Broyles Jr, probablemente contratado porque acababa de escribir un film sobre la primera guerra del Golfo Pérsico, *Jarhead. El infierno espera (Jarhead,* Sam Mendes, 2005). Respecto a *Cartas desde Iwo Jima*, el trabajo de Haggis se usa como base del guión propiamente dicho, a cargo de la joven japonesa Iris Yamashita; en principio se titula *Red Sun, Black Sand*, pero en el último momento se cambia, quizá por su similitud con *Cazador blanco, corazón negro*.

Las películas se ruedan casi consecutivamente y sin escatimar medios; la filmación tiene lugar básicamente en Islandia, debido a que sus playas de arena negra, consecuencia de la actividad volcánica, pueden mimetizar Iwo Jima de forma plausible. Eastwood prefiere no intervenir como actor y se vuelca en un rodaje incómodo y fatigoso, a la elevada edad de 76 años. Tras concluir las filmaciones, compone asimismo la banda sonora de *Banderas de nuestros padres*, mientras que para la música de *Cartas desde Iwo Jima* elige a su propio hijo Kyle, si bien en colaboración con Michael Stevens.

Dada la magnífica entidad de *Mystic River* y *Million Dollar Baby*, y estimando las altísimas miras del díptico, lógicamente se esperaba mucho de este nuevo giro en la obra de Eastwood. Por desgracia, el resultado es decepcionante, hasta el punto de implicar un retroceso cualitativo en la trayectoria del autor.

Banderas de nuestros padres comprende varios segmentos narrativos; también, por extensión, estéticos. El central, en cuanto eje dramático y motor argumental, consiste en las escenas bélicas localizadas en Iwo Jima, con el acierto, empero no muy novedoso, de que el enemigo sea apenas entrevisto, y la desembozada influencia, aunque la realización es más sobria, de *Salvar al soldado Ryan*: tonalidad fotográfica y sonora estilo reportaje, realismo descarnado, efectos especiales digitales para obtener ciertas imágenes de impacto... incluso repiten dos actores, Barry Pepper, además con un rol similar, y Harve Presnell, que había trabajado con Eastwood en *La leyenda de la ciudad sin nombre*. El otro bloque estriba en las secuencias localizadas en América tras la batalla, bien en la posguerra, bien en el presente; en ellas la iluminación tenebrista y el tipo de planificación ya resultan característicamente *Made in Malpaso*. Sin embargo, esta estructura alambicada —a buen seguro idea de Haggis, recuérdese *Crash*— en lugar de confrontar ambientes, épocas, mentalidades y perspectivas, como se pretende, progresivamente se vuelve contra la propia película, al resultar mecánica, en principio, y rutinaria, después. Pero el defecto básico de *Banderas de nuestros padres*, acaso por estar producida durante un recrudecimiento del ataque de Estados Unidos contra Irak (que Eastwood condenó tachándolo de «gran error», mas no por razones ideológicas sino estratégicas), estriba en que es tan sumamente cauta en el plano político-ideológico que en realidad no dice nada, más allá de un inconsistente humanismo sobre el hecho de que en cualquier guerra la mayor parte de las víctimas son jóvenes inocentes; amén de reiterar el esquemático y ramplón discurso de otras películas de Eastwood ubicadas en el ejército, digamos *El sargento de hierro* y *Space Cowboys*: los militares son gente admirable, sean viejos profesionales o jóvenes reclutas, pero los maquiavélicos y odiosos políticos sistemáticamente los manipulan a voluntad. Esta filosofía parda además se explicita burdamente a cargo del narrador, en una moraleja barata, ridícula, intolerable: «los héroes no existen, sólo son personas normales. Pero los necesitamos». Por añadidura, tan pobres contenidos se agotan durante la primera hora de metraje. Acto seguido, la película deviene primero reiterativa y después tediosa, defecto agravado por la asombrosa mediocridad de los tres actores, sobre todo Adam Beach, que encarna al indio Hayes.

Cartas desde Iwo Jima es mejor, pero tampoco mucho. En este caso, el propósito de autenticidad se manifiesta sobre todo en el hecho de que esté dialogada en japonés, algo indiscutiblemente insólito en una película de Hollywood, si bien el inefable Mel Gibson también a inicios del siglo XXI ha realizado un par de superproducciones en lenguas bien poco anglosajonas, *La pasión de Cristo (The Passion of the Christ*, 2004) y *Apocalypto (Apocalypto*, 2006); por otro lado, el no menos occidental Josef von Sternberg mucho tiempo atrás hizo una película íntegramente japonesa, *Anatahan* (1953).

Salvo ciertos *flash backs*, la disposición narrativa ahora es lineal, con la intención de que el bloque que transcurre en la isla no signifique sino el estricto contraplano del segmento correspondiente de la película anterior. En cuanto a Spielberg, su influencia merma, mucho y para bien. Respecto al concepto de iluminación, que no destaca otro tono que el ceniciento, se acentúa hasta unos límites casi experimentales. Los cuales, empero, resultan algo artificiosos. Tanto como la propia película, rigurosamente inverosímil, anímicamente falsa, al fallar desde la propia base: Clint Eastwood brinda al

Rodaje de *Cartas desde Iwo Jima* (2006).

mundo la perspectiva japonesa de la batalla de Iwo Jima, emulando incluso, en ciertos momentos, cierta imaginería del cine nipón. Presuntuosa premisa, disparatada incluso, en cierto modo hasta insolente, que lastra sin remedio la película de principio a fin, puesto que, a todas luces, la mentalidad etnocéntrica de Eastwood domina y predomina; así, los personajes japoneses carecen de credibilidad, son recreaciones de un americano que los observa con respeto antropológico pero sin entendimiento real, a guisa de curiosidad pintoresca en su exótico modo de pensar y de sentir, de matar y de morir. Esto se manifiesta con cegadora nitidez en los *flash backs*, a cuál más ridículo en la recreación de presuntos paradigmas del Sol Naciente, surgidos de unos planteamientos de folletín barato occidental antes que de auténtica tragedia nipona, así como en el hecho de que los dos únicos personajes contrastados, ambos oficiales, sean los que saben hablar inglés (el susodicho general Kuribayashi, y el barón Nishi).

Al igual que *Banderas de nuestros padres*, *Cartas desde Iwo Jima* también es reiterativa y pesada. Además se estanca en la tesis central de aquélla, inconsistente, aséptica y bien poco meritoria: todos somos humanos, japoneses incluidos, y en la guerra muere gente injustamente. Sin más ni más. Ahora bien, al menos tiene a favor un bello sentido de la fisicidad, que según cuándo remite positivamente a determinados clásicos del cine bélico americano, mantiene el lacerante sentido del horror en la muerte de las películas previas de Eastwood, y revela destreza en los momentos de una crudeza dantesca casi surrealista; entre estos, es imborrable el suicidio colectivo de varios soldados con granadas, aunque roce el efectismo en su coqueteo con el *gore*. Asimismo, goza de un actor sólido, Ken Watanabe, que en esa época participó en otras superproducciones de Hollywood, como *El último samurai (The Last Samurai*, Edward Zwick, 2003), *Batman Begins (Batman Begins*, Christopher Nolan, 2005) y *Memorias de una geisha (Memories of a Geisha*, Rob Marshall, 2006). Pero Eastwood había perdido su batalla de antemano, por aspirar a la victoria disparando con balas de fogueo.

Por primera vez en su filmografía, Clint Eastwood ha fracasado por un defecto de soberbia ciega. La taquilla, implacable, rechaza las películas, si bien *Cartas desde Iwo Jima*, curiosa y significativamente, obtiene cierto éxito en Japón. La industria tampoco presta mucho caso a la descabellada operación, por lo cual este díptico, al contrario que los previos films de Eastwood, apenas gana premios, salvo un Oscar de consuelo, al montaje de sonido, y el Golden Globe a la realización, ambos para *Cartas desde Iwo Jima*. Es importante destacar que la crítica europea, en general, acoge estas dos películas con admiración, irracionalmente reacia a reconocer que Eastwood haya podido decaer tanto tras *Mystic River* y *Million Dollar Baby*, incapaz de admitir que el cineasta a quien ya se denomina por doquier «viejo maestro» ha hecho unas películas fallidas con todos los medios y el tiempo que ha querido.

Eso sí, en este año 2006 Eastwood recibe dos premios más a la carrera: el prestigioso Director's Guild of America Lifetime Achievement Award, y el pintoresco Golden Boot Award, que distingue gente de cine, en cualquier oficio, emblemáticamente asociada al *Western*. También en el 2006 fallece la madre de Eastwood, Margaret, a la muy elevada edad de 97 años, así como, con 93, el escenógrafo Henry Bumstead, director artístico de una decena larga de producciones Malpaso, incluyendo este díptico.

Por otra parte, también en el 2006, Eastwood prologa el libro escrito por Anita Haas que el festival español «Almería en Corto» dedica a Eli Wallach, con motivo del cuadragésimo aniversario de *El bueno, el feo y el malo* (trece años antes había escrito la introducción de la autobiografía de Don Siegel, su otro trabajo en este sentido). Y con Wallach se reencuentra Eastwood calurosamente al año siguiente, en la ceremonia de los relevantes premios National Board of Reviews.

El fiasco supuesto por *Banderas de nuestros padres* y *Cartas desde Iwo Jima*, con pérdidas de millones de dólares, impele a Eastwood a regresar de inmediato al *Thriller*. Además lo hace por partida doble y en el mismo año, 2008. Las películas resultantes, por fortuna, reflotan la calidad e interés de la obra de Eastwood, y guardan, claro, sus sorpresas, las cuales comienzan en cuestiones de producción. La primera, *El intercambio*, porque, tal como se indicó, era un proyecto de Ron Howard, que se conforma con la coproducción mediante su firma Imagine, para Universal, en gran medida destinado al lucimiento, o, mejor dicho, dignificación, de una mediática estrella de moda, Angelina Jolie. Entre paréntesis, el año antes Paul Haggis intentó en vano convencer a Eastwood de que protagonizara su nueva película, *En el valle de Elah (In the Valley of Elah*, 2007); ante la negativa, el personaje pensado para él es adjudicado a Tommy Lee Jones, coprotagonista en *Space Cowboys*. Por su parte, *Gran Torino* asombra tanto porque devuelve a Eastwood ante la cámara, de nuevo con producción-realización propia para Warner Brothers, cuanto debido a que lo hace mediante un protagonismo absoluto y con una austeridad antitética del alto nivel industrial de *El intercambio*. Por añadidura, ninguna adapta libro alguno, si bien la primera recrea un hecho verídico, y ambas parten de libretos de unos guionistas nuevos en la filmografía del autor, respectivamente

J. Michael Straczynski y Nick Schenck, además sin apenas experiencia en el cine, aunque el primero estaba acreditado en el sector televisivo gracias a la serie *Babylon 5*[11]. Ahora bien, respecto a concepto comparten una propiedad relevante, cual es el hecho de aglutinar atributos de la filmografía previa de Eastwood en mayor medida, si cabe, que ninguna otra de sus películas de esta etapa; se hermanan así íntimamente la ambición de *El intercambio* con la modestia de *Gran Torino*. Ironía última, además tremendamente significativa, *El intercambio* sufrió una carrera comercial tibia en América, incluyendo la derrota completa en los Oscar, y tampoco había ganado nada en Cannes; en cambio, *Gran Torino* arrasó las taquillas del país, proporcionando a Eastwood un éxito económico grande como pocos en su trayectoria.

«Cuánto más viejo soy, más me gustan los niños»[12], declaró Eastwood poco después de estrenarse *El intercambio*. Tal confesión la verifica el realismo, escalofriante por sentido, jamás complaciente a causa del rigor ético, mediante el cual Eastwood plasma el caso real de un *psycho killer* que raptaba, torturaba, violaba y asesinaba niños en una granja, sucedido en la «California profunda» en 1928 y desde entonces denominado en la crónica negra nacional «The Wineville Chicken Murders». Corroborando así *Mystic River*, donde la víctima que originaba el relato también era un niño, sin olvidar al chavalillo coprotagonista de *Un mundo perfecto*. ¿Y no hay niñas que sufran violencia carnal en el cine de Eastwood? A punto estuvo de padecerla una hija del héroe en la turbia *En la cuerda floja;* la personificaba, por añadidura, Alison Eastwood. Más pavor, con su dosis de autocrítica, ante el peligro de un paidófilo criminal, difícilmente puede delatar un hombre-padre.

---

[11] De hecho, Straczynski pone en labios de la heroína de *El intercambio* una frase recurrente de dicha serie televisiva: «Nunca empieces una pelea, pero acábala siempre».
[12] *Op. cit.* Nota 1.

No obstante, el protagonismo de *El intercambio* se centra en la madre. Primer, y acaso mayor, defecto de la película: Angelina Jolie, aun estando correctamente encarrilada por Eastwood, es de todo punto insuficiente para el papel. Un papel cuya tremenda carga dramática, fuerte y patética al unísono, desborda las obvias limitaciones de la estrella, impertérrita en su morro prominente y expresión bovina (se rumorea que Eastwood intentó recuperar a Hilary Swank de *Million Dollar Baby*, fracasando por no formar Malpaso parte mayoritaria de la producción). En consecuencia, chirrían unas licencias del guión que amenazan la verosimilitud del personaje (una humilde madre soltera, que con su trabajito en años de crisis puede permitirse habitar una casa enorme y pulidísima, y que pese a su hermosa juventud carece de toda vida social, sin despertar más atenciones masculinas que una especie de amor platónico por parte del otoñal jefe), licencias que una actriz propiamente dicha habría, por lo menos, opacado, a base de nervio y talento. Asimismo, debe reprocharse a Eastwood que haya consentido una actuación tan sumamente afectada de John Malkovich, incluido un oxigenado peluquín con ricitos, cuyo personaje, en consecuencia, roza lo risible. El resto del reparto, en cambio, cumple, mejor o peor según el caso, disculpando excesos puntuales de Jason Butler Harner en su rol, ciertamente nada fácil, del psicópata criminal.

Cultiva pues aquí Eastwood el género *True Crime*, por segunda vez tras *Medianoche en el jardín del bien y del mal*. Asimismo, representa la segunda ocasión que brinda un protagonismo femenino, tras *Los puentes de Madison*. Y se solidariza de pleno con tan desdichado personaje verídico, una solidaridad que sin embargo evita el fácil, por ende socorrido, recurso del chantaje sentimental al público, primera y gran virtud de *El intercambio*, al guardar el desarrollo una sobriedad característica. Pero es una lástima que el guión ignore las posibilidades implícitas en la convivencia del hijo falso y la madre auténtica; él impávido en la identidad postiza, sin que el público sepa nada a su respecto, ella a la vez desesperada y aterrada, en la seguridad de la impostura. Un abanico de inquietantes sugerencias se abría aquí, entre la paranoia naturalista y el terror

Angelina Jolie en *El intercambio* (2008).

irracional, sugeridas además desde el título, pues retoma el de la memorable *ghost story* canadiense *Al final de la escalera (The Changeling,* Peter Medak, 1979), cuyo protagonista elíptico era un niño fallecido. Sin embargo, Eastwood y su guionista descartan esta vía, orientando la trama hacia otra dirección, al unísono realista y kafkiana, probablemente de menor interés, pero también base de un diagnóstico ideológico de una acidez inaudita en el Hollywood del siglo XXI, aunque a escala americana resulte relativamente asumible por referirse a ochenta años atrás: ningún estamento social queda bien parado, desde la policía a la administración, pasando por el poder judicial, la institución psiquiátrica o los medios de comunicación, y únicamente resultan positivos para la atribulada heroína los personajes de Malkovich (a quien Eastwood recupera de *En la línea de fuego,* dicho sea de paso) y Michael Kelly, encarnando al lento pero honrado policía Ybarra. Este áspero espíritu crítico fluye sin contemplaciones ni desmayo, pero también patina a veces, de manera chirriante en un efectista momento de perversa demagogia (el asesino en su juicio impugnando los dudosos procedimientos habituales de la policía, algo inverosímil en un tipo cercano a la idiocia). En cualquier caso, el relato, «marcado por la idea de la representación, la simulación, la falsedad y la mentira»[13], y con sobrecogedores paréntesis de purísimo *American Gothic*, otro registro pues en la obra de Eastwood, funde solidez e intensidad admirablemente, aun arrastrando los defectos señalados. Al menos hasta el tercio final, inferior al metraje previo debido al perjuicio rítmico provocado por la larga, y prescindible, escena del ahorcamiento (aunque tiene su gracia advertir que remite a una similar, pero con varios ajusticiados en vez de uno, de la lejana *Cometieron dos errores*), y al error que supone repetir de *Mystic River* los falsos finales, aunque estén dramáticamente justificados, pues procuran aportar otra angustiosa vuelta de tuerca en un horror que parecía terminado.

Es injusto desdeñar *El intercambio* como una película menor en la obra de Eastwood debido a su condición de proyecto heredado del dudoso colega Ron Howard. Si resulta menor, se debe a sus propios defectos, pues la personalidad de Eastwood late palpable y positivamente de principio a fin. No sólo en las antedichas referencias a películas previas, por no hablar del ritmo acompasado o la estética tenebrista, sino atendiendo a la sustancia última, pues el film refleja preocupaciones y cualidades proverbiales; desde la lucha individualista de la persona contra el sistema a los efectos de la pérdida de seres queridos, pasando por el relieve social de la violencia o la reflexión histórico-crítica sobre la idiosincrasia de los Estados Unidos. El hecho de que el propio Eastwood haya compuesto la música, muy buena, rubrica su plena implicación en *El intercambio*.

Por último, debe destacarse que, aunque narre la historia más sórdida en la obra de Eastwood, no supera en negritud y nihilismo a *Mystic River* o *Million Dollar Baby*, respectivamen-

---

[13] Tomás Fernández Valentí, «Estudio Clint Eastwood», *Dirigido por...*, núm. 385, 2009.

Gran Torino (2008).

te dentro y fuera del *Thriller*. Al contrario, en *El intercambio* vibra un ánimo de superación enérgica de los conflictos, una necesidad de sobreponerse a cualesquiera embates, que cuajan en un final magnífico e inolvidable. Como suelen serlo todos los de Eastwood, un autor que no es derrotista ni cuando se revela pesimista.

Si la matriz de *El intercambio* remite a *Mystic River* (thriller sórdido, cuya trama arranca del rapto de un niño), la de *Gran Torino* descansa en *Million Dollar Baby* (recapitulación autocrítica de la imagen que el autor ha ido edificando a lo largo de varios decenios). Curiosamente, ambas películas son inferiores a sus respectivos precedentes por idéntica razón (peor guión y reparto, en consecuencia los personajes resultan más planos). Ahora bien, *Gran Torino*, rodada en poco más de cua-

Gran Torino (2008). Con Bee Vang y John Carroll Lynch.

tro semanas con un presupuesto bajo y sin mayores ínfulas, supera con creces a *El intercambio,* cercana a la superproducción y de altísimo empeño. ¿Motivos? Básicamente que *El intercambio* busca mantener un espíritu sofocante y áspero, sin lograrlo del todo, mientras que *Gran Torino* está estructurada mediante un equilibrio entre tensión y distensión de todo punto magistral.

Estúpidamente, varias reseñas afirmaron que la inspiración de esta magnífica película remite a los *thrillers* protagonizados por Charles Bronson durante los años 80, esquemáticos y siniestros, embrutecedores también, que rodó J. Lee Thompson en declive. Nada más equivocado, los vínculos son nulos. Tiene su gracia, en cambio, tomarla, como ha propuesto Lee Pfeiffer, cual paráfrasis contemporánea de *El último pistolero,* la película postrera de John Wayne, que dirigió Don Siegel modificando un proyecto de, precisamente, Clint Eastwood. Recuérdese el capítulo correspondiente. Sobre todo en lo referido a la relación entre el anciano hosco y el jovencito tímido, al que personificaba un imberbe Ron Howard… treinta años después productor de *El intercambio*. Será casualidad.

Empero, el introito de *Gran Torino* irrefutablemente descansa en la filmografía previa de Eastwood, de forma desembozada y directa. Es un viejo héroe de la guerra de Corea *(Un botín de 500.000 dólares, El sargento de hierro)*, escupe de continuo *(El fuera de la ley)*, vomita sangre porque tiene los días contados *(El aventurero de medianoche)*, reniega de su pasado violento y no supera la muerte de su amada esposa *(Sin perdón)*, entabla una relación paterno-filial con una persona joven y desfavorecida *(Million Dollar Baby)*. Amén de ser, por supuesto, tajante, lacónico e individualista. En otro orden de cosas, canta con tono tenebroso y susurrante la canción de los créditos finales *(El seductor)*.

El aventurero de medianoche, con todo, supone la influencia predominante. Tanto por proporcionar el tejido narrativo (la relación entre un hombre próximo a morir y un chico que empieza a vivir), cuanto porque la historia concluye con la muerte del primero. Pues justo estos dos aspectos brindan las sorpresas cardinales que aporta, no podía ser menos, esta película. Considerando el primero, el asombro que genera *Gran Torino* es enorme, ya que aquí los protagonistas no son precisamente tío y sobrino, como en *El aventurero de medianoche*, de forma que el vínculo familiar justifica la relación fuerte, sino nada menos que un viejo americano racista y un chavalillo asiático de carácter débil. De este modo, la relación entablada implica esencialmente una progresiva superación recíproca de cualesquiera prejuicios, en particular los de raza y cultura (el protagonista es xenófobo, pero su párroco es irlandés y su peluquero italiano, así como él, en su apellido Kowalski, delata origen polaco). Respecto al segundo aspecto, la muerte final de Eastwood resulta extraordinaria, lo nunca visto, tampoco intuido, y en ningún caso imaginable, en su obra. Ciertamente no es derrotado, que eso sería excesivo, pero fallece de forma aparatosamente sangrienta por acción de las armas, en un sacrificio a la par íntimo y generoso, con vistas propias y ajenas, según un propósito de que resulte positivo en diversos frentes. Se cierra así, por añadidura, un círculo argumental coherente: nace en el funeral de la esposa, concluye con el del protagonista. Y ya el adolescente puede emprender su propia vida, al volante del vetusto «Gran Torino», con lo cual se magnifica el sentido simbólico que guardaba el automóvil en *El aventurero de medianoche*, crucial en la cultura estadounidense, hasta un nivel alegórico que advierte el propio título: del valor de uso, al valor de cambio. Sin olvidar que el jovenzuelo coprotagonista de *El aventurero de medianoche* es el coautor de la banda sonora de *Gran Torino*: Kyle Eastwood. Todo encaja, y a la perfección[14].

Evidentemente, Eastwood rebaja el pesimismo de *Million Dollar Baby*, su previa interpretación autorreflexiva. Asimismo despeja a su personaje de cualquier connotación erótica o amorosa, incluso la que flotaba, idealizada, en la película antedicha, en favor de una agria, por realista, constatación de los horrores de la eufemísticamente denominada «tercera edad», harto más consecuente y oportuna, a lo largo de una trama magnífica en su ubérrima llaneza.

Si bien diríase, por tantos aspectos, un *thriller*, en rigor *Gran Torino*, gracias a su riqueza de registros, no pertenece a más género que a su autor: en plena vejez, Clint Eastwood, como todos los grandes cineastas de la historia, ya significa un cine propio. Asimismo, como es usual en las películas postreras de los genios del Séptimo Arte que han alcanzado la depuración plena de su estilo, está rodada con una desenvoltura y una frescura en verdad pasmosas, y se permite insuflar mensajes humanos últimos sin trascendentalismo alguno. No importan seriamente, por tanto, los defectos, en cualquier caso, además, menores (un guión que admitía otra vuelta, planos mejorables en la actuación del elenco de desconocidos alrededor de un Eastwood genial, con esa voz derruida, con sus gruñidos de *cartoon*). Acaso significa, por cierto, la película de East-

---

[14] Conste que este mismo año Kyle Eastwood desempeña su primer trabajo en el cine fuera de las producciones de su padre (y de las bandas sonoras). Se trata de un cometido de actor en una producción francesa, *L'heure d'éte* (Oliver Assayas, 2008), codeándose con figuras del cine galo como Juliette Binoche, Charles Berling y Edith Scob.

wood digna de John Ford en mayor medida; incluso de la película de Ford preferida por Eastwood, *¡Qué verde era mi valle! (How Green Was My Valley*, 1941), con la cual *Gran Torino* también se emparenta por el significado que confiere a la religión: un simple regulador social.

Culturalmente, *Gran Torino* además apunta a Japón (el milenario, claro, no el actual). No es un espejismo provocado por el protagonismo de la etnia asiática Hmong; sucede que esta película puede apreciarse como una tan profunda como nada pretenciosa mixtura de *Americana* y *Zen*, aunando sentido y estilo. Por ende, evoca un poco, extrañamente, la obra maestra de David Lynch, *Una historia verdadera (The Straight Story*, 1999), en la cual el autor demostró talento para un registro antónimo de sus recurrentes, por no decir pesadamente reiterativos, clichés escabroso-psicoanalíticos. Así, desde tal perspectiva biunívoca, Eastwood en *Gran Torino* revela soterradamente una afinidad auténtica y honda con la cultura japonesa tradicional, una afinidad que, en su difícil ligereza, deja en su sitio la afectación y artificiosidad en que había incurrido, al mismo respecto, con *Cartas desde Iwo Jima*.

El enorme éxito comercial de *Gran Torino* es significativo y resulta harto, hartísimo gratificante. A título personal, implica que Eastwood por fin ha superado el fracaso taquillero que sufrieron las películas con su muerte dentro, invirtiéndolo. En cuanto testamento de su faceta como actor, es difícilmente superable su imagen dentro de un ataúd, en cuyo blanquísimo acolchado interior resalta la bandera de los Estados Unidos.

Sin embargo, en esta tesitura Eastwood, por medio de su siguiente película, *Invictus,* brinda un cambio de tercio singular, superlativo. Parecía imposible que el viejo cineasta, con una carrera tan sumamente fértil y variada a la espalda, heterogénea dentro de su homogeneidad, volviera a sorprender, además en tan enorme medida. Pero lo hizo, así ha sido. A partir de una propuesta ajena, en concreto de Morgan Freeman, agrega en su obra un paradigma completamente nuevo, pues lo asume como propio: la superación fraternal de odios, injusticias y hostilidades. En resumen, el «Sin perdón» proverbial de Clint Eastwood deviene «Con perdón». Nadie podía preverlo, desde luego. Encima, la película resultante es magnífica.

El proyecto, en efecto, partió personalmente de Freeman. Rendido admirador del singular político sudafricano Nelson Mandela, tras conocerse ambos surgió una amistad que fue creciendo con el paso del tiempo; así, al prestigioso actor afroamericano le sobró tiempo para adquirir los derechos para el cine del libro *El factor humano*, publicado en el 2008 y centrado en el crucial partido de rugby que en 1995 selló simbólicamente el fin del horrible *Apartheid*[15]. El objetivo para coronar, público y desembozado, apuntaba a una ilusión especial de ambos, político y actor, acariciada desde tiempo atrás: Nelson Mandela personificado en la pantalla por Morgan Freeman.

En vista del óptimo resultado arrojado por las dos películas en que actuó para Eastwood —*Sin perdón* y *Million Dollar Baby*, la cual además, recuérdese, le proporcionó el Oscar al actor secundario— Freeman propone el proyecto al mejor de los directores que ha disfrutado nunca; pero ahora en calidad no ya de actor, además estelar, sino también como coproductor, mediante su compañía Revelations Entertainment. Es más, Freeman incluso le presenta un guión a Eastwood, obra de Anthony Peckham, que también había escrito el de la exitosa *Sherlock Holmes* (*Sherlock Holmes*, Guy Ritchie, 2009).

El resto sobreviene de inmediato: Eastwood se entusiasma con la figura de Mandela, aprueba el guión y asume el proyecto en los cometidos que le plantea Freeman; es decir, realizador y coproductor. Acto seguido, la preproducción, la producción y la postproducción fluyen fácilmente, sin mayores inconvenientes por suponer un rodaje relativamente complicado a cargo de un director de avanzada edad, y un año

---

[15] Su autor, John Carlin, de origen español y con casa en Barcelona, corresponsal en Sudáfrica del periódico *The Independent* durante el crítico período 1989-1995, también era admirador y amigo de Mandela; es más, éste había prologado el libro suyo anterior, *Heroica tierra cruel* (2004), igualmente focalizado en el *Apartheid*.

Morgan Freeman en *Invictus* (2009).

después de que el mundo aplaudiera *Gran Torino,* accede a las pantallas *Invictus*. Reajustando significativamente, repito, la obra previa de su director. Prodigioso, hay que decir.

El título original del libro, *The Human Factor,* fue empleado asimismo provisionalmente para la película. Sin embargo, a última hora se cambia por el definitivo *Invictus*, en honor del poema homónimo, escrito por William E. Henley en 1875, debido a lo trascendente que fue para Mandela a lo largo de sus casi treinta años de cautiverio. Uno de los actores más cotizados de la nueva generación de Hollywood, Matt Damon, acepta el segundo papel estelar, el líder del equipo de rugby. Y la verosimilitud de su personaje no es inferior a la de Freeman, excelente, soberbio en el difícil rol que tanto ansiaba desempeñar, por añadidura cargado de una responsabilidad personal y social más allá del aspecto estrictamente cinematográfico. El resto del reparto, aunque carezca de mayor lucimiento por razones argumentales, no queda a la zaga, y la mimesis del acento sudafricano por parte de Freeman y Damon es tan perfecta que no se aprecian discordancias junto al habla de los intérpretes captados *on location*.

A todas luces, *Invictus* supone la antítesis de *Gran Torino*. En el sentido de que *Gran Torino* cuenta una trama modesta de ficción que brinda reflexiones hondas, y por el contrario *Invictus* aborda un suceso histórico trascendental convirtiéndolo en una fábula simpática, entrañable. Empero, ambas películas comparten íntimamente la esencia, que no es sino ese enfoque estético-narrativo que puede denominarse «la difícil sencillez».

Sin embargo, muchos admiradores de la obra de Eastwood, bastantes críticos también, se sintieron algo defraudados por *Invictus*, al considerarla blandorra, edulcorada, un tanto impersonal también. No me parece acertado. Antes bien, considero oportuno valorar *Invictus* como un purísimo ejercicio de sugerencia y contención, tan válido, bajo esta perspectiva, como podía serlo *Mystic River* desde la sordidez descarnada. Es decir, si Eastwood nunca se había detenido a la hora de plasmar en imágenes horrores de toda índole, y bien cerca queda asimismo *El intercambio* para confirmarlo, ¿por qué no permitirle que en *Invictus* insinúe las mayores infamias sin filmarlas nunca? ¿La sugerencia no significa una opción tan válida como la evidencia? ¿Y acaso no bastan escenas como las del equipo de rugby recorriendo las chabolas o la prisión donde estuvo preso Mandela para que se desprenda lo terrible que debió ser el *Apartheid*? Del mismo modo, si Eastwood «el sucio» siempre parecía decantarse por las soluciones drásticas y fulminantes de cualesquiera conflictos, a ser posible con violencia de por medio, ¿hay que reprocharle que a sus 80 años se identifique con el pacifista parecer de Mandela, y suscriba admirado su lograda reconciliación entre unos enemigos que no debieron serlo? ¿No se le puede consentir que por primera vez se muestre solar, optimista, positivo, cuando, por añadidura, ha procedido con tan fina eficacia y tan alta capacidad de convicción?

Además, Eastwood gira por esta vía abordando por segunda vez en su obra un capítulo de la historia moderna que le aleja de la nación y cultura estadounidenses; sobre el papel incómodamente, dada su mentalidad. Pero si en la anterior ocasión, *Cartas desde Iwo Jima,* fracasó asumiendo la perspectiva del ejército japonés durante la Segunda Guerra Mundial, aquí acierta al honrar el criterio de un político sudafricano contemporáneo. En lógica coherencia con el novedoso espíritu de la película, el autor altera también su tradicional concepto lumínico, de forma que su típica estética tenebrista se sacrifique en aras de un cromatismo suave, trigueño. Asimismo, la cámara se mueve más que nunca en la filmografía de Eastwood, pero sin que ello resulte forzado o impropio en su técnica característica; por cierto, también aparece un registro nuevo e impensable (¡otro!) en la obra de Eastwood, cual es la filmación de espectáculos deportivos de masas, pues el boxeo en *Million Dollar Baby* supone un precedente en mínima medida. Conste también la soterrada ironía con que Eastwood aborta las insinuaciones con suspense de violentas situaciones «de género», frustrando risueñamente las lógicas expectativas del público (un aparente intento de asesinato de Mandela supone sólo un camión de la basura en su rutina, el avión que sugiere un atentado masivo meramente quería animar al equipo local).

Irrefutablemente, el retrato de Mandela roza la hagiografía y el cuarto de hora final alberga algunos recursos ramplones *(ralentis* para magnificar determinados planos, alguna horrible cancioncilla en *off),* sin duda indignos de un cineasta de la categoría de Eastwood (y del magnífico metraje anterior). No obstante, la eficacia global de *Invictus* los reduce a la condición de defectos menores, mínimos, dentro de una película ambiciosa mas no pretenciosa, que fluye sin precipitarse nunca ni estancarse jamás según una sutil gradación argumental, mediante unas elipsis tan finas que resultan imperceptibles (la historia transcurre a lo largo de tres años, 1993-1995) y depuran su economía narrativa, guardando magistralmente un tono que antepone, lícitamente, la emoción, contenida pero palpable, al hincapié ideológico, a un «mensaje» en primer, y grosero, término. Puro cine, en todos los sentidos. Y puro Eastwood, pero de insólita manera.

Nuevos premios llueven sobre Eastwood a finales del 2009. Por ejemplo, el festival francés Grand Lyon Film Festival le entrega la distinción honorífica Lumière, de manos del reputado Bertrand Tavernier. Del mismo modo, en su país es elegido America's Favorite Star, encabezando una lista que prolongan, por orden descendente, Johnny Depp, Denzel Washington, Sandra Bullock, Tom Hanks, George Clooney y John Wayne.

Infatigable, como siempre, mientras *Invictus* triunfa en las salas del mundo, Eastwood vuelve a colaborar con Steven Spielberg y comienza a rodar un nuevo film producido entre ambos. Titulado provisionalmente *Hereafter,* supone su regreso al *thriller* y retoma de *Invictus* a Matt Damon, añadiendo en su filmografía localizaciones nuevas (Inglaterra, Francia) y otro guionista (Peter Morgan, implicado asimismo en la producción). Lejos de conformarse con ello, al mismo tiempo Eastwood urde nuevos proyectos. Sin ir más lejos, una cuarta colaboración con Morgan Freeman.

La abultada e intensa, en todos los niveles y sentidos, trayectoria de Clint Eastwood se ha revelado tan extremadamente particular como intrigante resulta lo que aún pueda ofrecer. Cabe entender que por sistema suscriba lo que en cierta ocasión le dijo el músico Jerry Fielding: «Ahora que hemos llegado hasta aquí, no lo estropeemos poniéndonos a pensar».

Con Matt Damon en el rodaje de *Hereafter* (2010).

Con Eli Wallach en los premios National Board of Reviews, 2007.

Filmografía

CINE

Productor, director, actor

1971. ESCALOFRÍO EN LA NOCHE
(Play Misty For Me)

Producción: Malpaso Productions para Universal Pictures (Estados Unidos). *Guión:* Dean Riesner y Jo Heims. *Fotografía:* Bruce Surtees. *Música:* Dee Barton (canciones de Roberta Flack y Errol Garner). *Montaje:* Carl Pingitore.

Dirección artística: Alexander Golitzen. *Duración:* 100 minutos.

Intérpretes: Clint Eastwood (Dave Garland), Jessica Walter (Evelyn Draper), Donna Mills (Tobie Williams), John Larch (sargento McCallum), Irene Harvey (Madge Brenner), Jack Ging, James McEachin, Clarice Taylor, Don Siegel, Britt Lind, Juke Everts, George Fargo, Tim Frawley.

1973. Infierno de cobardes
(High Plains Drifter)

Producción: Malpaso Productions para Universal Pictures (Estados Unidos). *Guión:* Ernest Tydiman. *Fotografía:* Bruce Surtees. *Música:* Dee Barton. *Montaje:* Ferris Webster. *Dirección artística:* Henry Bumstead. *Duración:* 103 minutos.

Intérpretes: Clint Eastwood (el extranjero), Verna Bloom (Sarah Belding), Marianna Hill (Callie Travers), Mitchell Ryan (Dave Drake), Jack Ging (Morgan Allen), Billy Curtis, Geoffrey Lewis, Walter Barnes, Ted Hartley, Dan Vadis, Anthony James, Stefan Gierasch, Scott Walker, John Mitchum.

1975. Licencia para matar
(The Eiger Sanction)

Producción: Malpaso Productions para Universal Pictures (Estados Unidos). *Guión:* Hal Dresner, Warren B. Murphy y Rod Whitaker, según la novela homónima de Trevanian. *Fotografía:* Frank Stanley. *Música:* John Williams. *Montaje:* Ferris Webster. *Dirección artística:* George Webb y Aurelio Crugnola. *Duración:* 127 minutos.

Intérpretes: Clint Eastwood (Jonathan Hemlock), George Kennedy (Ben Bowman), Vonetta McGee (Jemina Brown), Jack Cassidy (Miles Mellough), Heidi Brühl (Mrs. Montaigne), Thayer David, Reiner Schoene, Gregory Walcott, Brenda Venus, Michael Grimm, Jean-Pierre Bernard.

1976. EL FUERA DE LA LEY
(The Outlaw Josey Wales)

Producción: Malpaso Productions para Warner Bros. (Estados Unidos). *Guión:* Sonia Chernus y Philip Kaufman, según la novela *Gone to Texas* de Forrest Carter. *Fotografía:* Bruce Surtees. *Música:* Jerry Fielding. *Montaje:* Ferris Webster. *Dirección artística:* Tambi Larsen. *Duración:* 135 minutos.

Intérpretes: Clint Eastwood (Josey Wales), Chief Dan George (Lobo Solitario), Sondra Locke (Laura Lee), John Vernon (Fletcher), Bill McKinney (capitán Terrill), Sam Bottoms, Paula Trueman, Will Sampson, Royal Dano, Geraldine Keams, Joyce Jameson, Matt Clark, Sheb Wooley, John Russell.

1977. RUTA SUICIDA
(The Gauntlet)

Producción: Malpaso Productions para Warner Bros. (Estados Unidos). *Guión:* Michael Butler y Dennis Shryack. *Fotografía:* Rexford Metz. *Música:* Jerry Fielding. *Montaje:* Ferris Webster y Joel Cox. *Dirección artística:* Allen E. Smith. *Duración:* 110 minutos.

Intérpretes: Clint Eastwood (Ben Shockley), Sondra Locke (Gus Mally), Pat Hingle (Josephson), William Prince (Blakelock), Bill McKinney (alguacil), Michael Cavanaugh, Mara Corday, Carole Cook, Dan Vadis, Jeff Morris, Roy Jenson.

1980. BRONCO BILLY
(Bronco Billy)

Producción: Second Street Films para Warner Bros. (Estados Unidos). *Guión:* Dennis E. Hackin. *Fotografía:* David Worth. Selección musical: Steven Dorff, supervisada por Snuff Garrett, con canciones de ambos. *Montaje:* Ferris Webster y Joel Cox. *Dirección artística:* Eugene Lourie. *Duración:* 118 minutos.

Intérpretes: Clint Eastwood («Bronco Billy» McCoy), Sondra Locke (Antoinette Lily), Geoffrey Lewis (John Arlington), Scatman Crothers («Doc» Lynch), Bill McKinney («Lefty» Lebow), Sam Bottoms, Sierra Pecheur, Dan Vadis, Walter Barnes, William Prince, Woodrow Parfrey, Hank Worden.

1982. Firefox
(Firefox)

Producción: Malpaso Productions para Warner Bros. (Estados Unidos). *Guión:* Alex Lasker y Wendell Wellman, según la novela homónima de Craig Thomas. *Fotografía:* Bruce Surtees. *Música:* Maurice Jarre. *Montaje:* Ferris Webster y Ron Spang. *Dirección artística:* Elaine Ceder y John Graysmark. *Duración:* 137 minutos.
Intérpretes: Clint Eastwood (Mitchell Grant), Freddie Jones (Kenneth Aubrey), David Huffman (Buchholz), Ronald Lacey (Semelovsky), Warren Clarke (Pavel Upenskoy), Kenneth Colley, Klaus Löwitsch, Nigel Hawthorne, Stefan Schnabel, Dimitra Arliss, Michael Currie, Richard Derr.

1982. El aventurero de medianoche
(Honkytonk Man)

Producción: Malpaso Productions para Warner Bros. (Estados Unidos). *Guión:* Clancy Carlile, según su propia novela. *Fotografía:* Bruce Surtees. Supervisión y dirección musical: Steven Dorff y Snuff Garrett. *Montaje:* Ferris Webster, Joel Cox y Michael Kelly. *Dirección artística:* Edward Carfagno. *Duración:* 121 minutos.
Intérpretes: Clint Eastwood (Red Stovall), Kyle Eastwood (Whit), John McIntire (el abuelo), Verna Bloom (Emmy), Alexa Kenin (Marlene), Matt Clark, Barry Corbin, Jerry Hardin, Tim Thomerson, Gary Grubbs, John Russell, Roy Jenson.

1983. Impacto súbito
(Sudden Impact)

Producción: Malpaso Productions para Warner Bros. (Estados Unidos). *Guión:* Joseph Stinson. *Fotografía:* Bruce Surtees. *Música:* Lalo Schifrin (canción de Roberta Flack). *Montaje:* Joel Cox. *Dirección artística:* Edward Carfagno. *Duración:* 117 minutos.

Intérpretes: Clint Eastwood (Harry Callahan), Sondra Locke (Jennifer Spenser), Pat Hingle (jefe Jannings), Bradford Dillman (capitán Briggs), Paul Drake (Micky), Audrie J. Neenan, Jack Thibeau, Michael Currie, Wendell Welman, Mara Corday, Albert Popwell, Bette Ford, Joe Bellan.

1985. El jinete pálido
(Pale Rider)

Producción: Malpaso Productions para Warner Bros. (Estados Unidos). *Guión:* Michael Butler y Dennis Shryack. *Fotografía:* Bruce Surtees. *Música:* Lennie Niehaus. *Montaje:* Joel Cox. *Dirección artística:* Edward Carfagno. *Duración:* 114 minutos.

Intérpretes: Clint Eastwood (Predicador), Michael Moriarty (Hull Barrett), Carrie Snodgress (Sarah Wheeler), Christopher Penn (Josh LaHood), Richard Kiel (Club), Sydney Penny, Richard Dysart, John Russell, Charles Hallahan, Doug McGrath, Fran Ryan, Graham Paul.

1986. El sargento de hierro
(Heartbreak Ridge)

Producción: Malpaso Productions y Jay Weston Productions para Warner Bros. (Estados Unidos). *Guión:* James Carabatsos. *Fotografía:* Jack N. Green. *Música:* Lennie Niehaus. *Montaje:* Joel Cox. *Dirección artística:* Edward Carfagno. *Duración:* 129 minutos.

Intérpretes: Clint Eastwood (sargento Thomas Highway), Marsha Mason (Aggie), Everett McGill (comandante Powers), Moses Gunn (sargento Webster), Mario van Peebles (Stich Jones), Eileen Heckart, Bo Svenson, Boyd Gaines, Ramón Franco, Arlen Dean Snyder, Tom Willard, Richard Venture.

1990. Cazador blanco, corazón negro
(White Hunter, Black Heart)

Producción: Malpaso Productions y Rastar para Warner Bros. (Estados Unidos). *Guión:* James Bridges, Burt Kennedy y Peter Viertel, según la novela de éste. *Fotografía:* Jack N. Green. *Música:* Lennie Niehaus. *Montaje:* Joel Cox. *Dirección artística:* John Graysmark. *Duración:* 113 minutos.

Intérpretes: Clint Eastwood (John Wilson), Jeff Fahey (Peter Verrill), George Dzundza (Paul Landers), Charlotte Cornwell (miss Wilding), Norman Lumsden (Butler George), Edward Tudor Pole, Richard Warbick, Mel Martin, Timothy Spall, Marisa Berenson, Richard Vanstone, John Rapley.

1991. El principiante
(The Rookie)

Producción: Malpaso Productions para Warner Bros. (Estados Unidos). *Guión:* Scott Spiegel y Boaz Yakin. *Fotografía:* Jack N. Green. *Música:* Lennie Niehaus. *Montaje:* Joel Cox. *Dirección artística:* Judy Cammer. *Duración:* 121 minutos.

Intérpretes: Clint Eastwood (Nick Pulovski), Charlie Sheen (David Ackerman), Raúl Julia (Strom), Sonia Braga (Liesl), Tom Skerritt (Eugene Ackerman), Lara Flynn Boyle, Pete Randall, Pepe Serna, Mara Corday, Donna Mitchell, Tony Plana.

1992. Sin perdón
(Unforgiven)

Producción: Malpaso Productions para Warner Bros. (Estados Unidos). *Guión:* David Webb Peoples. *Fotografía:* Jack

N. Green. *Música:* Lennie Niehaus (canción *Claudia's Theme* de Clint Eastwood). *Montaje:* Joel Cox. *Dirección artística:* Henry Bumstead. *Duración:* 130 minutos.

Intérpretes: Clint Eastwood (Bill Munny), Gene Hackman (Little Bill Daggett), Morgan Freeman (Ned Logan), Richard Harris (Bob «el inglés»), Saul Rubinek (W. W. Beauchamp), Frances Fisher, Jamie Woolvett, David Mucci, Anthony James, Anna Thompson, Tara Dawn, Josie Smith.

1993. UN MUNDO PERFECTO
(A Perfect World)

Producción: Malpaso Productions para Warner Bros. (Estados Unidos). *Guión:* John Lee Hancock. *Fotografía:* Jack N. Green. *Música:* Lennie Niehaus (canción *Big Fran's Baby* de Clint Eastwood). *Montaje:* Joel Cox y Ron Spang. *Dirección artística:* Henry Bumstead. *Duración:* 137 minutos.

Intérpretes: Kevin Costner (Butch Haynes), Clint Eastwood (Red Garnett), Laura Dern (Sally Gerber), T. J. Lowther (Philip Perry), Keith Szarabajka (Terry Pugh), Leo Burmester, Bradley Whitford, Ray McKinnon, Jennifer Griffin, Darryl Cox, Paul Hewitt, Leslie Flowers, Belinda Flowers.

1995. LOS PUENTES DE MADISON
(The Bridges of Madison County)

Producción: Malpaso Productions y Amblin Entertainment para Warner Bros. (Estados Unidos). *Guión:* Richard LaGravenese, según la novela de Robert James Waller. *Fotografía:* Jack N. Green. *Música:* Lennie Niehaus (canción *Doe Eyes* de Clint Eastwood). *Montaje:* Joel Cox. *Dirección artística:* Jeannine Oppewall. *Duración:* 133 minutos.

Intérpretes: Clint Eastwood (Robert Kincaid), Meryl Streep (Francesca Johnson), Annie Corley (Carolyn Johnson), Victor Slezak (Michael Johnson), Jim Haynie (Richard Johnson), Sarah Kathryn Schmitt, Christopher Kroon, Richard Lage, Michelle Benes, Debra Monk, Phyllis Lyons.

1997. Poder absoluto
(Absolute Power)

Producción: Malpaso Productions y Castle Rock Entertainment para Columbia Pictures (Estados Unidos). *Guión:* William Goldman, según la novela de David Baldacci. *Fotografía:* Jack N. Green. *Música:* Lennie Niehaus (canciones *Kate's Theme* y *Power Waltz* de Clint Eastwood). *Montaje:* Joel Cox. *Dirección artística:* Henry Bumstead. *Duración:* 121 minutos.

Intérpretes: Clint Eastwood (Luther Whitney), Gene Hackman (presidente Richmond), Ed Harris (Seth Frank), Laura Linney (Kate Whitney), Scott Glenn (Bill Burton), Judy Davis, Dennis Haysbert, E. G. Marshall, Melora Hardin, Richard Jenkins, Penny Johnson, Ken Welsh, Mark Margolis.

1999. Ejecución inminente
(True Crime)

Producción: Malpaso Productions y Zanuck Company para Warner Bros. (Estados Unidos). *Guión:* Larry Gross, Paul Brickman y Stephen Schiff, según la novela de Andrew Klavan. *Fotografía:* Jack N. Green. *Música:* Lennie Niehaus. *Montaje:* Joel Cox. *Dirección artística:* Henry Bumstead. *Duración:* 126 minutos.

Intérpretes: Clint Eastwood (Steve Everett), Isaiah Washington (Frank Beachum), James Woods (Alan Mann), Denis Leary (Bob Findlay), Lisa Gay Hamilton (Bonnie Beachum), Diane Venora, Bernard Hill, Michael McKean, Michael Jeter, Frances Fisher, Hattie Winston, Mary McCormack.

2000. Space Cowboys
(Space Cowboys)

Producción: Malpaso Productions, Village Roadshow y Mad Chance Productions para Warner Bros. (Estados Unidos). *Guión:* Ken Kaufman y Howard Klausner. *Fotografía:* Jack N.

Green. *Música:* Lennie Niehaus. *Montaje:* Joel Cox. *Dirección artística:* Henry Bumstead. *Duración:* 128 minutos.

Intérpretes: Clint Eastwood (Frank Corvin), Tommy Lee Jones (Hawk Hawkins), Donald Sutherland (Jerry O'Neill), James Garner (Tank Sullivan), James Cromwell (Bob Gerson), Marcia Gay Harden, William Devane, Loren Dean, Courtney B. Vance, Blair Brown, Barbara Babcock, Toby Stephens.

2002. DEUDA DE SANGRE
(Blood Work)

Producción: Malpaso Productions para Warner Bros. (Estados Unidos). *Guión:* Brian Helgeland, según la novela de Michael Connelly. *Fotografía:* Tom Stern. *Música:* Lennie Niehaus. *Montaje:* Joel Cox. *Dirección artística:* Henry Bumstead. *Duración:* 111 minutos.

Intérpretes: Clint Eastwood (Terry McCaleb), Jeff Daniels (Buddy Noone), Anjelica Huston (doctora Fox), Wanda de Jesús (Graciela Rivers), Dylan Walsh (John Waller), Tina Lifford, Paul Rodríguez, Mason Lucero, Rick Hoffman, Gerry Becker, Dina Ruiz.

2004. MILLION DOLLAR BABY
(Million Dollar Baby)

Producción: Malpaso Productions y Lakeshore Entertainment para Warner Bros. (Estados Unidos). *Guión:* Paul Haggis, según el libro de F. X. Toole. *Fotografía:* Tom Stern. *Música:* Clint Eastwood. *Montaje:* Joel Cox. *Dirección artística:* Henry Bumstead. *Duración:* 132 minutos.

Intérpretes: Clint Eastwood (Frankie Dunn), Hilary Swank (Maggie Fitgerald), Morgan Freeman (Eddie Scrap-Iron Dupris), Jay Baruchel (Danger Barch), Mike Colter (Big Willie Little), Lucia Rijker, Brian F. O'Byrne, Margo Martindale, Michael Peña, Riki Lindhome, Ned Eisenberg.

Rodaje de *Gran Torino* (2008).

2008. GRAN TORINO
(Gran Torino)

Producción: Malpaso Productions, Village Roadshow, Double Nickel y Gerber Pictures para Warner Bros. (Estados Unidos). *Guión:* Nick Schenk. *Fotografía:* Tom Stern. *Música:* Kyle Eastwood y Michael Stevens. *Montaje:* Joel Cox y Gary D. Roach. *Dirección artística:* James J. Murakami. *Duración:* 117 minutos.

Intérpretes: Clint Eastwood (Walt Kowalski), Bee Vang (Thao), Geraldine Hughes (Karen Kowalski), John Carroll Lynch (Martin), Cory Hardrict (Duke), Dreama Walker (Ashley Kowalski), Brian Haley, Christopher Carley, Brian Howe, William Hill, Brooke Chia Thao.

Productor, director

1973. Primavera en otoño
(Breezy)

Producción: Malpaso Productions para Universal Pictures (Estados Unidos). *Guión:* Jo Heims. *Fotografía:* Frank Stanley. *Música:* Michel Legrand. *Montaje:* Ferris Webster. *Dirección artística:* Alexander Golitzen. *Duración:* 107 minutos.

Intérpretes: William Holden (Frank Harmon), Kay Lenz (Breezy), Mary Dusay (Betty Tobin), Joan Hotchkis (Paula Harmon), Roger Carmel (Bob Henderson), Shelley Morrison, Dennis Olivieri, Eugene Peterson, Norman Bartold, Richard Bull.

1988. Bird
(Bird)

Producción: Malpaso Productions para Warner Bros. (Estados Unidos). *Guión:* Joel Oliansky. *Fotografía:* Jack N. Green. *Música:* Lennie Niehaus. *Montaje:* Joel Cox. *Dirección artística:* Edward Carfagno. *Duración:* 161 minutos.

Intérpretes: Forest Whitaker (Charlie Parker), Diane Venora (Chan Parker), Michael Zelniker (Red Rodney), Samuel E. Wright (Dizzy Gillespie), Keith David (Buster Franklin), Michael McGuire, James Handy, Damon Whitaker, Diane Salinger, Morgan Nagler, Arlen Dean Snyder, Bill Cobbs.

1997. Medianoche en el jardín del bien y del mal
(Midnight in the Garden of Good and Evil)

Producción: Malpaso Productions y Silver Pictures para Warner Bros. (Estados Unidos). *Guión:* John Lee Hancock, según la novela de John Berendt. *Fotografía:* Jack N. Green. *Música:* Lennie Niehaus. *Montaje:* Joel Cox. *Dirección artística:* Henry Bumstead. *Duración:* 155 minutos.

Rodaje de *Mystic River* (2003). Con Sean Penn y Kevin Bacon.

Intérpretes: John Cusack (John Kelso), Kevin Spacey (Jim Williams), Jack Thompson (Sonny Seiler), Jude Law (Billy Hanson), Lady Chablis, Alison Eastwood, Irma P. Hall, Paul Hipp, Kim Hunter, Geoffrey Lewis, Anne Haney, Richard Herd.

2003. MYSTIC RIVER
(Mystic River)

Producción: Malpaso Productions para Warner Bros. (Estados Unidos) *Guión:* Brian Helgeland, según la novela de Dennis Lehane. *Fotografía:* Tom Stern. *Música:* Clint Eastwood, dirigida por Lennie Niehaus. *Montaje:* Joel Cox. *Dirección artística:* Henry Bumstead. *Duración:* 136 minutos.

Intérpretes: Kevin Bacon (Sean Devine), Sean Penn (Jimmy Markum), Tim Robbins (Dave Boyle), Laurence Fishburne (Whitey Powers), Marcia Gay Harden (Celeste), Laura Linney, Kevin Chapman, Adam Nelson, Eli Wallach, Thomas Guiry, Emmy Fosum, Jenny O'Hara, Jason Kelly.

2006. BANDERAS DE NUESTROS PADRES
(Flags of Our Fathers)

Producción: Malpaso Productions y Amblin Entertainment para Dream Works y Warner Bros. (Estados Unidos). *Guión:* William Broyles Jr. y Paul Haggis, según el libro de James Bradley y Ron Powers. *Fotografía:* Tom Stern. *Música:* Clint Eastwood. *Montaje:* Joel Cox. *Dirección artística:* Henry Bumstead. *Duración:* 129 minutos.

Intérpretes: Ryan Philippe (John «Doc» Bradley), Jesse Bradford (Rene Gagnon), Adam Beach (Ira Hayes), John Benjamin Hickey (Keyes Beech), John Slattery (Bud Gerber), Barry Pepper, Jamie Bell, Paul Walker, Robert Patrick, Harve Presnell, Neal McDonough, Tom Verica.

2006. CARTAS DESDE IWO JIMA
(Letters from Iwo Jima)

Producción: Malpaso Productions y Amblin Entertainment para Dream Works y Warner Bros. (Estados Unidos). *Guión:* Iris Yamashita, según el libro de Tadamichi Kuribayashi. *Fotografía:* Tom Stern. *Música:* Michael Stevens y Kyle Eastwood. *Montaje:* Joel Cox y Gary D. Roach. *Dirección artística:* Henry Bumstead y James J. Murakami. *Duración:* 144 minutos.

Intérpretes: Ken Watanabe (general Tadamichi Kuribayashi), Kazunari Ninomiya (Saigo), Tsuyoshi Ihara (barón Nishi), Ryo Kase (Shimizu), Shido Nakamura (teniente Ito), Takumi Bando, Yuki Matsuzaki, Koji Wada, Takashi Yamaguchi, Eijiro Ozaki, Nobumasa Sakagami.

2008. EL INTERCAMBIO
(Changeling)

Producción: Malpaso Productions, Imagine Entertainment y Relativity Media para Universal Pictures (Estados Unidos). *Guión:* J. Michael Straczynski. *Fotografía:* Tom Stern. *Música:*

Rodaje de *Cartas desde Iwo Jima* (2006).

Con Morgan Freeman en el rodaje de *Invictus*.

Clint Eastwood. *Montaje:* Joel Cox y Gary D. Roach. *Dirección artística:* James J. Murakami. *Duración:* 140 minutos.

Intérpretes: Angelina Jolie (Christine Collins), John Malkovich (reverendo Briegleb), Jeffrey Donovan (capitán J. J. Jones), Colm Feore (policía Davis), Jason Butler Harner (Gordon Northcott), Amy Ryan (Carol Dexter), Michael Kelly (detective Ybarra), Devon Conti, Frank Word, Gattlin Griffith.

2009. INVICTUS
(Invictus)

Producción: Malpaso Productions, Relevations Entertainment, Mace Neufeld Productions y Spyglass Entertainment para Warner Bros (Estados Unidos). *Guión:* Anthony Peckham, según el libro de John Carlin *El factor humano*. *Fotografía:* Tom Stern. *Música:* Michael Stevens y Kyle Eastwood. *Montaje:* Joel Cox y Gary D. Roach. *Dirección artística:* James J. Murakami. *Duración:* 133 minutos.

Intérpretes: Morgan Freeman (Nelson Mandela), Matt Damon (Francis Pienaar), Tony Kgoroge (Jason Tshabalala), Patrick Mofokeng (Linga Moonsamy), Matt Stern (Booyens), Julian Lewis Jones, Leleti Khumalo, Donnie Henna, Adjoa Andoh, David Dukas, Scott Eastwood.

Productor, actor

1968. COMETIERON DOS ERRORES
(Hang'em High)

Producción: The Malpaso Company y Leonard Freeman Productions para United Artists (Estados Unidos). *Director:* Ted Post. *Guión:* Mel Goldberg y Leonard Freeman. *Fotografía:* Richard H. Kline y Leonard South. *Música:* Dominic Frontiere. *Montaje:* Gene Fowler Jr. *Dirección artística:* John B. Goodman. *Duración:* 113 minutos.
Intérpretes: Clint Eastwood (Jed Cooper), Inger Stevens (Rachel), Ed Begley (capitán Wilson), Pat Hingle (juez Fenton), Ruth White («Peaches» Sophie), James MacArthur, Ben Johnson, Dennis Hopper, Bruce Dern, L. Q. Jones, Bob Steele.

1968. LA JUNGLA HUMANA
(Coogan's Bluff)

Producción: The Malpaso Company para Universal Pictures (Estados Unidos). *Director:* Don Siegel. *Guión:* Dean Riesner, Herman Miller y Howard Rodman. *Fotografía:* Bud Thackery. *Música:* Lalo Schifrin. *Montaje:* Sam E. Waxman. *Dirección artística:* Alexander Golitzen y Robert C. McKichan. *Duración:* 93 minutos.
Intérpretes: Clint Eastwood (Coogan), Lee J. Cobb (McElroy), Susan Clark (Julie), Don Stroud (Ringerman), Tisha Sterling (Linny Raven), Betty Field, Tom Tully, Melodie Johnson, James Edwards, Seymour Cassel, Albert Popwell.

1970. DOS MULAS Y UNA MUJER
(Two Mules for Sister Sara/Dos mulas para la hermana Sara)

Producción: Malpaso Productions, Universal Pictures y Sanén (Estados Unidos-México). *Director:* Don Siegel. *Guión:* Albert Maltz. *Fotografía:* Gabriel Figueroa. *Música:* Ennio Morricone. *Montaje:* Robert F. Shugrue y Juan José Marino. *Dirección artística:* José Rodríguez Granada. *Duración:* 111 minutos.

Intérpretes: Clint Eastwood (Hogan), Shirley MacLaine (Sara), Manolo Fábregas (coronel Beltrán), Alberto Morín (general LeClaire), Armando Silvestre, Enrique Lucero, John Kelly, David Estuardo, Ana Carrasco, José Chávez.

1971. EL SEDUCTOR
(The Beguiled)

Producción: Malpaso Productions para Universal Pictures (Estados Unidos). *Director:* Don Siegel. *Guión:* John B. Sherry (Albert Maltz) y Grimes Grice (Irene Kamp), según la novela de Thomas Cullinan. *Fotografía:* Bruce Surtees. *Música:* Lalo Schifrin. *Montaje:* Carl Pingitore. *Dirección artística:* Alexander Golitzen y Ted Haworth. *Duración:* 104 minutos.

Intérpretes: Clint Eastwood (Jonathan McBurney), Geraldine Page (Martha Farnsworth), Elizabeth Hartman (Edwina), Jo Ann Harris (Carol), Darleen Carr (Doris), Mae Mercer, Melody Thomas, Peggy Drier, Matt Clark, Pattye Mattick, Buddy van Horn.

1971. HARRY EL SUCIO
(Dirty Harry)

Producción: Malpaso Productions para Warner Bros. y Seven Arts (Estados Unidos). *Director:* Don Siegel. *Guión:* Harry Julian Fink, Rita M. Fink y Dean Riesner. *Fotografía:* Bruce Surtees. *Música:* Lalo Schifrin. *Montaje:* Carl Pingitore. *Dirección artística:* Dale Hennessy. *Duración:* 102 minutos.

Rodaje de *Harry el sucio* (1971). Con Don Siegel.

Intérpretes: Clint Eastwood (Harry Callahan), Harry Guardino (teniente Bressler), Andy Robinson (Scorpio), Reni Santoni (Chico), John Vernon (el alcalde), John Larch, Mae Mercer, Lynn Edington, John Mitchum, Josef Sommer, Maurice Argent.

1972. JOE KIDD
(Joe Kidd)

Producción: Malpaso Productions para Universal Pictures (Estados Unidos). *Director:* John Sturges. *Guión:* Elmore Leonard. *Fotografía:* Bruce Surtees. *Música:* Lalo Schifrin. *Montaje:* Ferris Webster. *Dirección artística:* Alexander Golitzen y Henry Bumstead. *Duración:* 89 minutos.

Intérpretes: Clint Eastwood (Joe Kidd), Robert Duvall (Frank Harlan), John Saxon (Luis Chamla), Stella García (Helen Sánchez), Don Stroud (Lamarr), James Wainwright, Gregory Walcott, Paul Koslo, John Carter, Dick van Patten, Ron Soble.

1973. HARRY EL FUERTE
(Magnum Force)

Producción: Malpaso Productions para Warner Bros. (Estados Unidos). *Director:* Ted Post. *Guión:* John Milius y Michael Cimino. *Fotografía:* Frank Stanley. *Música:* Lalo Schifrin. *Montaje:* Ferris Webster. *Dirección artística:* Jack Collis. *Duración:* 123 minutos.
Intérpretes: Clint Eastwood (Harry Callahan), Hal Holbrook (teniente Briggs), Mitchell Ryan (agente McCoy), David Soul (agente Davis), Felton Perry (Early Smith), Robert Urich, Tim Matheson, John Mitchum, Kip Niven, Albert Popwell.

1974. UN BOTÍN DE 500.000 DÓLARES
(Thunderbolt and Lightfoot)

Producción: Malpaso Productions para United Artists (Estados Unidos). *Director y guión:* Michael Cimino. *Fotografía:* Frank Stanley. *Música:* Dee Barton. *Montaje:* Ferris Webster. *Dirección artística:* Tambi Larsen. *Duración:* 113 minutos.
Intérpretes: Clint Eastwood (John «Thunderbolt» Doherty), Jeff Bridges (Lightfoot), George Kennedy (Red Leary), Geoffrey Lewis (Goody), Catherine Bach (Melody), Gary Busey, Jack Dodson, Gregory Walcott, Gene Elman, Bill McKinney.

1976. HARRY EL EJECUTOR
(The Enforcer)

Producción: Malpaso Productions para Warner Bros. (Estados Unidos). *Dirección:* James Fargo. *Guión:* Dean Riesner y Stirling Silliphant. *Fotografía:* Charles B. Short. *Música:* Jerry

Fielding. *Montaje:* Ferris Webster y Joel Cox. *Dirección artística:* Allen E. Smith. *Duración:* 95 minutos.

Intérpretes: Clint Eastwood (Harry Callahan), Tyne Daly (Kate Moore), Harry Guardino (teniente Bressler), Bradford Dillman (capitán McKay), John Mitchum (Di Giorgio), Albert Popwell, DeVeren Bookwalter, John Crawford, Jocelyn Jones, Rudy Ramos, Samantha Doane.

1978. Duro de pelar
(Every Which Way But Loose)

Producción: Malpaso Productions para Warner Bros. (Estados Unidos). *Dirección:* James Fargo. *Guión:* Jeremy Joe Kronsberg. *Fotografía:* Rexford L. Metz. *Supervisión musical:* Steve Dorff y Snuff Garrett. *Montaje:* Ferris Webster y Joel Cox. *Dirección artística:* Elayne Ceder. *Duración:* 113 minutos.

Intérpretes: Clint Eastwood (Philo Beddoe), Sondra Locke (Lynne Halsey-Taylor), Geoffrey Lewis (Orville), Beverly D'Angelo (Echo), Ruth Gordon (Ma Boggs), Walter Barnes, Bill McKinney, Roy Jenson, Dan Vadis, James McEachin, Gregory Walcott, George Chandler, Hank Worden.

1979. Fuga de Alcatraz
(Escape from Alcatraz)

Producción: Malpaso Productions para Paramount (Estados Unidos). *Dirección:* Don Siegel. *Guión:* Richard Tuggle, según la novela de J. Campbell Bruce. *Fotografía:* Bruce Surtees. *Música:* Jerry Fielding. *Montaje:* Ferris Webster. *Dirección artística:* Allen E. Smith. *Duración:* 111 minutos.

Intérpretes: Clint Eastwood (Frank Morris), Patrick McGoohan (alcaide Warden), Robert Blossom (Doc), Jack Thibeau (Clarence Anglin), Fred Ward (John Anglin), Paul Benjamin, Larry Hankin, Bruce Fisher, Madison Arnold, Frank Ronzio, David Cryer, Stephen Bradley, Jason Ronard.

1980. LA GRAN PELEA
(Any Which Way You Can)

Producción: Malpaso Productions para Warner Bros. (Estados Unidos). *Director:* Buddy van Horn. *Guión:* Stanford Sherman. *Fotografía:* David Worth. Supervisión musical: Steve Dorff y Snuff Garrett. *Montaje:* Ferris Webster y Ron Spang. *Dirección artística:* William J. Creber. *Duración:* 114 minutos.

Intérpretes: Clint Eastwood (Philo Beddoe), Sondra Locke (Lynne Halsey-Taylor), Geoffrey Lewis (Orville), William Smith (Jack Wilson), Ruth Gordon (Ma Boggs), Harry Guardino, Bill McKinney, Roy Jenson, Dan Vadis, John Quade, Michael Cavanaugh, Al Ruscio, Julie Brown.

1984. CIUDAD MUY CALIENTE
(City Heat)

Producción: Malpaso Productions y Deliverance Productions para Warner Bros. (Estados Unidos). *Director:* Richard Benjamin. *Guión:* Sam O. Brown (Blake Edwards) y Joseph C. Stinson. *Fotografía:* Nick McLean. *Música:* Lennie Niehaus. *Montaje:* Jacqueline Cambas. *Dirección artística:* Edward Carfagno. *Duración:* 98 minutos.

Intérpretes: Clint Eastwood (teniente Speer), Burt Reynolds (Mike Murphy), Jane Alexander (Maddy), Madeline Kahn (Caroline), Rip Torn (Pitt), Tony LoBianco, Irene Cara, Richard Roundtree, Jack Thibeau, Robert Davi, Jack Nance.

1984. EN LA CUERDA FLOJA
(Tightrope)

Producción: Malpaso Productions para Warner Bros. (Estados Unidos). *Director y guión:* Richard Tuggle. *Fotografía:* Bruce Surtees. *Música:* Lennie Niehaus. *Montaje:* Joel Cox. *Dirección artística:* Edward Carfagno. *Duración:* 116 minutos.

Intérpretes: Clint Eastwood (Wes Block), Geneviève Bujold (Beryl Thibodeaux), Dan Hedaya (detective Molinari), Alison Eastwood (Amanda Block), Jennifer Beck (Penny Block), Marco St. John, Rebecca Perle, Regina Richardson, Randi Brooks, Jamie Rose, Graham Paul, Margaret Howell.

1988. La lista negra
(The Dead Pool)

Producción: Malpaso Productions para Warner Bros. (Estados Unidos). *Director:* Buddy van Horn. *Guión:* Steve Sharon. *Fotografía:* Jack N. Green. *Música:* Lalo Schifrin. *Montaje:* Ron Spang. *Dirección artística:* Edward Carfagno. *Duración:* 91 minutos.
Intérpretes: Clint Eastwood (Harry Callahan), Patricia Clarkson (Samantha Walker), Liam Neeson (Peter Swan), Evan C. Kim (Al Quan), David Hunt (Harlan Rook), Michael Currie, Michael Goodwin, Darwin Gillett, Christopher Beale, Nicholas Love, John Allen Vick, Jeff Richmond.

1989. El cadillac rosa
(Pink Cadillac)

Producción: Malpaso Productions para Warner Bros. (Estados Unidos). *Director:* Buddy van Horn. *Guión:* John Eskow. *Fotografía:* Jack N. Green. *Música:* Steve Dorff. *Montaje:* Joel Cox. *Dirección artística:* Edward Carfagno. *Duración:* 121 minutos.
Intérpretes: Clint Eastwood (Tommy Novak), Bernadette Peters (Lou Ann McGuinn), Timothy Carhart (Roy McGuinn), John Dennis Johnston (Waycross), Geoffrey Lewis (Ricky Z), William Hickey, Bill McKinney, Frances Fisher, Tiffany Gail Robinson, Mara Corday, Paul Benjamin.

Productor

1986. RATBOY

Producción: Malpaso Productions para Warner Bros. (Estados Unidos). *Director:* Sondra Locke. *Guión:* Rob Thompson. *Fotografía:* Bruce Surtees. *Música:* Lennie Niehaus. *Montaje:* Joel Cox. *Dirección artística:* Edward Carfagno. *Duración:* 105 minutos.

Intérpretes: Sondra Locke (Nikki Morrison), Robert Townsend (Manny), Christopher Hewett (profesor), Larry Hankin (Jewell), Sidney Lassick, Gerrit Graham, S. L. Baird, Brett Halsey, Louie Anderson.

1988. THELONIOUS MONK. STRAIGHT NO CHASER

Producción: Malpaso Productions, Michael Blackwood Productions y Monk Film para Warner Bros. (Estados Unidos). *Director y montaje:* Charlotte Zwerin. *Fotografía:* Christian Blackwood, Joan Churchill y Stuart Math. *Música:* Dick Hayman. *Duración:* 90 minutos.

Documental sobre el pianista de *jazz* Thelonius Monk, cuyas imágenes de archivo contienen asimismo músicos de la modalidad, como John Coltrane, Phil Woods, Charlie Rouse, Tommy Flanagan, Barry Harris y Johnny Griffin.

1995. THE STARS FELL ON HENRIETTA

Producción: Malpaso Productions para Warner Bros. (Estados Unidos). *Director:* James Keach. *Guión:* Philip Railsback. *Fotografía:* Bruce Surtees. *Música:* David Benoit. *Montaje:* Joel Cox. *Dirección artística:* Henry Bumstead. *Duración:* 107 minutos.

Intérpretes: Robert Duvall (señor Cox), Aidan Quinn (Don Day), Frances Fisher (Cora Day), Brian Dennehy (Big Dave), Lexi Randall (Beatrice Day), Kathlyn Knowles, Billy Bob Thornton, Victor Wong, Joe Stevens, Paul Lazar.

2007. RAILS & TIES

Producción: Malpaso Productions para Warner Bros. (Estados Unidos). *Director:* Alison Eastwood. *Guión:* Mickey Levy. *Fotografía:* Tom Stern. *Música:* Kyle Eastwood y Michael Stevens. *Montaje:* Gary Roach. *Dirección artística:* James J. Murakami. *Duración:* 101 minutos.
Intérpretes: Kevin Bacon (Tom Stark), Marcia Gay Harden (Megan Stark), Miles Heizer (Davey Danner), Marin Hinkle (Renee), Eugene Byrd (Higgis), Bonnie Root, Steve Eastin, Laura Cerón, Robert Harvey.

Músico

2007. LA VIDA SIN GRACE
(Grace Is Gone)

Producción: Plum Pictures y New Crime Productions (Estados Unidos). *Director y guión:* James C. Strouse. *Fotografía:* Jean-Louis Bompoint. *Música:* Clint Eastwood. *Montaje:* Joe Klotz. *Dirección artística:* Susan Block. *Duración:* 85 minutos.
Intérpretes: John Cusack (Stanley Phillips), Shelan O'Keefe (Heidi), Gracie Bednarczyk (Dawn), Alessandro Nivola (John), Emily Churchill, Rebecca Spence, Jennifer Tyler.

Actor

1955. REVENGE OF THE CREATURE

Producción: Universal International Pictures (Estados Unidos). *Director:* Jack Arnold. *Guión:* Martin Berkeley. *Fotografía:*

Charles S. Welbourne. *Música:* Joseph Gershenson. *Montaje:* Paul Weatherwax. *Dirección artística:* Alexander Golitzen y Alfred Sweeney. *Duración:* 82 minutos.

Intérpretes: John Agar (profesor Clete Ferguson), Lori Nelson (Helen), John Bromfield (Joseph Hayes), Néstor Paiva (capitán Lucas), Grandon Rhodes, Dave Willock, Robert B. Williams, Charles R. Cane, Clint Eastwood.

1955. FRANCIS IN THE NAVY

Producción: Universal International Pictures (Estados Unidos). *Director:* Arthur Lubin. *Guión:* Devery Freeman. *Fotografía:* Carl Guthrie. *Música:* Frank Skinner. *Montaje:* Milton Carruth y Ray Zinder. *Dirección artística:* Alexander Golitzen y Bill Newberry. *Duración:* 81 minutos.

Intérpretes: Donald O'Connor (teniente Peter Stirling), Martha Hyer (Betsy Donovan), Richard Erdman (Murph), Jim Backus (comandante Hutch), David Janssen (teniente Anders), Leigh Snowden, Paul Burke, Clint Eastwood.

1955. LADY GODIVA

Producción: Universal International Pictures (Estados Unidos). *Director:* Arthur Lubin. *Guión:* Oscar Brodney y Harry Ruskin. *Fotografía:* Carl Guthrie. *Música:* Joseph Gershenson. *Montaje:* Paul Weatherwax. *Dirección artística:* Alexander Golitzen y Robert F. Boyle. *Duración:* 81 minutos.

Intérpretes: Maureen O'Hara (lady Godiva), George Nader (lord Leofric), Victor MacLaglen (Grimald), Rex Reason (Harold), Torin Thatcher (lord Godwin), Eduard Franz, Leslie Bradley, Clint Eastwood.

1955. TARANTULA

Producción: Universal International Pictures (Estados Unidos). *Director:* Jack Arnold. *Guión:* Robert M. Fresco y Mar-

tin Berkeley. *Fotografía:* George Robinson. *Música:* Joseph Gershenson. *Montaje:* William M. Morgan. *Dirección artística:* Alexander Golitzen y Alfred Sweeney. *Duración:* 80 minutos.
Intérpretes: John Agar (doctor Matt Hastings), Mara Corday (Stephanie Clayton), Leo G. Carroll (profesor Deemer), Néstor Paiva (sheriff Andrews), Ross Elliott (John Burch), Edwin Rand, Raymond Bailey, Clint Eastwood.

1955. Hoy como ayer
(Never Say Goodbye)

Producción: Universal International Pictures (Estados Unidos). *Director:* Jerry Hopper. *Guión:* Charles Hoffman. *Fotografía:* Maury Gertsman. *Música:* Frank Skinner. *Montaje:* Paul Wheaterwax. *Dirección artística:* Alexander Golitzen y Robert F. Boyle. *Duración:* 96 minutos.
Intérpretes: Rock Hudson (doctor Michael Parker), Cornell Borchers (Lisa Gosting), George Sanders (Victor), Ray Collins (doctor Bailey), Shelley Fabares (Suzy Parker), David Janssen, Raymond Greenleaf, Clint Eastwood.

1955. Star in the Dust

Producción: Universal International Pictures (Estados Unidos). *Director:* Charles Haas. *Guión:* Oscar Brodney, según la novela de Lee Leighton. *Fotografía:* John Russell Jr. *Música:* Frank Skinner. *Montaje:* Ray Snyder. *Dirección artística:* Alexander Golitzen y Alfred Sweeney. *Duración:* 80 minutos.
Intérpretes: John Agar (sheriff Bill Jorden), Mamie van Doren (Ellen Ballard), Richard Boone (Sam Hall), Coleen Gray (Nellie Mason), Leif Erickson (George Ballard), James Gleason, Randy Stuart, Paul Fix, Harry Morgan, Clint Eastwood.

1956. Away All Boats!

Producción: Universal International Pictures (Estados Unidos). *Director:* Joseph Pevney. *Guión:* Ted Sherdeman, según la novela de Kenneth M. Dodson. *Fotografía:* William Daniels. *Música:* Frank Skinner. *Montaje:* Cliford Stine. *Dirección artística:* Alexander Golitzen y Richard Riedel. *Duración:* 113 minutos.

Intérpretes: Jeff Chandler (capitán Jedediah Hawks), George Nader (teniente Dave McDougall), Lex Barker (comandante Quigley), Julie Adams (Nadie), Richard Boone (teniente Fraser), Keith Andes, John McIntire, Charles McGraw, Jock Mahoney, Clint Eastwood.

1956. THE FIRST TRAVELLING SALESLADY

Producción: RKO (Estados Unidos). *Director:* Arthur Lubin. *Guión:* Devery Freeman y Atephen Longstreet. *Fotografía:* William Snyder. *Música:* Irving Gertz. *Montaje:* Otto Ludwig. *Dirección artística:* Albert S. D'Agostino. *Duración:* 92 minutos.

Intérpretes: Ginger Rogers (Rose Gillray), Barry Nelson (Charles Masters), Carol Channing (Molly Wade), David Brian (James Carter), James Arness (Joel Kingdom), Robert Simon, Clint Eastwood, Frank Wilcox.

1957. ESCAPADA EN JAPÓN
(Escapade in Japan)

Producción: RKO (Estados Unidos). *Director:* Arthur Lubin. *Guión:* Winston Miller. *Fotografía:* William Snyder. *Música:* Max Steiner. *Montaje:* Otto Ludwig. *Dirección artística:* Walter Holscher y George Davis. *Duración:* 93 minutos.

Intérpretes: Teresa Wright (Mary Saunders), Cameron Mitchell (Dick Saunders), Jon Provost (Tony Saunders), Roger Nakagawa (Hiko), Philip Ober, Kumiko Miyake, Susumi Fujita, Tatsuo Saito, Clint Eastwood.

1958. AMBUSH AT CIMARRON PASS

Producción: Regal Productions para 20th Century Fox (Estados Unidos). *Director:* Jodie Copeland. *Guión:* John K. Butler

Con Sergio Leone, en el madrileño aeropuerto de Barajas (1966).

y Richard G. Taylor. *Fotografía:* John M. Nikolaus. *Música:* Paul Sawtell y Ben Shefter. *Montaje:* Carl L. Pierson. *Dirección artística:* John Mansbridge. *Duración:* 74 minutos.

Intérpretes: Scott Brady (sargento Matt Blake), Margia Dean (Teresa Santos), Irving Bacon (Stanfield), Frank Gerstle (Sam Prescott), Dick London (Johnny Willow), Baynes Barron, William Vaughn, Clint Eastwood, Ken Mayer, Desmond Slattery, John Manier.

1958. Lafayette Escadrille

Producción: Warner Bros. y First National (Estados Unidos). *Director:* William A. Wellman. *Guión:* A. S. Fleischman. *Fotografía:* William H. Clothier. *Música:* Leonard Rosenman. *Montaje:* Owen Marks. *Dirección artística:* John Beckman. *Duración:* 93 minutos.

Intérpretes: Tab Hunter (Thad Walker), Etchika Choureau (Renée Beaulieu), Marcel Dalio (instructor), Paul Fix (general), David Janssen (Sinclair), Jody McCrea, Veola Vonn, Will Hutchins, Bob Hover, Clint Eastwood, Brett Halsey.

1964. Por un puñado de dólares
(Per un pugno di dollari)

Producción: Jolly Films, Ocean Films y Constantin Films (Italia-España-Alemania). *Director:* Sergio Leone. *Guión:* Duccio Tessari y Sergio Leone. *Fotografía:* Federico G. Larraya y Massimo Dallamano. *Música:* Ennio Morricone. *Montaje:* Roberto Cinquini. *Dirección artística:* Carlo Simi. *Duración:* 102 minutos.

Intérpretes: Clint Eastwood (Joe), Gian Maria Volonté (Ramón Rojo), José Calvo (Silvanito), Marianne Koch (Marisol), Antonio Prieto (Benito Rojo), Wolfgang Luchsky, Margarita Lozano, Sieghardt Rupp, Daniel Martín, Josef Egger, Benito Stefanelli, Mario Brega, Aldo Sambrell.

1965. La muerte tenía un precio
(Per qualche dollaro in più)

Producción: PEA, Regia Films y Constantin Films (Italia-España-Alemania). *Director:* Sergio Leone. *Guión:* Luciano Vincenzoni y Sergio Leone. *Fotografía:* Massimo Dallamano. *Música:* Ennio Morricone. *Montaje:* Eugenio Alabiso, Giorgio Serrallonga y Adriana Novelli. *Dirección artística:* Carlo Simi. *Duración:* 129 minutos.

Intérpretes: Clint Eastwood (El Manco), Lee Van Cleef (coronel Mortimer), Gian Maria Volonté (El Indio), Luigi Pistilli (Groggy), Mario Brega (Niño), Klaus Kinski, Rosemarie Dexter, Josef Egger, Aldo Sambrell, Benito Stefanelli, Mara Krupp, Roberto Camardiel, Peter Lee Lawrence.

1966. Una noche como cualquier otra
(Una sera come le altre)

Episodio de la película colectiva *Le Streghe (Las brujas)*.
Producción: Dino De Laurentiis Cinematografica y Les Productions Artistes Asociés (Italia-Francia). *Director:* Vittorio De Sica. *Guión:* Cesare Zavattini, Fabio Carpi y Enzo Muzii. *Fotografía:* Giuseppe Rotunno. *Música:* Piero Piccioni. *Montaje:* Adriana Novelli. *Dirección artística:* Piero Poleto. *Duración:* 21 minutos.

Intérpretes: Silvana Mangano (Giovanna), Clint Eastwood (Mario), Paolo Gozlino (Mandrake), Gianni Dori (Diabolik), Pietro Torrisi (Batman), Valentino Macchi, Angelo Santi, Franco Moruzzi, Armando Bottin.

1966. El bueno, el feo y el malo
(Il buono, il brutto, il cattivo)

Producción: PEA (Italia). *Director:* Sergio Leone. *Guión:* Luciano Vincenzoni, Sergio Leone, Sergio Donati y Age & Scarpelli. *Fotografía:* Tonino delli Colli. *Música:* Ennio Morricone.

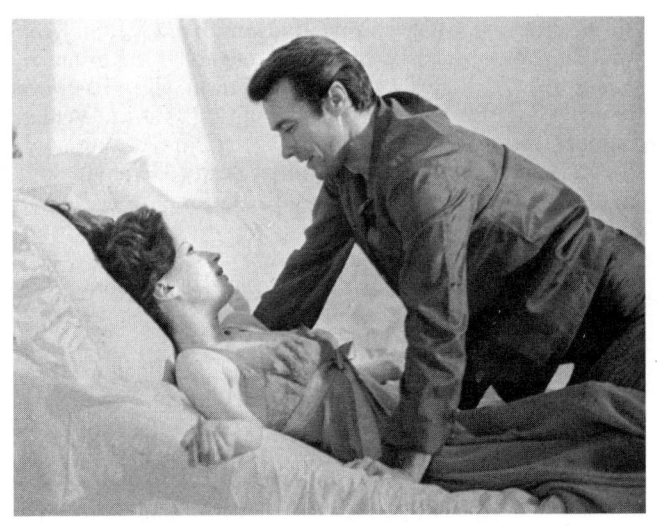

Con Silvana Mangano en *Las brujas* (1966).

Montaje: Eugenio Alabiso y Nino Baragli. *Duración:* 160 minutos.
Intérpretes: Clint Eastwood (El Rubio), Eli Wallach (Tuco), Lee van Cleef (Sentencia), Aldo Giuffrè (comandante nordista), Luigi Pistilli (padre Ramírez), Mario Brega, Antonio Casas, Livio Lorenzon, Chelo Alonso, Al Mulock, Benito Stefanelli, Aldo Sambrell, Josef Egger.

1969. EL DESAFÍO DE LAS ÁGUILAS
(Where Eagles Dare)

Producción: Elliot Kastner y Jerry Gershwin para Metro Goldwyn Mayer (Estados Unidos). *Director:* Brian G. Hutton. *Guión:* Alistair MacLean, según su propia novela. *Fotografía:*

Arthur Ibbetson. *Música:* Ron Goodwin. *Montaje:* John Jympson. *Dirección artística:* Peter Mullins. *Duración:* 155 minutos.

Intérpretes: Richard Burton (mayor Smith), Clint Eastwood (teniente Schaffer), Mary Ure (Mary Ellison), Patrick Wymark (coronel Turner), Michael Hordern (vicealmirante Rolland), Anton Diffring, Ferdy Mayne, Robert Beatty, Derren Nesbitt, Ingrid Pitt, Neil McCarthy, Donald Houston.

1969. LA LEYENDA DE LA CIUDAD SIN NOMBRE
(Paint Your Wagon)

Producción: Alan Jay Lerner para Paramount Pictures (Estados Unidos). *Director:* Joshua Logan. *Guión:* Paddy Chayefsky, según el musical de Alan Jay Lerner y Frederick Loewe. *Fotografía:* William A. Fraker. *Música:* Frederick Loewe (canciones de Loewe y Alan Jay Lerner). *Montaje:* Robert C. Jones. *Dirección artística:* Carl Braunger. *Duración:* 169 minutos.

Intérpretes: Lee Marvin (Ben Rumson), Clint Eastwood (el socio), Jean Seberg (Elizabeth), Harve Presnell (Rotten Lucky Willie), Ray Walston («Mad Jack» Duncan), Alan Dexter, Tom Ligon, William O'Connell, John Mitchum, Terry Jenkins.

1970. LOS VIOLENTOS DE KELLY
(Kelly's Heroes)

Producción: The Warriors Company y Avala Film para Metro Goldwyn Mayer (Estados Unidos). *Director:* Brian G. Hutton. *Guión:* Troy Kennedy. *Fotografía:* Gabriel Figueroa. *Música:* Lalo Schifrin. *Montaje:* John Jympson. *Dirección artística:* Jonathan Barry. *Duración:* 146 minutos.

Intérpretes: Clint Eastwood (Kelly), Telly Savalas (Big Koe), Don Rickles (Crap Game), Donald Sutherland (Oddball), Carroll O'Connor (general Colt), Gavin McLeod, Stuart Margolin, Harry Dean Stanton, Karl-Otto Alberty, Hal Buckley, Gene Collins, Jeff Morris, Richard Davalos.

1993. EN LA LÍNEA DE FUEGO
(In the Line of Fire)

Producción: Castle Rock para Columbia Pictures (Estados Unidos). *Director:* Wolfgang Petersen. *Guión:* Jeff Maguire. *Fotografía:* John Bailey. *Música:* Ennio Morricone. *Montaje:* Anne V. Coates. *Dirección artística:* Lilly Kilvert. *Duración:* 128 minutos.
Intérpretes: Clint Eastwood (Frank Horrigan), John Malkovich (Mitch Leary), René Russo (Lilly Raines), Dylan McDermott (Al D'Andrea), Gary Cole (Bill Watts), Fred Dalton Thompson, John Mahoney, Jim Curley, Sally Hughes, Tobin Bell, Elsa Raven, Anthony Peck.

1994. LAS CIEN Y UNA NOCHES
(Les cent et une nuits)

Producción: France 3 y Ciné-Tamais (Francia). *Director y guión:* Agnès Varda.
Eastwood aparece fugazmente, como él mismo, entre una diversidad de celebridades cinematográficas mundiales.

1995. CASPER
(Casper)

Producción: Amblin Entertainment para Universal Pictures (Estados Unidos). *Director:* Brad Silberling.
Eastwood aparece esporádicamente a guisa de chiste cinéfilo, al igual que Mel Gibson y Rodney Dangerfield.

TELEVISIÓN

Director

1985. Vanessa en el jardín
(Vanessa in the Garden)

Episodio de la serie *Amazing Stories (Cuentos asombrosos)*
Producción: Amblin Entertaiment para Universal (Estados Unidos). *Guión:* Steven Spielberg. *Fotografía:* Robert M. Stevens. *Música:* Lennie Niehaus. *Montaje:* Jo Ann Fogle. *Dirección artística:* Rick Carter. *Duración:* 24 minutos.
Intérpretes: Sondra Locke (Vanessa Sullivan), Harvey Keitel (Byron Sullivan), Beau Bridges (Ted), Martha Howell (Eve), Jamie Rose, Randy Oglesby.

2003. Piano Blues

Episodio de la serie documental *The Blues*
Producción: Reverse Angle International, Vulcan Productions, Jigsaw Productions y Cappa Productions (Estados Unidos-Alemania). *Fotografía:* Vic Losick. *Montaje:* Joel Cox y Gary Rouch.
Eastwood aparece entrevistando, y eventualmente tocando con ellos, a los músicos Ray Charles, Pinetop Perkins, Jay McShann, Dr. John, Marcia Hall, etc.

Productor

1998. Monterey Jazz Festival: 40 Legendary Years

Producción: Malpaso Productions (Estados Unidos). *Director y guión:* William Harper. Documental sobre el festival del título, en honor de su cuadragésimo aniversario. Recoge intervenciones de Louis Armstrong, Count Basie, Dizzy Gillespie, Billie Holiday, Ella Fitzgerald, Dave Brubeck...

2005. Budd Boetticher: A Man Can Do That

Producción: Malpaso Productions y Rhapsody Films (Estados Unidos). *Director:* Bruce Ricker. *Guión:* Dave Kehr. *Fotografía:* Vic Losick. *Montaje:* Joel Cox y Gary Roach.

Documental sobre el cineasta Budd Boetticher, donde Eastwood, coproductor, aparece entrevistado, junto a Peter Bogdanovich, Larry Cohen y Quentin Tarantino, entre otros. Existe una segunda parte, *Budd Boetticher: An American Original*, está dirigida por el guionista de ésta, Dave Kehr.

2007. Tony Bennett: The Music Never Ends

Producción: Malpaso Productions, RPM Television y Netflix (Estados Unidos). *Director y guión:* Bruce Ricker. *Fotografía:* Chris Bierlein. *Montaje:* Gary Roach. Documental sobre el cantante Tony Bennett, al hilo de su octogésimo aniversario, conducido y narrado por el propio Eastwood.

2008. You Must Remember This: The WB Story

Producción: Lorac Productions para Warner Bros (Estados Unidos). *Director y guión:* Richard Schickel. *Fotografía:* Kris Denton. *Montaje:* Faith Ginsberg y Michael van Buren.

Documental sobre la historia de Warner Bros, que compagina imágenes de archivo y entrevistas efectuadas expresamente, por ejemplo con Carroll Baker, Ray Bradbury, Stanley Donen, Robert Redford, Jack Nicholson y Martin Scorsese, amén del propio Eastwood, coproductor junto al director y guionista Schickel.

2009. Johnny Mercer: The Dream's On Me

Producción: Malpaso Productions (Estados Unidos). *Director:* Bruce Ricker. *Guión:* Ken Barnes. *Fotografía:* Chris Bierlein y Kenneth Neil Moore. *Montaje:* Brandon Arnold y Amy Linton.

Documental sobre el compositor Johnny Mercer, presentado por el propio Eastwood, coproductor junto al director, Bruce Ricker. El narrador es Hill Charlap, y entre los entrevistados figuran John Williams, Dr. John y Julie Andrews.

Actor

1955. COCHISE, GREATEST OF THE APACHES

Episodio de la serie *TV Readers Digest*.

1955. MOTORCYCLE, HIGHWAY PATROL

Episodios de la serie *Highway Patrol*.

1956. THE LAST LETTER

Episodio de la serie *Death Valley Days*.

1956. WHITE FURY

Episodio de la serie *The West Point Story*.

1957. THE CHARLES AVERY STORY

Episodio de la serie *Wagon Train (Caravana)*.

1957. THE LONELY WATCH

Episodio de la serie *Navy Log*.

1958. DUEL AT SUNDOWN

Episodio de la serie *Maverick*.

1959-1966. Rawhide

Producción: CBS y MGM Television (Estados Unidos). *Director:* Stuart Rosenberg, Fred Freiberger, Richard Whorf, Ted Post, Gerd Oswald, Philip Leacock, Charles Marquis Warren, Jack Arnold, Tay Garnett, Hershell Daugherty, Michael O'Herlihy, Vincent McEveety, Andrew V. MacLaglen, Buzz Kulik, George Sherman, Stuart Heisler, Gene Fowler Jr., Joseph Kane, R. G. Springsteen, Laslo Benedek, Thomas Carr, Christian Nyby y Bernard L. Kowalski. Eastwood desempeñó el personaje fijo de Rowdy Yates a lo largo de los años indicados, en 217 episodios.

1962. Clint Eastwood Meets Mr. Ed

Episodio de la serie *Mr. Ed*.

VARIOS

Documentales

1986. All Star Party For Clint Eastwood

Producción: CBS. *Director:* Dick McDonough. Con Cary Grant, James Stewart, Don Siegel, Sammy Davis Jr., etc.

1989. Gary Cooper: American Life, American Legend

Producción: TNT. *Director:* Richard Schickel. Eastwood es el presentador y narrador.

1993. Clint Eastwood: The Man From Malpaso

Producción: Wombat y Cinemax. *Director:* Gene Feldman. Con Michael Cimino, Geneviève Bujold, Gene Hackman, Forest Whitaker, etc.

1994. Don't Pave Main Street: Carmel's Heritage

Producción: Julian Ludwig. Eastwood es el presentador y narrador.

1997. Eastwood on Eastwood

Producción: Lorac y TNT. *Director:* Richard Schickel. Narrado por John Cusack.

1997. Eastwood After Hours: Live at Carnegie Hall

Producción: Warner Bros. *Director:* Bruce Ricker. Concierto en homenaje a la faceta musical de Eastwood. Entre los músicos participantes figuran James Moody, Jon Faddis, Steve Turre, Slide Hampton, Barry Harris, Roy Hargrove, Joshua Redman, Charles McPherson... y Kyle Eastwood.

2000. The Directors: Clint Eastwood

Producción: Media Entertainment. *Director:* Robert J. Emery. Con Meryl Streep, Pat Hingle, Morgan Freeman, Laura Dern, Geoffrey Lewis, etc.

2001. Clint Eastwood: Out of the Shadows

Producción: American Masters y PBS. *Director:* Bruce Ricker. Con Martin Scorsese, Eli Wallach, Donald Sutherland, Bertrand Tavernier, Forest Whitaker, Meryl Streep, etc.

Bibliografía

Obras monográficas

Libros

Agan, Patrick, *Clint Eastwood: The Man behind the Myth*, Londres, Coronet Book, 1974 (2.ª ed., Nueva York, Pyramid, 1975).
Authier, Christian, *A L'Est d'Eastwood*, París, Table Ronde, 2003.
— *Clint Eastwood*, París, Fitway, 2005.
Ballo, Francesco y Bianchi, Riccardo, *Tutti i films di Clint Eastwood*, Varese, Ayuntamiento, 1987.
Barisone, Luciano y D'Agnolo, Giulia (eds.), *Clint Eastwood*, Venecia/Milán, Biennale di Venecia/Il Castoro, 2000.
Beard, William, *Persistence of Double Vision: Essays on Clint Eastwood*, Edmonton, University of Alberta Press, 2000.
Benoliel, Bernard, *Clint Eastwood*, París, Cahiers du Cinéma, 2008 (ed. española, *Clint Eastwood*, Madrid, El País, 2008).
Brion, Patrick, *Clint Eastwood*, París, La Martinière, 2001.
Bruno, Edoardo (ed.), *Clint Eastwood regista*, Roma, Progetti Museale, 1995.
Calvín, Manuel, *Clint Eastwood*, Barcelona, Royal Books, 1994.
Carlson, Michael S., *Clint Eastwood*, Harpenden, Pocket Essentials, 2002.
Casas, Quim, *Clint Eastwood: avatares del último cineasta clásico*, Madrid, Jaguar, 2003 (2ª ed., 2008).
Chemin, Nicolas, *Eastwood: la boucle et le trait d'union*, París, Dreamland, 2002.
Claudio, Gianni di, *Directed by Clint Eastwood*, Chieti, Libreria Universitaria, 1994.
Clinch, Minty, *Clint Eastwood*, Londres, Hosser & Stoughton, 1994.

COBLENTZ, Cathie y KAPSIS, Robert E., *Clint Eastwood Interviews*, Jackson, University Press of Mississippi, 1999.

COLE, Gerard y WILLIAMS, Peter, *Clint Eastwood*, Londres, Allen, 1983.

COMAS, Ángel, *Clint Eastwood: tras las huellas de Harry*, Madrid, T&B, 2006.

CORNELL, Drucilla, *Clint Eastwood and Issues of American Masculinity*, Fordham, University Press, 2009.

DOUGLAS, Peter, *Clint Eastwood: Movin'on*, Chicago, Regnery Company, 1974.

DOWNING, David y HERMAN, Gary, *Clint Eastwood: All-American Anti-Hero*, Londres/Nueva York, Omnibus Press, 1977.

DUREAU, Christian, *Clint Eastwood*, París, PAC, 1985.

— *Clint Eastwood*, col. Star de l'écran, París, Didier Carpentier, 2005.

ENGEL, Leonard (ed.), *Clint Eastwood, Actor and Director: New Perspectives*, Salt Lake City, University of Utah Press, 2007.

FERRARI, Philippe, *Clint Eastwood*, París, Solar, 1990.

FOOTE, John H., *Clint Eastwood, Evolution of a Filmmaker*, Santa Bárbara, Praeger Publishers, 2008.

FRANGINI, David y SCHATZ, Thomas, *Clint Eastwood Icon: the Essential Film Art Collection*, San Rafael, Insight Ed., 2009.

FRANK, Alan, *Clint Eastwood*, Nueva York, Exeter, 1982.

FRAYLING, Christopher, *Clint Eastwood*, Londres, Virgin, 1992.

GALLAFENT, Edward, *Clint Eastwood: Actor and Director*, Londres, Studio Vista, 1994.

GARCÍA MAINAR, Luis Miguel, *Clint Eastwood, de actor a autor*, Barcelona, Paidós, 2006.

GORI, Gianfranco (ed.), *Il cinema di Clint Eastwood*, Rimini, Rimini Cinema, 1986.

GUERIF, François, *Clint Eastwood*, París, Henri Veyrier, 1980 (2.ª ed. ampliada, Artefact, 1985).

HUGUES, Howard, *Aim For The Heart: The Films of Clint Eastwood*, Londres, Tauris, 2009.

ISALINE, *Clint Eastwood, regard d'une femme française*, París, Publibook, 2007.

JOHNSTONE, Ian, *The Man with no Name: The Biography of Clint Eastwood*, Londres, Plexus, 1981.

KAJIWARA, Kazuo y MITANI, Koji, *Clint Eastwood*, Tokio, Shaga Shoten, 1979, 2 tomos.

KAMINSKY, Stuart, *Clint Eastwood*, Nueva York, New American Library, 1974.

KEESEY, Douglas, *Clint Eastwood*, Colonia, Taschen, 2006.

KNAPP, Laurence F., *Directed by Clint Eastwood: Eighteen Films Analyzed*, Jefferson (N. C.), McFarland, 1996.
KOEBNER, Thomas y LIPTAY, Fabienne (eds.), *Clint Eastwood*, Munich, R. Boorberg, 2007.
LAGARDE, Helene, *Clint Eastwood*, París, J'Ai Lu, 1988.
LEWIS, Michael y PFEIFFER, Lee, *The Ultimate Clint Eastwood Trivia Book*, New Jersey, Carol, 1996.
LHASSA, Gian, *Clint Eastwood*, Marienburg, Grand Angle, 1982.
LIBIOT, Eric, *Clint Eastwood, le franc-tireur d'Hollywood*, París, Casterman, 1997.
MCCABE, Bob, *Quote Unquote: Clint Eastwood*, New Jersey, Crescent Books, 1996.
MCGILLIGAN, Patrick, *Clint: The Life & Legend*, Londres, Harper Collins, 1999 (2.ª ed., 2000; edición americana, St. Martin's Press, 2002. Ed. española, Lumen, 2010).
MIDDING, Gerhard y SCHNELLE, Frank (eds.), *Clint Eastwood: der konservative Rebell*, Sttugart, Uwe Wiedleroither, 1996.
MUNN, Michael, *Clint Eastwood: Hollywood's Loner*, Londres, Robson, 1992.
O'BRIEN, Daniel, *Clint Eastwood Filmmaker*, Londres, B. Y. Batsford, 1996.
ORTOLI, Philippe, *Clint Eastwood: La figure du guerrier*, París, L'Harmatan, 1994.
PEZZOTTA, Alberto, *Clint Eastwood*, Milán, Il Castoro, 1994 (2.ª ed. aumentada, 2007) (ed. española, Cátedra, 1997).
PFEIFFER, Lee y ZMIJEWSKI, Boris, *The Films of Clint Eastwood*, Secaucus, Citadel, 1982 (ed. española, *Todas las películas de Clin Eastwood*, Odín, 1994).
PLAZA, Fuensanta, *Clint Eastwood/Malpaso*, Carmel, Ex Libris, 1991.
RYDER, Jeffrey, *Clint Eastwood*, Nueva York, Dell, 1987.
SCHICKEL, Richard, *Clint Eastwood Directs*, Minneapolis, Walker Art Center, 1990.
— *Clint Eastwood: A Biography*, Nueva York, Alfred A. Knopf, 1996 (2.ª ed., Nueva York, Vintage Books, 1997).
SIMSOLO, Nöel, *Clint Eastwood*, París, Cahiers du Cinéma, 1990.
SINYARD, Neil, *Clint Eastwood*, Greenwich, Crescent Books, 1995.
SMITH, Paul, *Clint Eastwood: A Cultural Production*, Minneapolis/Londres, University of Minnesota Press, 1993.
TANITCH, Robert, *Clint Eastwood*, Londres, Studio Vista, 1995.
THOMSON, Douglas, *Clint Eastwood: Sexual Cowboy*, Londres, Smith Gryphon, 1992 (2.ª ed., Chicago, Contemporary Books, 1993, retitulada *Clint Eastwood: Riding High*).

— *Clint Eastwood: Billion Dollar Man*, Londres, John Blake Publishing, 2006.
Trashorras, Antonio, *Clint Eastwood*, Madrid, JC, 1994.
Verlhac, Pierre-Henri, *Clint Eastwood: les images d'une vie*, epílogo de Peter Bogdanovich, París, Verlhac, 2008.
Weinberger, Michèle, *Clint Eastwood*, París, Rivages, 1989.
Whitman, Mark, *The Films of Clint Eastwood*, Bembridge, BCW, 1977.

Revistas

Magazine 44 Magnun, publicado por la británica *The CEAS* (Clint Eastwood Appreciation Society), entre 1979 y 1989.

Entradas en libros

Bingham, Dennis, «Clint Eastwood», en *Masculinities in the Films of James Stewart, Jack Nicholson, and Clint Eastwood*, New Jersey, New Brunswick, 1994.
Boisset, Helène, «Clint Eastwood: la revenance», en J.-P. Moussaron y J.-B. Thoret, *Why Not? Sur le cinèma americain*, Pertuis, Rouge Profond, 2002.
Casas, Quim, «Clint Eastwood», en Q. Casas, *Películas clave del Western*, Barcelona, Ma Non Troppo, 2007.
Dunagan, Clyde Kelly, «Clint Eastwood», en James Vinson (ed.), *The International Dictionary of Films and Filmmakers*, Londres, St. James Press, 1986.
Karney, Robyn (ed.), «Clint Eastwood», en *Who's Who in Hollywood*, Londres, Bloomsbury, 1993.
Katz, Ephraim, «Clint Eastwood», en E. Katz, *The Film Encyclopedia*, Nueva York, Harper Collins, 1994.
Kitses, Jim, «Clint Eastwood: Tightrope Walker», en *Horizons West*, Londres, BFI, 2004.
Lhassa, Gian, «Clint Eastwood», en G. Lhassa, *Dictionnaire du western italien*, Mariembourg, Grand Angle, 1983.
Quinlan, David, «Clint Eastwood», en *Illustrated Directory of Film Stars*, Londres, Butler & Tanner Ltd., 1986.
Sangro Colón, Pedro, «Los antihéroes en el cine de Clint Eastwood», en *El personaje en el cine*, Madrid, Calamar, 2007.
Venturelli, Renato, «Clint Eastwood», en G. P. Brunetta, *Dizionario dei registi del cinema mondiale*, Turín, Einaudi, 2005.

ARTÍCULOS

ALDARONDO, Ricardo, «Las armas de Clint Eastwood», *Nosferatu*, núms. 53-54, 2006.
ANSEN, David, «Clint: An American Icon», *Newsweek* (23-9-1985).
BALLO, Francesco, «E Clint cavalca ancora», *Il Patalogo*, núms. 8-9, 1986.
BERT, K., «Clint Eastwood: de acteur als auteur», *Film en Televisie*, núm. 340, 1985.
BINGHAM, Dennis, «Men With No Names», *Journal of Film and Video*, vol. 42, núm. 4, 1990.
BODEEN, De Witt, «A Fistful of Fame: Clint Eastwood», *Focus on Film*, núm. 9, 1972.
BOIX, José, «Clint Eastwood, el americano impasible», *Ruta 66*, número 34, 1988.
CASAS, Quim, «Clint Eastwood, el último cineasta clásico», *Dirigido por...*, núm. 165, 1989.
DETASSIS, Piera y ROMANO, Paolo (eds.), «Il cinema di Clint Eastwood», *Sequenze*, núm. 5, 1986.
DUVAL, Bruno, «Alors, Clint Eastwood, auteur?», *Cinéma*, número 261, 1980.
EVERSCHOR, Franz, «Der letzte seiner Art», *Film-Dienst*, núm. XLV/19, 1992.
FERNÁNDEZ VALENTÍ, Tomás, «Clint Eastwood & Steven Spielberg: la conciencia de la América profunda», en *Dirigido por...*, núm. 365, 2007.
— «Estudio Clint Eastwood», *Dirigido por...*, núms. 384-385, 2008-2009.
FRAYLING, Christopher, «De Clint Eastwood a "Clint Eastwood"», *Nosferatu*, núms. 41-42, 2002.
FORNARA, Bruno, MARTINI, Emanuela y PICCARDI, Adriano, «Dossier Clint Eastwood», *Cineforum*, núm. 322, 1993.
GARSAULT, Alain, «Clint Eastwood», *Positif*, 1991.
GAUTHIER, Guy, «La métamorphose des héros», *La Revue du Cinéma*, núm. 415, 1986.
GUERIF, François, «L'homme sans nom», *Spotlight*, núm. 8, 1987.
GUERIF, François; FÉRIGEAU, Pascal y ZIMMER, Jacques, «Dossier Clint Eastwood», *La Revue du Cinéma*, núm. 335, 1979.
HUNTER, Tim y THOMPSON, Richard, «The Eastwood Direction», *Film Comment*, vol. XIV, núm. 1, 1978.
JAMES, Nick, «Head Poncho», *Sight & Sound*, vol. 18, núm. 9, 2008.

JONES, Kent, «The Eastwood Variations», *Film Comment*, vol. 39, núm. 5, 2003.
KEHR, Dave, «A Fistful of Eastwood», *American Films*, núm. X/5, 1985.
LEGRAND, Gérard, «Clint Eastwood: de la autonomie au style», *Positif*, núm. 397, 1994.
LHASSA, Gian, «Clint Eastwood, l'étranger auquel Sergio Leone a donné un nom», *Grand Angle*, núm. 53, 1982.
MAGILL, Marcia, «And the Winner Is... (3 Spaghetti Westerns, 5 Dirty Harrys and 2 Decades Later) Clint Eastwood», *Films in Review*, núm. XLIV/7-8, 1993.
MOULLET, Luc, «Eastwood: la veine temporale et la démagogie libertaire», *Cahiers du Cinéma*, núm. 496, 1995.
NEVERS, Camille, «Eastwood, the Last Action Hero», *Cahiers du Cinéma*, núm. 475, 1994.
PATTERSON, E., «Every Which Way but Lucid: A Critique of Authority in Clint Eastwood's Police Movies», *Journal of Popular Film and Television*, vol. 10, núm. 3, 1979.
PICCARDI, Adriano, «Malpaso, Hollywood: il lungo cammino produttivo dell'eccentrico Clint Eastwood», *Cineforum*, núm. 282, 1989.
— «Clint Eastwood: prassi e teoria del cinema», *Cineforum*, número 386, 1999.
SAUDA, Nicholas y TOUBIANA, Serge, «L'atelier Eastwood», *Cahiers du Cinéma*, núm. 549, 2000.
SAUVAGET, Daniel, «Clint Eastwood et le Jazz», *La Revue du Cinéma*, núm. 465, 1990.
SHEEHAN, Henry, «Scraps of Hope: Clint Eastwood and the Western», *Film Comment*, XXVIII/5, 1992.
SIMSOLO, Nöel, «Clint Eastwood», *Image et Son*, núm. 275, 1973.
TIBBETTS, J. C., «Clint Eastwood and the Machinery of Violence», *Literature-Film Quarterly*, vol. 21, núm. 1, 1993.
— «Dossier Clint Eastwood», *Positif*, núm. 287, 1985.
— «Dossier Clint Eastwood», *Filmcritica*, núm. 433, 1993.
— «Dossier Clint Eastwood», *Duel*, núm. 1, 1993.
— «Clint Eastwood», *Garage*, núm. 1, 1994.
— «Dossier Oscar Honor Eastwood», *Variety*, vol. CCIIL, número 16, 1995.
— «Dossier Clint Eastwood», *Filmcritica*, núms. 461-462, 1996.
— «Clint Eastwood», *Film Comment*, núm. XXXII/3, 1996.
— «Clint Eastwood: un fantôme hante l'Amerique», *Cahiers du Cinéma*, núm. 522, 1998.
— «Dossier Reencuadres Clint Eastwood», *Banda Aparte*, núm. 13, 1999.

— «Il était une fois Eastwood», *Cahiers du Cinéma*, núm. 549, 2000.
— «Speciale Clint Eastwood», *Il Mucchio Selvaggio*, núm. 619, 2006.

Entrevistas

Andrew, Geoff, «Clint Eastwood, the Quiet American», *Sight & Sound*, vol. 18, núm. 9, 2008.
Assayas, Olivier y Tesson, Charles, «La sourire off», *Cahiers du Cinéma*, núm. 368, 1985.
Bordeau, Emmanuel, «Il y a toujours quelque chose à déterrer», *Cahiers du Cinéma*, núm. 620, 2007.
Cahill, Tim, «Clint Eastwood», *Rolling Stone* (4-7-1985).
Chailet, Jean-Paul, «Clint Eastwood President», *Première*, núm. 207, 1994.
Ciment, Michel, «Entretien avec Clint Eastwood», *Positif*, núm. 351, 1990.
Ebert, Roger, «Clint Eastwood», *The Chicago Sun Times* (15-7-1984).
Fiestas, Jorge, «Ha llegado el último cowboy: Clint Eastwood», *Fotogramas*, núm. 809, 1964.
Forestier, François, «Clint Eastwood, un escéptico entre la violencia y el arte», *La Vanguardia* (3-1-1989).
Fussman, Cal, «Clint Eastwood», *Esquire*, ed. española, núm. 15, 2009.
Gentry, Ric, «Clint Eastwood: an Interview», *Film Quaterly*, número XLII/3, 1989.
— «When Shooting Stars, He's Mr. Efficiency», *Los Angeles Time* (21-5-1989).
Guerif, François, «Clint Eastwood: la violence n'est pas nouvelle», *La revue du cinéma*, núm. 405, 1985.
Hanson, Curtis, «Clint Eastwood Pays Tribute to Don Siegel», *Cinema Retro*, vol. 2, núm. 4, 2006.
Harmetz, Aljean, «The Man with no Name Is a Big Name», *New York Times* (10-8-1969).
Henry, Michel, «Entretien avec Clint Eastwood», *Positif*, núm. 295, 1985.
— «Nouvelle rencontre avec Clint Eastwood», *Positif*, núm. 397, 1994.
— «J'ai besoin de nouveaux défis», *Positif*, núm. 459, 1999.
— «Une plaisanterie des anges», *Positif*, núm. 530, 2005.
Hunter, Tim y Thompson, Richard, «Clint Eastwood, auteur», *Film Comment*, vol. 14, núm. 1, 1978.
Lerman, Gabriel, «Clint Eastwood», *Imágenes de Actualidad*, número 286, 2008.

Lloyd, Allen, «Clint Eastwood, un héroe de granito», *Fotogramas*, núm. 1627, 1980.
Mailer, Norman, «All the Pirates and People», *New York Daily News* (23-10-1983).
McCarthy, Drew, «Clint Eastwood cabalga de nuevo», *Fotogramas*, núm. 1711, 1995.
McGilligan, Patrick, «Clint Eastwood Interview», *Focus on Film*, núm. 25, 1976.
Nevers, Camille y Jousse, Thierry, «Entretien avec Clint Eastwood», *Cahiers du Cinéma*, núm. 460, 1992.
Saada, Nicholas y Toubiana, Serge, «L'homme de nulle part», *Cahiers du Cinéma*, núm. 549, 2000.
Vallely, Jean, «Pumping Gold with Clint Eastwood, Hollywood's Richest Actor», *Esquire* (14-3-1978).

Textos propios

Prólogos

Haas, Anita, *Eli Wallach: vitalidad y picardía*, Almería, Festival, 2006.
Siegel, Don, *A Siegel Film: An Autobiography*, Londres, Faber & Faber, 1993.

Artículos

«Directed by», *Positif*, número especial 400, 1994.
«Le dernier gangster» —título francés de *Al rojo vivo (White Heat*, Raoul Walsh, 1944)—, en B. Krohn (dir.), *Feux croisés: le cinéma américain vu par ses auteurs*, Locarno, Festival International du Film/Institute Lumiére, 1997.

Bibliografía complementaria

Sergio Leone

Aguilar, Carlos, *Sergio Leone*, Madrid, Cátedra, 2009.
— *Sergio Leone: el hombre, el rito, la muerte*, Almería, Festival, 2000.
Cébe, Gilles, *Sergio Leone*, París, Henri Veyrier, 1984.
Claudio, Gianni di, *Directed by Sergio Leone*, Roma, Libreria Universitaria, 1990.

Cumbrow, Robert C., *Once Upon a Time: The Films of Sergio Leone*, Metuchen, Scarecrow, 1987.
Donati, Roberto, *Sergio Leone: America e nostalgia*, Alessandria, Falsopiano, 2005 (2ª ed., 2009).
Fornari, Oreste de, *Sergio Leone*, Florencia, Moizzi, 1977.
— *Tutti i film di Sergio Leone*, Milán, Edulibro, 1984.
Frayling, Christopher, *Sergio Leone: Something to do with Death*, Londres, Faber & Faber, 2000 (ed. española, *Sergio Leone: algo que ver con la muerte*, Madrid, T&B, 2002).
Garofalo, Marcello, *Tutto il cinema di Sergio Leone*, Milán, Baldini & Castoldi, 1999.
Gressard, Gilles, *Sergio Leone*, París, J'ai Lu Cinema, 1989.
Lambert, Gilles, *Les bones, les sales, les méchants et les propres de Sergio Leone*, París, Solar, 1976.
Lasagna, Roberto, *Sergio Leone*, Lancusi, Ripostes, 1996.
Mérida, Pablo, *Sergio Leone*, Madrid, Júcar, 1988.
Minnini, Francesco, *Sergio Leone*, Florencia, Il Castoro, 1989 (2.ª ed., 1994).
Moscati, Italo, *Sergio Leone*, Turín, Lindau, 2007.
Ortoli, Philippe, *Sergio Leone: una Amérique de légendes*, París, L'Harmattan, 1994.
Pugliese, Roberto, *Sergio Leone*, Venecia, Circuito Cinema, 1989.
Simsolo, Noël, *Conversations avec Sergio Leone*, París, Stock Cinema, 1987 (2.ª ed., Cahiers du Cinéma, 1999).
Thoret, Jean-Baptiste, *Sergio Leone*, París, Le Monde/Cahiers du Cinéma, 2008.

Don Siegel

Kaminsky, Stuart, *Don Siegel, Director*, Nueva York, Curtis Books, 1974.
Kass, Judith M., *Don Siegel*, Londres, Tantivy Press, 1975.
Lowell, Alan, *Don Siegel*, Londres, British Film Institute, 1968 (2.ª ed. ampliada, 1975).
Vaccino, Roberto, *Don Siegel*, Milán, Il Castoro, 1984.

Varios

Locke, Sondra, *The Good, the Bad and the Very Ugly: A Hollywood Journey*, Nueva York, William Morrow, 1997.

Índice

Agradecimientos	9
Clint Eastwood: el triunfo del fracaso	11
Nacido para matar (1930-1963)	35
En Europa, en Leone (1964-1967)	51
La nueva estrella americana (1968-1970)	81
La estrella es el director (1971-1975)	105
Pareja de uno (1976-1984)	139
Todavía sí (1985-1992)	175
El tigre en invierno (1993-2002)	207
Continuará (2003-2010)	239
Filmografía	279
Bibliografía	317